国家出版基金项目
NATIONAL PUBLICATION FOUNDATION

"十三五"国家重点图书出版规划项目

东北振兴研究丛书

DONG BEI ZHEN XING YAN JIU

CONG SHU

东北振兴新动力

迟福林　方栓喜　张　飞　著

辽宁人民出版社

©迟福林　方栓喜　张　飞　2020

图书在版编目（CIP）数据

东北振兴新动力 / 迟福林，方栓喜，张飞著. —沈阳：辽宁人民出版社，2020.12
　（东北振兴研究丛书）
　ISBN 978-7-205-10087-2

　Ⅰ.①东… Ⅱ.①迟… ②方… ③张… Ⅲ.①区域经济发展—研究—东北地区 Ⅳ.①F127.3

中国版本图书馆 CIP 数据核字（2020）第 252977 号

出版发行：辽宁人民出版社
　　　　地址：沈阳市和平区十一纬路 25 号　邮编：110003
　　　　电话：024-23284321（邮　购）　024-23284324（发行部）
　　　　传真：024-23284191（发行部）　024-23284304（办公室）
　　　　http://www.lnpph.com.cn
印　　　刷：辽宁新华印务有限公司
幅面尺寸：170mm×240mm
印　　张：16.5
字　　数：242 千字
出版时间：2020 年 12 月第 1 版
印刷时间：2020 年 12 月第 1 次印刷
责任编辑：刘国阳　郭　健
封面设计：丁末末
版式设计：留白文化
责任校对：吴艳杰
书　　号：ISBN 978-7-205-10087-2
定　　价：86.00元

《东北振兴研究丛书》 中国（海南）改革发展研究院　策划指导
中 国 东 北 振 兴 研 究 院

编委会

总　序

　　东北是我国最早建立的以能源原材料和重工业为特色的老工业基地，拥有一批关系国民经济命脉和国家安全的战略性产业和骨干企业，在 70 多年发展历程中，为新中国工业体系的建立打下了基础，为我国改革开放和现代化建设做出了历史性贡献。

　　新中国成立初期，鉴于当时的国际环境，中国经济发展投资集中在内地，沿海地区不多。当时苏联援助中国 156 个项目，其中三分之一落在东北，东北的工业体系初见雏形，也产生了很多大家熟悉的工业企业："一汽""一重""鞍钢""沈飞""大船"等。在中国实行"三线建设"时期，东北为中国工业化发展做出了很大贡献，很多东北企业支援全国，如湖北十堰二汽就是在长春一汽的援助下建立起来的，各地许多钢铁企业是鞍钢援建的。

　　改革开放初期，经济发展从侧重内地转向开放沿海地区，东南沿海地区通过政策倾斜，在吸引外资、引进人才等方面获益，并由此大大推动了市场化改革的步伐，从而获得飞速发展。东北地区则因地理区位的局限，资源开采枯竭，尤其是计划经济"遗产丰厚"，如国有企业负担重等体制机制制约，转型和改革步履维艰，发展相对迟缓，到 20 世纪 90 年代中后期，与东南沿海地区的差距已经拉大。在这样的背景下，国家先是提出西部大开发战略，后来又提出了振兴东北、中部崛起等战略，希望通过一系列的措施促进全国四大板块（东部、西部、中部、东北）协调均衡发展。

"九五"计划中就提出，积极支持和促进东北等地的老工业基地改造和结构调整。2003年，中共中央、国务院正式印发《关于实施东北地区等老工业基地振兴战略的若干意见》。从2003年到2012年，东北地区的国内生产总值保持较高增速，连续多年领先全国，被媒体称为东北经济的"黄金十年"。现在回顾这10年，东北取得的成绩在一定程度上得益于体制机制的改革。比如，这个时期国企改革确实取得了一些进展。从东北三省国有企业对国内生产总值贡献占比看，2003年左右这一数据高达百分之八九十，甚至在大庆等部分城市基本是国有企业一统天下。经过10年的改革发展，这一数据平均下降20%，辽宁的有些地区下降了30%—40%，民营企业获得了一定的发展。此外，在资源型城市可持续发展、对外对内开放和社会保障体系建设等方面也都取得了显著进展，有的改革探索还对全国的改革起了推动或先导作用。

但从深层次探究，东北"黄金十年"正好赶上了中国工业化高速增长时期，这一阶段重化工业快速发展，需要大量的能源、原材料、装备制造业，这与东北的产业结构正好相契合，东北经济从而获得了较快的增长。同时更应当认识到，因为这一阶段过度看重国内生产总值增速，在相当程度上掩盖了东北地区许多重大改革不到位、不深入的问题。如东北地区政府与市场的关系远未理顺，各级政府急于上项目争投资，资源配置的市场化程度在全国相对更低，从而导致重复建设严重，民营经济滞后，民生改善迟缓。

随着中国经济总体跨过重化工业发展阶段，从追求高速度转向注重高质量，东北地区发展遇到了新的困难和挑战，经济下行压力增大，经济增长新动力不足和旧动力减弱的结构性矛盾突出，体制性机制性痼疾凸显，解决问题的难度也有所增大，出现了一些媒体所渲染的"断崖式下跌"现象。深入实施新一轮东北地区等老工业基地振兴战略，对于东北经济社会持续健康发展和全国区域协调发展，既十分重要又十分紧迫。

中共十八大以来，以习近平同志为核心的党中央高瞻远瞩、审时度势，指导实施新一轮东北振兴战略。中共十九大提出，深化改革加快东北等老工业基地振兴。新一轮振兴，对东北地区的发展有了新的定位，不再强调地区生产总值或人均地区生产总值增长指标，而是突出东北地区作为重要的能源原材料基地、军事工业基地和商品粮生产基地，对于维护国家国防安全、粮食安全、生态安全、能源安全、产业安全的战略地位具有重要作用。

如何理解和贯彻中共中央、国务院对振兴东北的新定位？在中国（海南）改革发展研究院、中国东北振兴研究院的大力支持下，在专家学者的共同努力下，经过三年多的时间，《东北振兴研究丛书》即将出版。这是一套系统地研究东北老工业基地振兴发展的丛书，丛书汇集专家学者智慧，内容涉及东北振兴战略相关政策、东北振兴与混合所有制改革及产业结构调整以及对外开放、东北振兴新动力等各方面的问题，是一套有高度、有深度的东北振兴研究领域的指导性用书，对东北地区广大干部群众和从事东北振兴的相关行政工作人员、研究人员，学习领会和贯彻执行中共中央、国务院新一轮振兴东北的发展理念、发展战略、发展方式，具有重要参考价值。

中共十九届五中全会展望了2035年远景目标，明确提出"十四五"发展的指导方针、主要目标和重点任务，特别是提出推动东北振兴取得新突破，为东北地区科学谋划"十四五"时期发展指明了方向。新时代东北振兴，是全面振兴、全方位振兴。各领域按照中共中央、国务院振兴东北地区的决策部署，充分利用各种有利条件，深化改革，破解矛盾，扬长避短，发挥优势，从统筹推进"五位一体"总体布局、协调推进"四个全面"战略布局的角度去把握，要进一步理顺政府与市场的关系，发挥市场配置资源的决定性作用，更好地发挥政府在宏观调控、公共服务、市场监管方面的作用。同时，积极推进要素的市场化配置机制体制改革，让劳动力、资本、土地、技术、数据以及管理等要素更加活跃起来，让一切创造财富的源泉充分涌流。东北地区有条件、有机会重塑环境、重振雄风，实现新的突破，为中华民族的伟大复兴做出应有的贡献。

原国务院振兴东北地区等老工业基地领导小组办公室副主任
中国东北振兴研究院顾问　宋晓梧

2020 年 12 月

前　言

2019 年 8 月，习近平总书记在中央财经委员会第五次会议上强调，东北地区要主动调整经济结构，推进产业多元化发展，加快国有企业改革，打造对外开放新前沿。处在关键时期的东北振兴，要按照中央的要求，以加快经济结构调整、全面深化改革开放形成新阶段东北振兴的新路子。特别是站在新的历史起点，推动"十四五"东北的高水平开放，对东北打造对外开放新前沿、实现全面振兴，具有重要的现实意义。总的想法是：开放是制约东北振兴的关键因素，与全国其他地区相比，东北开放水平整体偏低，要把握"一带一路"与东北亚区域合作的新机遇，以高水平开放形成东北振兴的新动力。

2015 年 10 月，我所在的中国（海南）改革发展研究院与东北大学联合发起成立中国东北振兴研究院，目的就是围绕服务国家政策决策、服务东北振兴进程，建设一个开放合作的学术研究与交流平台，为振兴东北鼓与呼。我本人每年都要到东北参加"东北振兴论坛"与相关的学术交流，为服务振兴东北建言献策。近几年来，我看到东北地区在建设开放型经济新体制上采取了一系列重要举措，例如，辽宁、黑龙江相继探索建设自由贸易试验区、扩大沿边开发开放，等等。与全国相比，尤其与国内发达地区相比，东北地区开放度低、开放进程滞后仍是制约东北经济发展的"突出短板"。

"十四五"，面对世界百年未有之大变局，开放倒逼改革、开放是最大改革的特点比较突出，推进高水平开放成为新阶段布局改革发展的一条主线。在这个特定背景下打造东北对外开放新前沿，就是要以高水平开放形成东北振兴新动力，闯出一条以开放促改革、促转型的区域经济发展新路子。

基于上述这些思考，我和我的同事方栓喜、张飞在以往研究的基础上，撰写了这本《东北振兴新动力》。在此，感谢我的同事刘铁奇、陈所华对本书编辑给予的帮助！感谢辽宁人民出版社对本书出版给予的支持！

迟福林

2020 年 3 月 15 日

目　录

以高水平开放形成东北振兴新动力

当前，面对世界百年未有之大变局，开放倒逼改革、开放是最大改革的特点比较突出，推进高水平开放成为我国新阶段布局改革发展的主线。在这个特定背景下，东北地区打造对外开放新前沿，需要以高水平开放形成东北振兴新动力，闯出一条以开放促改革、促转型的区域经济发展新路子。

一、以高水平开放打造东北对外开放新前沿

"十四五"的东北振兴，重在把握我国高水平开放的大趋势，以高水平开放带动全面、全方位振兴，在融入"一带一路"、参与东北亚经济合作中打造对外开放新前沿。

1. 我国进入高水平开放新阶段

（1）从制造业领域为主的开放转向服务贸易为重点的开放。改革开放40多年来，我国从推动制造业开放逐步扩大到服务业市场开放。随着经济转型升级进程加快，服务贸易开始成为我国对外开放的焦点。数据显示，2018年，我国服务贸易进出口额达到5.24万亿元，同比增长11.5%，已连续5年位居世界第二；我国服务贸易占外贸比重从2012年的11.1%提高到2018年的14.7%[1]。未来几年，如果考虑到服务业市场开放进程加快等因素，我国服务贸易有望保持年均9%左右的增长。估计到2025年，我国服务贸易总额有望达到1.5万亿美元左右，占外贸总额的比重达到20%以上。

（2）从商品和要素流动型开放走向规则等制度型开放。与过去的商品和要素流动型开放有很大的不同，面对全球贸易保护主义的新挑战，我国作为新型开放大国，将制度型开放作为新一轮对外开放的重中之重。例如，我国政府正在加快推进知识产权保护、产业政策、政府采购、财政补贴、环保标准等，从制度层面实现与世界经贸规则的对接，实现营商环境的市场化、法治化和国际化。根据世界银行对全球各国营商环境的排名，2018年，中国从2017年的第78位跃升至第46位，大幅攀升了32位；

---

1. 我国服务贸易进出口额连续5年位居世界第二［EB/OL］. 国务院新闻办公室网站，2019-05-22.

2019 年进一步跃居全球第 31 位，大幅提升了 15 位[1]，我国连续两年成为全球营商环境改善幅度最大的经济体之一。

（3）从经济全球化的参与者到经济全球化的推动者。改革开放以来，从加入世界贸易组织到共建"一带一路"倡议，从参与全球经济治理到推动完善全球经济治理的新机制，我国逐步实现与世界经济的深度融合。在经济全球化过程中，我国在成为全球市场的同时，对全球经济增长中的贡献逐步增大。1979—2018 年，我国国内生产总值年均增长 9.4%，远高于同期世界经济 2.9% 左右的年均增速，对世界经济增长的年均贡献率为 18% 左右，仅次于美国居世界第二[2]。自 2006 年以来，我国对世界经济增长的贡献率稳居世界第一位[3]。据世界银行测算，2013—2017 年，我国对世界经济增长的平均贡献率超过 30%，超过美国、欧元区和日本贡献率的总和。2018 年，我国国内生产总值比上年增长 6.6%，经济增速位居世界前五大经济体之首，对世界经济增长贡献率在 30% 左右。"十四五"，我国的高水平开放将在促进和引领全球自由贸易进程、推动世界贸易组织改革中扮演更为重要的角色。

2. 高水平开放为东北振兴提供新机遇

（1）我国面向东北亚的经贸合作步入快车道。近年来，我国共建"一带一路"建设为拓展和深化区域经贸合作持续注入新动能，东北亚地区已成为全球经济中最具活力和发展潜力的地区之一。据统计，2018 年，东北亚六国总人口达到 17.4 亿人，生产总值总量将近 22 万亿美元，约占全球生产总值总量的 25.5%。目前，我国与东北亚区域经济合作的密切度明显上升，逐步形成良性互动的新局面。例如，2008 年金融危机以来，日、韩、俄、蒙四国对中国的出口由 2384.4 亿美元增长到 3687.4 亿美元，年均增长

1. 优化营商环境激发市场主体活力［N］. 经济参考报，2019-11-27.
2. 国家统计局. 新中国成立 70 周年经济社会发展成就系列报告［R］. 国家统计局网站，2019-07-01.
3. 国家统计局. 沧桑巨变七十载　民族复兴铸辉煌——新中国成立 70 周年经济社会发展成就系列报告之一［EB/OL］. 国家统计局网站，2019-07-01.

4.5%；是其整体出口增速的 3.5 倍；占其出口比重由 15.1% 上升至 20.5%[1]。2018 年，我国与东北亚地区五国贸易额达到 7585.7 亿美元，占我国对外贸易总额的近四分之一。中国分别是五国最大贸易伙伴，按国别统计，日本和韩国分别是中国的第二和第三大贸易伙伴[2]。未来 5—10 年，我国内需潜力的不断释放及国内市场的进一步开放，不仅将为东北亚经贸合作提供重大机遇，也将为东北地区向北开放提供最大条件。

（2）东北在我国新时期对外开放中的战略地位凸显。改革开放 40 多年来，由于国家早期对外开放的重心在东南沿海，东北地区对外开放进程明显滞后。尽管国家"十二五"规划纲要提出，把黑龙江、吉林、辽宁、内蒙古建成我国面向东北亚开放的重要枢纽，但从实际情况看，东北作为我国最早进入计划经济、最晚退出计划经济的地区，对外开放滞后的矛盾一直很突出。今天，随着东北亚经济一体化进程的加快，处于东北亚核心地带的东北地区，再次面临新的开放发展机遇。2018 年 9 月，习近平总书记在东北三省考察并主持召开深入推进东北振兴座谈会时强调，深度融入共建"一带一路"，建设开放合作高地[3]。2019 年 8 月，习近平总书记在中央财经委员会第五次会议上强调，东北地区要主动调整经济结构，推进产业多元化发展，加快国有企业改革，打造对外开放新前沿[4]。

（3）东北在我国区域发展格局中的战略地位凸显。如果说 2004 年以来中央启动的东北振兴主要是老工业基地振兴的话，今天的东北振兴，则是包括经济、政治、文化、社会、生态文明建设和党的建设等方面通盘考虑和协调推进的全面振兴、全方位振兴。国家赋予了东北地区"我国重要的工业和农业基地"的战略定位，同时赋予了东北地区在维护国家国防安全、粮食安全、生态安全、能源安全、产业安全中的战略地位。为此，东北的高水平开放既需要考虑解决老工业基地的问题，还需要在国家新定位

1. 迟福林，张飞. 以开放倒逼改革优化东北营商环境［N］. 中国经济导报，2019-10-11.
2. 商务部: 2018 年中国与东北亚地区五国贸易额合计约 7585.7 亿美元［N］. 中国证券报，2019-07-22.
3. 习近平在东北三省考察并主持召开深入推进东北振兴座谈会［EB/OL］. 新华网，2018-09-28.
4. 习近平主持召开中央财经委员会第五次会议［EB/OL］. 新华网，2019-08-26.

中发挥自身优势。

3.努力打造东北对外开放新前沿

（1）东北地区有望打造我国与东北亚开放合作的新高地。近年来，沈阳、长春、哈尔滨、大连等城市都提出了打造东北亚区域中心城市的目标。"十四五"，东北抓住东北亚地区局势日趋稳定的有利时机，依托自身位于东北亚核心地带的区位优势，加快对外开放进程，将成为我国面向东北亚经济圈的重要门户。例如，以基础设施互联互通为依托提升东北融入"一带一路"的战略定位，围绕中俄蒙经济走廊，构筑"东向出海、南联内陆"的大通道；立足辽宁自贸试验区、黑龙江自贸试验区及各类产业园区，开展能源、旅游、制造业、农业、金融服务等产业项下的自由贸易政策，加快构建东北对外开放的大平台；发挥东北口岸优势，加快同东北亚各国打造以服务贸易与制造业合作为主题的自贸区，建立东北亚自贸区网络，形成东北对外开放的大布局。

（2）在推进东北亚区域经济一体化中扮演重要角色。东北地区一直是我国向北开放的重要门户。在全球贸易保护主义、单边主义抬头的背景下，区域经济一体化的趋势与特点越来越突出。尤其是我国提出"一带一路"倡议，得到沿线国家和地区的广泛响应。东北亚地区作为"一带一路"沿线国家的重要区域，成为全球最具发展潜力的地区之一。随着共建"一带一路"，我国东北地区的对外开放水平不断提升，与东北亚国家的经贸联系不断增强，贸易额快速增长。根据统计数据计算，黑龙江、吉林、辽宁和内蒙古东北四省区与东北亚日本、韩国、俄罗斯、蒙古国的贸易额由 2015 年的 407 亿美元增长到 2018 年的 1660 亿美元，约占中国与东北亚国家贸易总额的 22%。可以预见，东北地区作为我国面向东北亚开放的核心区域，未来 5—10 年将在推进东北亚区域经济一体化进程中扮演着重要角色。

（3）以东北一体化促进东北亚区域经济一体化。东北四省区地处东北亚中心地带，但其资源是行政分割的，这使得其面对东北亚五国时难以形成合力。这就需要以东北一体化促进东北亚区域经济一体化进程。一是面向东北亚基础设施互联互通需要在东北四省区形成"一盘棋";二是面向东北亚的产业开放东北四省区要发挥各自优势,形成合理分工;三是建立东北四省区跨区域协调机制,避免同质化发展。

二、以高水平开放倒逼东北市场化改革

多年来,东北的改革开放进程缓慢,开放度低、开放滞后是制约东北经济发展的"突出短板"。"十四五"东北打造对外开放新前沿,就是要以高水平开放推动建设高标准市场经济,让体制创新成为东北振兴的新动力。

1. 开放水平低、市场化水平低是制约东北发展的结构性体制矛盾

(1)对外开放程度低。改革开放 40 多年来,我国不断扩大开放,逐步探索建立开放型经济体制,由此走出了一条以扩大开放倒逼改革、以深化改革促进扩大开放的路子。相比全国平均水平和东部沿海地区,东北地区对外开放相对滞后。据统计,2018 年,东北四省区的对外贸易依存度为 15.8%,不到全国平均水平(33.9%)的一半;东北四省区的国内生产总值总量占全国的比重为 8.3%,但其货物进出口总额仅占全国的 3.8%[1]。预计到 2025 年,若东北四省区对外贸易水平达到 2018 年的全国平均水平,至少还有 18 个百分点以上的增长空间。

(2)市场化程度低。相比全国而言,东北地区的市场开放程度较低,民营经济发展较为滞后。根据统计资料显示,辽宁省国有经济占比超过 30%,吉林省超过 40%,黑龙江省超过 50%,都远高出全国平均水平[2]。2016 年,在全国民间固定资产投资增长 3.2% 的背景下,东北地区下降 24.4%,占全国民间固定资产投资的比例由 2003 年的 8.1% 下降到 2015 年的 5.9%[3]。全国工商联发布的 2019 年中国民企 500 强中,东北四省区共有 18 家,其中,辽宁 11 家、内蒙古 4 家、吉林 2 家、黑龙江 1 家,占比仅为 3.6%,

---

1. 国家统计局. 中国统计年鉴 2019 [M]. 北京:中国统计出版社,2019.
2. 东北国有经济占比远超全国 民企多是国企配套 [N]. 经济日报,2015-09-06.
3. 中国(海南)改革发展研究院课题组. 以"一带一路"形成区域开放新格局 [N]. 上海证券报,2017-05-12.

与排名第一的浙江省（92 家）差距巨大[1]。

（3）产业开放程度低。总的来看，作为我国老工业基地，目前东北地区仍未完全改变国有经济占主导地位的以传统工业为主的产业格局，东北地区产业市场向民营经济开放的程度尚未达到全国平均水平。据统计，2018 年，全国国有及国有控股工业企业资产占规模以上工业企业资产总额的比重为 38.8%，而东北四省区这一指标平均为 48.7%，其中辽宁为 48.3%、吉林为 54.0%、黑龙江为 59.9%、内蒙古为 53.8%[2]。

2. 以高水平开放激发市场主体活力

（1）以高水平开放促进建设高标准市场经济。竞争中性原则是高水平开放的重要标志，要适应高水平开放加快落实竞争中性原则，强化竞争政策基础地位，落实公平竞争审查制度，争取到 2025 年基本建成更高水平开放型经济新体制，形成有利于吸引包括外资在内的各类资本到东北地区集聚发展的新格局。真正对国企、民企、外企一视同仁，全面实现各类企业平等竞争，才能充分激发市场活力；加快服务业市场化进程，使市场在服务业领域的要素配置中起决定性作用，形成现代服务业加快发展的重要动力。

（2）尽快形成民营经济大发展的经济社会环境。从全国来看，我国民营经济具有"五六七八九"的特征，即贡献了 50% 以上的税收，60% 以上的国内生产总值，70% 以上的技术创新成果，80% 以上的城镇劳动就业，90% 以上的企业数量[3]。目前，东北三省民营经济占地区生产总值比重超过 50%，但与全国水平（60% 以上）相比，还有 10 个百分点的增长空间。"十四五"以高水平开放倒逼建设高标准市场经济，大幅度提升东北的市场化水平，民营经济有望成为经济转型升级的生力军、主力军。这就需要通过产权制度安排，稳定民企预期，保障其合法权益，更好激发民企活力和创造力；要优化民企发展环境，降低实体经济领域企业成本，增强盈利能力；要激发企业家精神，依法保护其财产权和创新收益。

---

1. 全国工商联经济部 . 2019 中国民营企业 500 强调研分析报告［R］. 2019-08.

2. 国家统计局 . 中国统计年鉴 2019［M］. 北京：中国统计出版社，2019.

3. 习近平在民营企业座谈会上的讲话［EB/OL］. 新华网，2018-11-01.

（3）在高水平开放中实现东北营商环境的实质性改善。据《2018 中国城市营商环境质量报告》显示，哈尔滨、沈阳、长春在全国 30 个主要城市中的营商环境质量指数分别排名二十二、二十三、二十四位；2019 年 1—10 月，在全国固定资产投资增长 5.2% 的背景下，东北地区固定资产投资下降 4.5%[1]。未来 5 年，进一步优化东北营商环境，需要在规则等制度型开放上采取大的举措，在对标国内、国际先进水平中进一步补短板。例如，改变"有保有压"的差异化、选择性的产业政策，以强化竞争政策为基础加快产业政策转型；制定适用产业扶持政策的负面清单，将产业政策严格限定在具有重大外溢效应或关键核心技术的领域；强化市场监管机构对经济政策的公平竞争审查，并把反垄断尤其是反行政垄断与国企垄断作为市场监管变革的重大举措；尽快制定出台《民营经济促进条例》，全面推进产权制度改革，严格保护民营经济产权。

3. 以高水平开放倒逼国有企业改革

（1）东北振兴，国有企业改革是重头戏。2018 年，东北国有及控股工业企业资产占工业企业资产总值的比重为 52.3%，高于中部地区 11 个百分点，高于全国平均水平 14 个百分点，高于东部地区 22 个百分点；东北国有及控股工业企业工业产成品价值占比为 43.8%，高于中部地区 18 个百分点，高于全国平均水平 22 个百分点，高于东部地区 29 个百分点[2]。

（2）借助竞争中性原则倒逼深化国企改革，放活国有企业。竞争中性原则要求国有企业与非公经济成为公平竞争的市场主体，从而对国有企业改革形成倒逼的压力。要在高水平开放中形成国企改革的竞争中性效果评价体系和推进方式，使国有企业真正成为依法自主经营、自负盈亏、自担风险、自我约束、自我发展的独立市场主体。

（3）混合所有制改革要以放活国有企业为目标。由于市场化改革滞

1.迟福林 . 以高水平开放推进东北振兴进程 努力把东北打造成对外开放新前沿［N］. 中国经济导报，2020-01-10.

2.迟福林 . 以高水平开放推进东北振兴进程 努力把东北打造成对外开放新前沿［N］. 中国经济导报，2020-01-10.

后，东北地区国有企业运营机制仍然比较僵化，并导致企业赢利能力较弱、企业创新动力不强。这就需要以放活国有企业为目标推动混合所有制改革，把经营权交给企业，切实搞活经营机制，明显提升国有资本运营效率和企业核心竞争力。要彻底赋予国有企业经营自主权，培育企业家精神，让企业家经营企业。这就需要加快建立以"管资本"为主的国有资产管理新体制，加快建立和完善国有资本授权经营体制，形成国有资产监管机构—国有资本投资运营公司—经营性国企三层国有资产管理架构，实现监管者与出资人职能分离，出资者与企业职能分离。要把国有企业转型升级作为目标追求，以重化工业企业为重点，实现制造业与生产性服务业融合发展，推动企业转型升级。要明显提升东北各省区资产证券化水平，力争到"十四五"末，东北三省一区国有资产证券化率达到或超过全国平均水平。

（4）探索发展非公经济控股的混合所有制。近年来，社会资本对参与国有企业改革积极性很高，但也有较多的顾虑。主要是担心参股之后，难以参与企业治理和决策，对自身收益缺乏稳定预期。在这个特定背景下，东北各地需要以更大的力度，支持民间资本参与国有企业改制重组，尤其是在竞争性领域不设置股权比例限制，鼓励民间资本控股混合所有制企业。例如，鼓励竞争性国企发展社会资本控股的混合所有制；率先在能源、交通运输等一般竞争性领域，支持鼓励社会资本控股，注重发挥民营企业家作用，实现国有资产保值增值。

要扩大东北国有企业员工持股改革的试点范围。建议：一是适当下放东北国企员工持股改革方案的审批权。对于条件成熟的东北国企员工持股改革方案，可以下放到市级甚至采取备案制。二是重点在东北科技类国企加快员工持股改革进度。比如对东北地区装备、设备制造等科技含量较高的国企，尽快推进员工持股，激活科技人才。三是对完全竞争性领域的某些国有企业，探索"分红权改革"。将企业利润在资本所有者、经营管理层与普通员工中共享。由于不涉及改制、评估、审计、下岗，分红权改革方案的实施难度小，且有利于提升员工积极性，有助于国有资产保值增值。

（5）设立"东北国企综合改革试验区"，建立改革容错机制。实现东北振兴，重在突破现行不合理条条框框的束缚。建议：以综合改革试验区为平台，建立健全容错、纠错、容忍失败的机制，消除改革者的顾虑，为东北国企改革创造敢于改革的制度环境。

——探索项目团队负责制，避免国有企业决策失误。鼓励经营管理团队和业务骨干组成项目团队，将项目团队的利益与项目利益、投资利益进行捆绑，明确权责分配，有效防范国有企业决策失误，控制投资风险。

——加大对东北国有企业改革的支持力度。一是分类搞活国有企业。采取分类处理的方式，对于有市场前景、有技术优势的困难企业，主要采取市场化的方式，通过员工持股、债转股等体制机制变革，释放企业活力。对于扭亏无望的企业，要壮士断腕，尽快退出市场。二是以财政手段助力国企改革。建立东北国企改革专项基金，发行东北国企改革特别债券；设立东北国企改革中央财政奖补资金，提升东北国企的改革积极性。

——借鉴东部国企改革经验，建立以市场为主导的国企对口合作机制。2017年3月，国务院办公厅印发《东北地区与东部地区部分省市对口合作工作方案》，支持东北地区与东部地区开展全方位合作，并明确东北地区已经与东部地区部分省市建立对口合作关系，主要是辽宁省与江苏省、吉林省与浙江省、黑龙江省与广东省对口合作关系，支持内蒙古自治区主动对接东部省市，探索建立相应合作机制。对口合作的一个重要领域是国有企业改革，这不是传统的对口支援、对口帮扶，需要打破政府主导的传统模式，探索建立以市场为主导的国有企业对口合作机制，推进双方优势产业链、高端产业的合作。

三、以高水平开放促进东北经济转型升级

当前，东北正处在经济转型升级的关键时期，实现东北经济高质量发展，关键取决于经济转型升级进程。"十四五"东北振兴，要放眼东北亚、面向全球，形成产业转型升级的新思维。要以高水平开放促进东北融入全球产业链，推动东北制造业迈向中高端，培育新的优势产业，形成东北经济转型升级的新优势。

1. 东北经济转型升级处于攻坚期

（1）传统产业优势逐步丧失，经济发展出现失速。改革开放 40 多年，东部沿海地区率先通过对外开放发展起来，而东北地区由于开放进程滞后，发展明显滞后于全国其他地方，被称为"新东北现象"。据统计，1978—2018 年，东北三省工业总产值占全国的比重由 18.3% 下降到 5.6%，地区生产总值占全国的比重由 13.2% 下降到 6.3%[1]。不仅是经济在全国的占比下降，经济增长也明显低于全国平均水平。例如，2013—2018 年，东北名义国内生产总值年均增长率仅为 0.7%，远低于全国的 8.7%。2018 年，辽宁、内蒙古、黑龙江、吉林地区生产总值实际增速分别为 5.7%、5.3%、4.7%、4.5%，在全国 31 个省份中分别排第二十七、二十八、二十九和三十名，明显低于全国 6.6% 的平均水平[2]。

（2）制造业转型升级明显滞后。在我国产业结构变革的背景下，东北制造业转型明显滞后。从制造业结构来看，东北地区仍以传统制造业为主。有数据显示，东北地区制造业总产值中，劳动密集型与资本密集型产业所占的比重高达 93%，而技术密集型产业产值仅占 7%，远低于全国 14% 的平均水平[3]。从与制造业转型升级直接关联的生产性服务业发展来看，目前东北生产性服务业占服务业的比重仅为 40% 左右，低于全国 10 个百分点左右，低于德国等制造业强国 20—30 个百分点。在制造业服务化、智能化的大趋势下，东北制造业转型升级需要在高水平开放中加快推进生产性服务业与制造业的直接融合。

2. 以高水平开放促进制造业转型升级

（1）在融入全球产业链中推进东北制造业转型升级。制造业是东北"最大的本钱"，东北振兴，要发挥制造业的优势。适应全球新一轮工业革命与技术革命融合的大趋势，实施跨国公司战略，建立跨国生产和营销网络，形成东北企业在全球范围内进行市场整合和配置资源要素的能力，提

---

1. 任泽平，熊柴，白学松 . 投资不过山海关？——问题、原因与建议［EB/OL］. 新浪网，2019-12-10.

2. 2018 年 31 省份经济排行：粤苏鲁增量领先 贵州西藏增速第一［N］. 21 世纪经济报道，2019-02-20.

3. 刘畅，柴秋星 ."一带一路"背景下东北地区制造业价值链攀升研究［J］. 对外经贸，2019（2）：63.

升东北企业的国际化经营能力。一是使东北制造在推动东北亚基础设施互联互通中发挥重要作用，把东北制造业作为东北亚区域合作的重要产业，打造东北亚制造业合作平台；二是借助"一带一路"建设开展国际产能合作的机遇，加快东北富余产能"走出去"，并建立跨国生产营销网络，提升东北制造业国际化经营能力；三是加大东北制造业企业引资引技，不断增强装备制造业、汽车制造业等领域的优势。

（2）以市场开放为重点促进在生产性服务业领域的合作。生产性服务业的发展对东北制造业转型升级具有决定性影响。要以扩大生产性服务业对外开放为重点，加强与发达国家、国内发达地区在生产性服务领域的合作，推动生产性服务业向专业化和价值链高端延伸。一是对社会资本放开生产性服务业领域的市场准入。鼓励社会资本以多种形式到东北发展生产性服务业，支持社会资本参与本地区应用型技术研发机构市场化改革，鼓励社会资本参与东北地区国家服务业综合改革试点，提升东北地区生产性服务业的综合竞争力。二是吸引外资在东北地区设立生产性服务业企业。以辽宁和黑龙江自贸试验区为重点，加快推进研发设计、运输、法律、保险等生产性服务业对外开放，对外商投资实行准入前国民待遇加负面清单的管理模式。三是鼓励东北地区生产性服务业企业"走出去"。借助"一带一路"建设，以日韩、东北亚、中东欧国家为重点，通过公共信息平台，建立境外投资的公共信息平台和境外投资贸易服务机构。

（3）实现制造业开放创新的新突破。在科技革命快速改变传统产业链、价值链、供应链的大趋势下，任何一个国家、任何一个地区、任何一个企业的科技创新，都不可能再"闭门造车"，而是需要跨地区、跨国界的联合创新。2018 年，东北三省一区研发经费投入占地区生产总值的比重为 1.13%，远低于全国 2.19% 的平均水平；每万人专利授权量为 5.84 件，仅为全国平均水平的 1/3[1]。为此，东北要在进一步强化自主创新基础上，实现

---

1. R&D 经费占 GDP 的比重来源于《2018 年全国科技经费投入统计公报》；每万人专利授权量根据各省区 2018 年统计公报相关数据计算得到。

开放创新的重大突破。例如，加快实现基础研究与基础创新的突破，推进产业关键核心共性技术研发和转化；加快推进科技项目向外国专家开放，探索"技术移民"制度，加大对人才落户东北的改革力度与补贴力度，最大程度吸引国内及全球科技研发人员；主动开展高水平的国际科技合作，积极发展知识产权、研发设计等科技服务产业，填补科技成果转化及产业化的中间地带，推动科技成果转化。同时，深化科研体制改革，全面下放科技成果使用、处置和收益权，加大对科研人员的股权激励，释放创新资源的潜力与活力。

3. 以高水平开放促进新经济发展

（1）以数字经济为代表的新经济快速发展是个大趋势。"工业4.0"时代的一个突出特点就是依托互联网等信息技术手段推动数字经济快速发展。正是在这个大背景下，我国抓住了第四次工业革命的历史性机遇，实现数字经济的高速发展，从而推动我国进入数字经济时代。据统计，2008—2018年，我国数字经济规模由4.8万亿元人民币增加至31.3万亿元人民币，增加了约5.5倍；占国内生产总值比重由15.2%提升至31.3%，提高了15.1个百分点。预计到2030年，数字经济占国内生产总值比重将超过50%，我国将全面步入数字经济时代[1]。

（2）东北地区数字经济呈现加速发展的势头。从我国数字经济发展的实践看，数字经济发展与地区经济发展水平具有较强的相关性。从总量上来看，2018年，东北地区数字经济规模为1.6万亿元人民币，占地区生产总值的比重为28.2%，高于西北地区的1.26亿元人民币（占地区生产总值比重为25.6%），但明显低于长三角、珠三角和京津冀地区；从增速来看，2018年，东北地区数字经济增速为11.3%，尽管在5个区域中增速最低，但明显高于经济增长速度。相关研究表明，数字化的程度每提高10%，人均国内生产总值增长0.5%—0.62%[2]。未来5年，如果东北能够抓住数字经济

---

1. 数字经济成产业升级重大突破口 2020年占GDP比重35%［N］.经济参考报，2017-07-17.
2. 中国数字经济步入全球头阵［N］.人民日报（海外版），2017-06-19.

发展的机遇，不仅能够尽快走出经济失速的局面，而且能够加快推进东北制造业转型升级。

（3）以数字贸易形成东北开放发展的新优势。当前，以跨境电商为重点的数字经济成为我国推进"一带一路"为重点的对外开放重要平台。东北各地都要看到数字经济快速发展给东北发展带来的新机遇，借助"一带一路"建设加快发展数字贸易。例如，近年来，随着大连、沈阳相继获批全国跨境电子商务综合试验区，辽宁省加快打造跨境数字贸易港。2019年，东北地区首个"买全球、卖全球"的东北亚数字贸易平台落户沈抚新区。建议东北以数字贸易为重点，加快建立东北亚数字贸易网络，由此形成东北开放的新优势。例如，东北各地率先对东北亚国家实施数字旅游、数字医疗、数字健康、数字教育、数字基础设施项下的自由贸易政策；借鉴阿里巴巴与马来西亚共建"数字自贸区"的经验，探索与东北亚国家合作建立"东北亚数字自贸区"，在区内实行自由贸易政策和相关的投资制度安排。

第一章

我国高水平开放新趋势与
东北振兴新动力

"十四五"的东北振兴，关键在于把握我国高水平开放的大趋势，在新时期的扩大开放中赢得区域经济发展的先机，在高水平开放中充分激发市场活力，集中破解体制转型滞后和产业转型滞后的双重矛盾，培育中长期发展的新动力。

第一节 "十四五"我国高水平开放的基本趋势

经过 40 多年的改革开放，我国作为新型开放大国，与世界的关系发生深刻变化。与以往相比，对外开放呈现新的阶段性特征。总的来看，我国走向高水平开放呈现三大趋势。

一、从制造业领域为主的开放转向服务贸易为重点的开放

改革开放 40 多年来，我国从推动制造业开放逐步扩大到服务业市场开放。随着我国经济转型升级进程加快，服务贸易开始成为我国对外开放的焦点。

1. 服务贸易成为全球自由贸易的焦点

（1）服务贸易增速快于货物贸易增速。与持续低迷的全球货物贸易增速相比，全球服务贸易呈现相对较快增长的趋势。2008—2018 年，全球货物贸易年均增长 1.9%，低于服务贸易平均增速近 2 个百分点；2012—2016 年，服务贸易增速连续 4 年快于货物贸易增速；2017—2018 年，全球货物贸易增速虽然高于服务贸易，但主要是受石油、矿石等大宗商品价格上涨等因素的影响，货物贸易量并没有明显增长。从趋势来看，随着贸易保护主义、单边主义势头增强，全球货物贸易增速有可能放缓。2019 年 1—5 月，作为全球第一大货物贸易国的中国，按美元计算的货物贸易额同比下

降 1.6 个百分点[1]。

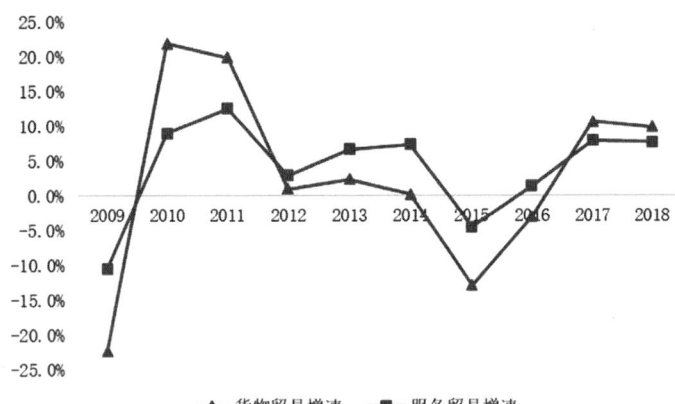

图 1.1 2009—2018 年全球服务贸易和货物贸易增速

数据来源：世贸组织数据库。

（2）服务贸易规模日益增大，占比持续提升。尽管受国际金融危机冲击，全球服务贸易在部分年份有所波动，但整体仍呈增长趋势。2005—2018 年，全球服务出口由 2.66 万亿美元增加至 5.85 万亿美元，增加了

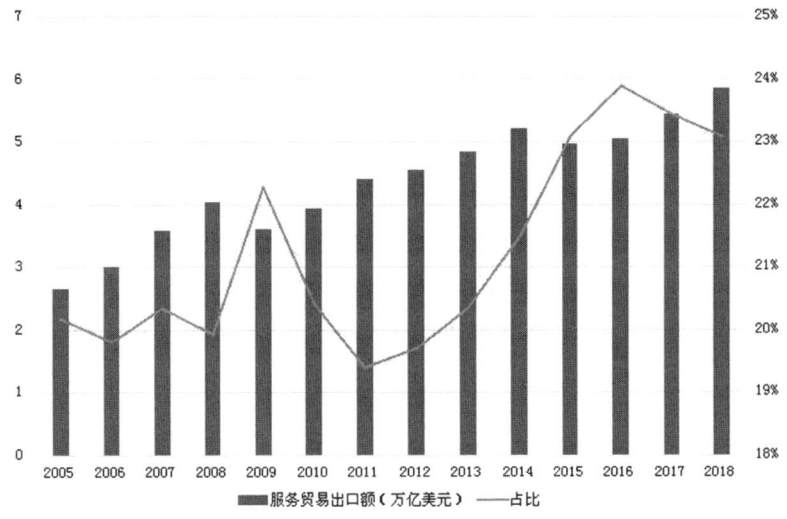

图 1.2 2005—2018 年全球服务贸易出口额及占比

数据来源：世贸组织数据库。

---

1. 今年前 5 个月我国外贸进出口增长 4.1%［EB/OL］. 海关总署网站，2019-06-10.

120%；2018年，全球服务出口占贸易出口总额的23.1%，比2005年提高近3个百分点，比2011年最低点提高了3.7个百分点。

（3）服务贸易仍将保持快速发展态势。一方面，全球经济服务化趋势明显。1970—2017年，全球服务业增加值占生产总值的比重由53.4%提升到67.5%，提高了14.1个百分点；另一方面，新兴市场国家服务业快速发展趋势也十分明显，服务业占比由39.8%提升至56.3%，提高了16.5个百分点。经济服务化趋势为服务贸易快速发展提供了重要机遇。

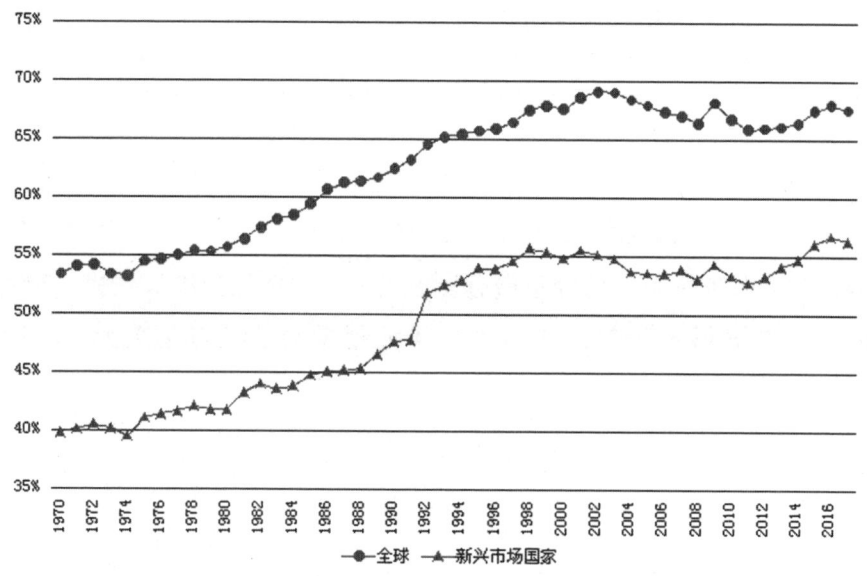

图1.3 1970—2017年全球及新兴市场国家服务业占比

数据来源：联合国贸易和发展会议数据库。

2.服务贸易成为推动全球自由贸易的重要引擎

（1）服务贸易在全球贸易中的价值超过货物贸易。首先，产成品贸易中约1/3的价值形成应归功于服务业；其次，跨国企业向境外子公司输送软件、品牌、设计、运营、知识产权等服务并未计入服务贸易统计；再次，电子邮件、实时导航、视频会议等免费数字服务的跨境流动迅猛增长。如果将上述三方面的因素考虑并统计在内，2017年全球服务贸易总额约为13.4万亿美元，是目前的2.6倍，占全球贸易总额的比重将由23.4%上升至 50.8%，超过货物贸易 [1]。

（2）服务贸易拉动货物贸易较快增长。制造业服务化和服务业制造化使得货物贸易和服务贸易的边界日益模糊，而信息技术的快速发展和广泛应用，使得货物贸易和服务贸易进一步融合，呈现出"你中有我、我中有你"的特征。数据显示，占全球贸易总额 80% 左右的货物贸易中有 30% 是服务贸易带动的。随着产品的服务化趋势日益明显，越来越多的服务包含在货物中并以货物贸易为载体实现跨境流动。货物贸易规则制定不仅要考虑货物质量本身，还要考虑货物中的服务标准、服务规则与服务质量。也就是说，服务贸易规则也在一定程度上影响着货物贸易发展进程。

（3）服务贸易成为全球贸易规则重构的焦点。服务贸易快速发展和制造业服务化进程加快，使得国际贸易规则的焦点从货物贸易向"货物贸易—服务贸易—投资"转变。从短期看，随着服务贸易在世界各国经济发展中的重要性不断提升，国际服务贸易竞争日益激烈，服务贸易在双边、区域贸易投资谈判中的比重逐渐增大，成为各国谈判和博弈的焦点。与货物贸易通过关税来设置"显性壁垒"不同，服务贸易更多采用国内资格资质要求、参股比例限制、自然人流动限制、经营范围和形式限制，以及设置繁杂的审批条件和程序等"隐性壁垒"。由于隐蔽性和非数量性，服务贸易自由化远比货物贸易自由化复杂得多，消除服务贸易壁垒的困难也大得多。

3. 加快形成以服务贸易为重点的对外开放新格局

（1）产业结构变革带动服务贸易快速增长。2018 年，我国服务业占比 52.2%，不仅低于新兴市场国家 4.1 个百分点，也低于全球平均水平 15.3 个百分点，与发达国家 70% 左右的差距更大。未来 10 年左右，我国服务业占比有可能提高到 60% 以上。在产业结构变革与服务业市场开放的背景下，我国服务贸易仍将呈快速发展态势。数据显示，2018 年，我国服务贸易进出口额达到 5.24 万亿元，同比增长 11.5%，已连续 5 年位居世界第二；

---

1. 麦肯锡全球研究院：变革中的全球化：贸易与价值链的未来图景［EB/OL］. 搜狐网，2019-04-16.

我国服务贸易占外贸比重从 2012 年的 11.1% 提高到 2018 年的 14.7%[1]。

（2）消费结构变革带动服务贸易快速增长。2018 年我国居民人均消费支出中，服务消费占比为 44.2%，比 2017 年提高 1.6 个百分点。其中，人均教育文化娱乐消费支出增速（6.7%）、人均医疗保健消费增速（16.1%）等，明显快于食品烟酒（4.8%）和衣着（4.1%）等的消费增速[2]。随着我国城乡居民服务型消费的快速增长以及扩大进口政策效应的逐步显现，我国服务贸易仍具有巨大潜力。

（3）制造业服务化带动服务贸易快速增长。世界银行 2017 年《制造导向发展的未来》报告中提到，商品中的服务要素对提升产品竞争力越来越重要，并成为价值增值的主要环节。从发展趋势看，价值增值环节逐渐向生产前的研发、设计阶段与生产后的市场嵌入服务阶段转移。例如，美国出口商品中，55% 的增加值来自于服务业，欧洲这一比重更高。作为农产品和制成品出口国的荷兰，服务价值占其总出口价值的 70%[3]。当前，我国制造业

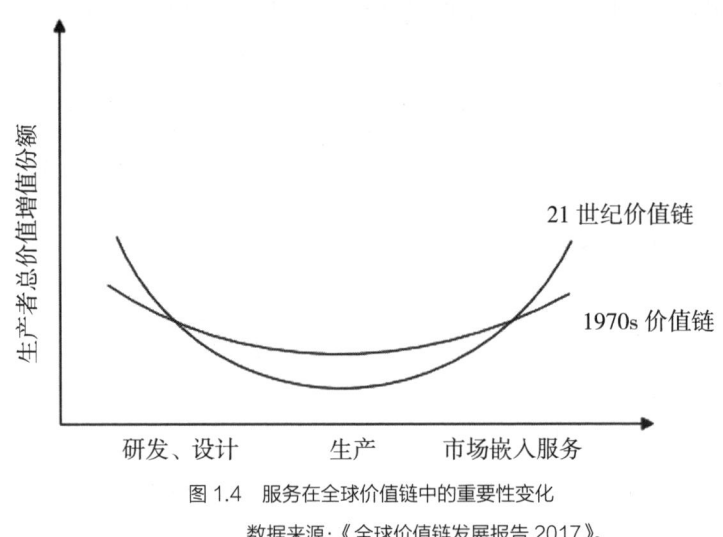

图 1.4　服务在全球价值链中的重要性变化

数据来源:《全球价值链发展报告 2017》。

1. 我国服务贸易进出口额连续 5 年位居世界第二 [EB/OL].国务院新闻办公室网站，2019-05-22.
2. 国家统计局.2018 年经济运行保持在合理区间 发展的主要预期目标较好完成 [EB/OL].国家统计局网站，2019-01-21.
3. 对外经济贸易大学全球价值链研究院，全球化智库（CCG）.全球价值链对经济发展的影响：核算与分析（中文版）[R].北京：社会科学文献出版社，2017.

服务化水平仍有较大提升空间。我国生产性服务业占服务业的比重为50%左右，与发达国家相比仍有20个百分点的差距。随着我国制造业转型升级进程以及由此带来的生产性服务业的快速发展，将直接拉动金融、研发、知识产权等服务贸易的快速增长。例如，2018年我国知识产权使用费进出口总额为2723亿元人民币，增长20.9%，其中进口2355亿元人民币，增长22.0%，连续两年增速超过20%[1]。

（4）2025年服务贸易规模将达到1.5万亿美元左右。未来几年，如果考虑到服务业市场开放进程加快等因素，我国服务贸易有望保持年均9%左右的增长。估计到2025年，我国服务贸易总额有望达到1.5万亿美元左右，占外贸总额的比重达到20%以上。

——服务贸易结构将不断优化。近年来，我国新兴服务出口增速相对较快，以技术、品牌、质量和服务为核心的新兴服务优势不断显现。2018年，我国知识密集型服务进出口16952亿元人民币，增长20.7%，高于整体增速9.2个百分点，占服务贸易规模比重上升至32.4%，比上年提升2.5个百分点。保险、计算机和信息、知识产权等高端生产性服务贸易增速均高于15%，占服务贸易总额的比重达到23.8%，比上年大幅提升10个百分点。未来，在提升传统服务贸易竞争优势的基础上，进一步拓展金融、保险、研发、设计、咨询、法律保障、文化等新兴服务贸易领域，加快高附加值服务出口，以服务贸易结构的优化提升我国在全球服务贸易中的竞争力。力争到2025年，知识密集、技术密集和高附加值服务出口占服务出口总额的比重达到60%以上。

——服务贸易国际竞争力明显提升。在我国经济服务化大趋势下，提升服务业国际竞争力成为供给侧结构性改革的重大任务。争取到2025年，我国服务贸易逆差占服务贸易的比重由目前的32.6%下降到20%左右；在保持制造服务、建筑服务、计算机与信息等优势基础上，大幅提升我国知识产权、金融等生产性服务贸易以及旅行等生活性服务贸易的国际竞争力。

---

1. 2019年中国知识产权行业分析报告［EB/OL］.中国报告网，2019-07-11.

二、从商品和要素流动型开放走向规则等制度型开放

与以往的商品和要素流动型开放有很大的不同，在经济全球化面临新变局的挑战下，制度型开放成为新一轮对外开放的重要趋势。与国际经贸规则相衔接，我国在知识产权保护、产业政策、政府采购、财政补贴、环保标准等方面的制度型开放逐步提速。

1. 加快建立公平竞争的市场秩序

（1）推动内外资企业的公平竞争。改革开放以来，为了吸引外资，我国不仅对外资放宽市场准入，还针对外资出台了大量优惠政策，给予外资超国民待遇。例如，对外资实行优惠的税收政策，给予外资企业所得税、车船使用税、房产税、土地使用税等多种优惠。为了推动内外平等竞争，2007 年 3 月，我国颁布《企业所得税法》，实现了内外资企业所得税统一。另外，2019 年 3 月 15 日，第十三届全国人大第二次会议通过了《外商投资法》，于 2020 年 1 月 1 日起正式实施，本法明确对外资实行准入前国民待遇加负面清单管理制度，这是我国制度型开放迈出的关键一步，意味着我国将对国有、民营和外资企业等各类市场主体一视同仁、平等对待，外商超国民待遇将走向终结。

（2）推动国有企业与民营企业公平竞争。改革开放 40 多年来，伴随市场化改革的深入，我国民营经济不断发展壮大。数据统计，到 2018 年 10 月底，全国实有个体工商户 7137.2 万户、私营企业 3067.4 万户[1]。事实上，民营经济对我国经济发展做出了重要贡献。例如，民营经济贡献了 50% 以上的税收，60% 以上的国内生产总值，70% 以上的技术创新成果，80% 以上的城镇劳动就业，90% 以上的企业数量[2]。但要看到，与国有经济相比，民营经济仍面临各种"玻璃门""弹簧门"。在这个背景下，我国先后出台民营经济"新旧 36 条"，力图推动民营经济与国有经济平等竞争，激发民营经济活力。2019 年 12 月，中共中央、国务院印发《关于营造更好发展环

---

1. 改革开放 40 年全国个体工商户数量增长 500 多倍［EB/OL］. 新华网，2018-12-07.
2. 习近平在民营企业座谈会上的讲话［EB/OL］. 新华网，2018-11-01.

境支持民营企业改革发展的意见》，从优化公平竞争的市场环境、完善精准有效的政策环境、健全平等保护的法治环境等多个方面，提出了支持民营企业发展的 28 条措施。

（3）推动不同地区市场主体的公平竞争。改革开放 40 多年来，地方政府为了发展本地经济，不可避免形成跨区域的经济竞争，由此形成了地方保护主义。例如，一些地方政府人为设置市场准入门槛，严格限制外地企业到本地区经营。再例如，一些地方政府在财税、贷款、土地等优惠政策上向本地企业倾斜，外来企业难以享受与本地企业同等待遇，并由此形成了企业间的不平等竞争，使资源难以在全国范围内实现优化配置，阻碍了全国统一市场的建立。为此，党的十八届三中全会决定指出，"清理和废除妨碍全国统一市场和公平竞争的各种规定和做法，严禁和惩处各类违法实行优惠政策行为，反对地方保护，反对垄断和不正当竞争"。中共十九大报告强调，清理废除妨碍统一市场和公平竞争的各种规定和做法，支持民营企业发展，激发各类市场主体活力。

2. 推动改变差异化、选择性的产业政策

（1）差异化、选择性的产业政策制约产业转型升级。改革开放 40 多年来，我国制定并实施了一系列产业政策，在推动我国快速工业化过程中发

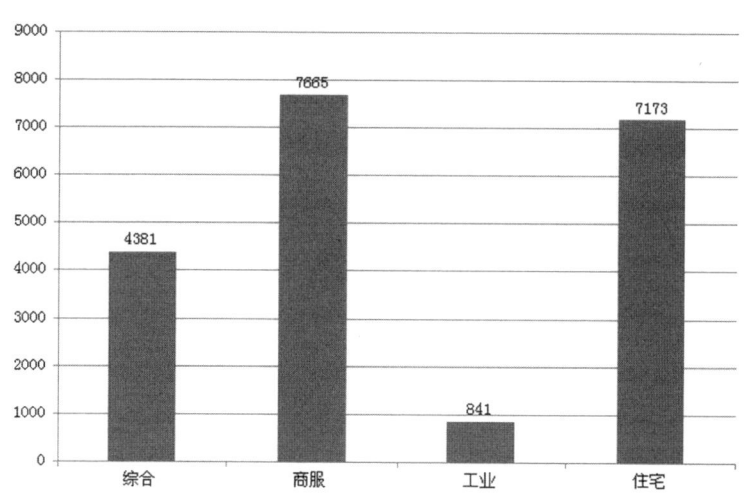

图 1.5　2019 年第一季度全国主要城市分用途地价水平（单位：元 / 平方米）

数据来源：中国土地勘测规划院城市地价动态监测组 . 2019 年第一季度全国主要城市地价监测报告［EB/OL］. 中国地价信息服务平台，2019-04-17.

挥了重要作用。随着我国已经进入工业化后期，服务业加快发展是个大趋势。但目前服务业与工业用地政策不平等，由此制约了服务业的发展。从实践看，在土地政策安排上，政府优先供应工业用地，而且商业服务用地价格也明显高于工业用地价格。统计数据显示，2019 年第一季度，全国主要监测城市商服、工业地价分别为 7665 元 / 平方米和 841 元 / 平方米，商服用地价格是工业用地价格的 9.11 倍。服务业用地成本大幅高于工业，很大程度上制约了现代服务业的发展进程。

（2）体制内外企业享受的产业政策不平等。一是体制内外用地政策待遇的不平等。例如，社会资本投资建学校、建医院需要按照市场价来购买土地，而体制内的事业单位就能享受划拨地政策。二是体制内外人才政策待遇的不平等。多年来，由于体制内外政策的差异，绝大多数中高级人才更愿意到体制内单位工作，而不愿意到民营企业工作，尤其是教育、医疗等行业。三是不平等的产业政策在多方面加大了民企的压力，加大了民企与国企间的不平等竞争。从数字分析，2014—2018 年民间投资增速由18.1% 下降至 8.7%，不能不说与行政手段为主的产业政策直接相关。

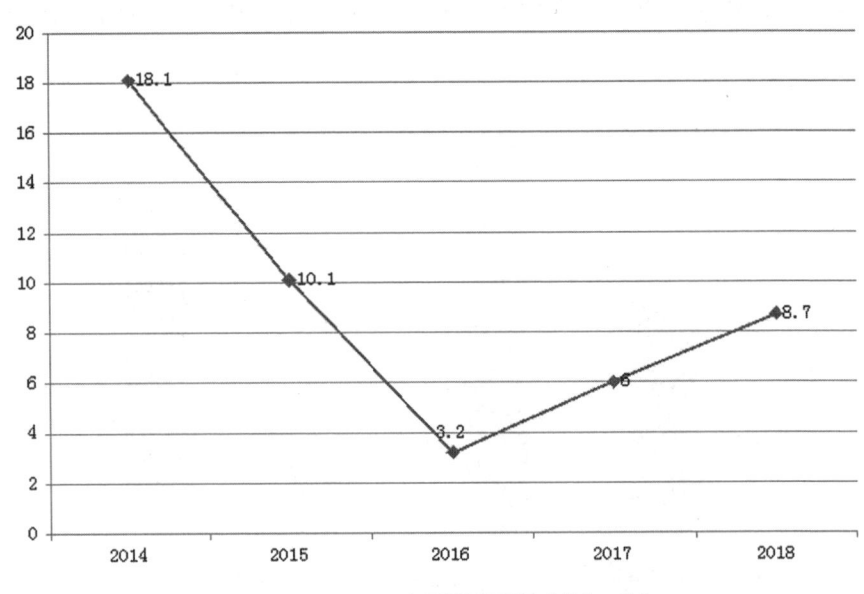

图 1.6　2014—2018 年民间投资增速（单位：%）

数据来源：根据国家发改委和国家统计局相关数据整理。

（3）以竞争中性为原则推进产业政策转型。2018 年 11 月，习近平总书记在民营企业座谈会上的讲话中明确指出，要推进产业政策由差异化、选择性向普惠化、功能性转变，清理违反公平、开放、透明市场规则的政策文件，推进反垄断、反不正当竞争执法。以竞争政策为基础，并用竞争政策协调产业政策及相关经济政策，成为我国市场经济发展的一大趋势。

3. 加快建立国际化、法治化、便利化的营商环境

（1）纵深推进"放管服"改革，明显改善营商环境。2013 年以来，我国高度重视营商环境改革，"放管服"改革由启动向纵深推进，由此催生了市场主体快速增长，对稳增长、促就业发挥了重要支撑作用。据统计，2018 年我国平均每天新设的企业约 1.8 万户，与 2013 年相比，目前我国的市场主体数量增加了一倍，达到了 1.1 亿多户[1]。为了持续改善营商环境，2019 年 10 月 8 日，国务院第 66 次常务会议通过《优化营商环境条例》，从 2020 年 1 月 1 日起正式实施。持续的改革推动了我国营商环境明显提升。根据世界银行对全球各国营商环境的排名，2018 年中国从 2017 年的第 78 位跃升至第 46 位，大幅攀升了 32 位；2019 年进一步跃居全球第 31 位，大幅提升了 15 位[2]，我国连续两年成为全球营商环境改善幅度最大的经济体之一。

（2）加强知识产权保护，营造良好的创新环境。近两年中美贸易摩擦的一个焦点问题就是知识产权保护。知识产权保护作为科技创新的重要支撑，已经成为国际竞争的焦点。为了创造一个公平竞争的国际竞争环境，近年来我国不断加强知识产权保护力度。一方面，坚定不移实施严格的知识产权保护制度，研究制定面向 2035 年的知识产权强国战略纲要，推动由知识产权大国向知识产权强国迈进。一方面，加强知识产权保护的国际合作，积极推进与世界知识产权组织的合作，推进专利合作条约、国际商标注册马德里体系在中国的普及运用，共同建设技术与创新支持中心（TISC），加快构建覆盖全国的知识产权信息服务网络。通过一系列的制度

---

1. 专家建言：如何进一步优化营商环境［N］. 光明日报，2019-11-27.
2. 优化营商环境激发市场主体活力［N］. 经济参考报，2019-11-27.

建设，我国知识产权保护的国际国内满意度全面提升。从国际来看，据世界知识产权组织发布的《2019全球创新指数报告》显示，中国排名第14位，处于中等收入经济体之首。从国内来看，2012—2018年，我国知识产权保护社会满意度由63.69分提高到76.88分[1]。

（3）推进政府采购公开化、市场化、国际化。高水平开放要求建立与国际管理接轨的政府采购制度。2017年，财政部首次对全国政府采购透明度开展第三方评估，对各省政府采购信息公开进行量化考核。2018年11月，中央全面深化改革委员会审议通过《深化政府采购制度改革方案》，要求加快形成现代政府采购制度。2019年《政府工作报告》明确提出，按照竞争中性原则，在要素获取、准入许可、经营运行、政府采购和招投标等方面，对各类所有制企业平等对待。与此同时，我国加快政府采购国际化进程。2007年，我国启动加入世界贸易组织《政府采购协议》的谈判，截至2019年10月20日，我国向世贸组织（WTO）提交了中国加入《政府采购协定》（GPA）第7份出价清单。据统计，1998—2018年，我国政府采购规模由31亿元扩大到35861.4亿元，占国内生产总值的比重由0.04%提升到4%，占财政支出的比重由0.29%提升到10.5%。

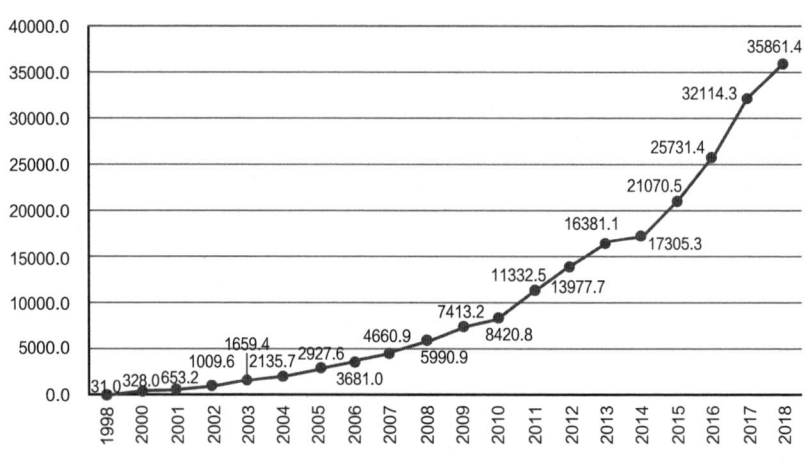

图1.7　1998—2018年我国政府采购规模情况（单位：亿元）

数据来源：根据国家财政部和国家统计局相关数据整理。

1. 我国将持续加强知识产权保护［N］.经济日报，2019-09-03.

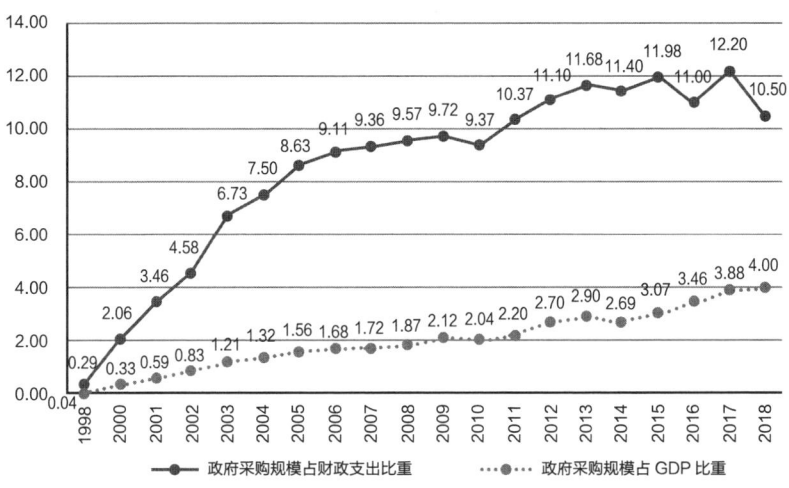

图 1.8　2002—2018 年我国政府采购规模占财政支出、国内生产总值比重变化（单位：%）

数据来源：根据国家财政部和国家统计局相关数据整理。

三、从经济全球化的参与者到经济全球化的推动者

改革开放以来，从加入世界贸易组织到共建"一带一路"倡议，从参与全球经济治理到推动完善全球经济治理的新机制，逐步实现与世界经济深度融合。"十四五"，我国高水平开放将在促进和引领全球自由贸易进程、推动世界贸易组织改革中扮演更为重要的角色。

1. 从加入世界贸易组织到共建"一带一路"

（1）从吸引外资到参与全球自由贸易。改革开放初期，我国办特区搞开放，主要在于吸引外资。加入世贸组织之后，我国与世界经济的联系与互动日益增强，不仅吸引了大量外资进入，而且积极主动参与全球自由贸易。从吸引外资看，1983—2018 年，我国外商直接投资由 9.2 亿美元增长到 1349.7 亿美元，既是吸引外资最多的发展中国家，也是继美国之后全球第二大外资流入国。从货物贸易看，2001—2018 年，我国货物贸易进出口总额由 5096.5 亿美元增长到 4.6 万亿美元，年均增长 13.8%。据世界贸易组织统计数据，2013 年，我国超越美国成为货物贸易第一大国，进出口总额比美国高出 2500 亿美元。

（2）加快实施自由贸易区战略，建立面向全球的高标准自由贸易区网络。2015年11月，中央深改组审议通过的《国务院关于加快实施自由贸易区战略的若干意见》提出，中长期，形成包括邻近国家和地区、涵盖"一带一路"沿线国家以及辐射五大洲重要国家的全球自由贸易区网络，使我国大部分对外贸易、双向投资实现自由化和便利化。2017年，中共十九大报告提出，中国支持多边贸易体制，促进自由贸易区建设，推动建设开放型世界经济。当前，我国经济发展进入新常态，内外环境复杂多变，加快实施自由贸易区战略不仅是我国适应经济全球化新趋势的客观要求，也是主动扩大开放、全面深化改革，构建开放型经济新体制的重大任务。

（3）推动共建"一带一路"倡议。2013年9月7日，习近平主席在哈萨克斯坦纳扎尔巴耶夫大学发表演讲，提出了共同建设"丝绸之路经济带"。同年10月，习近平主席出访东盟，提出共同建设"21世纪海上丝绸之路"。"丝绸之路经济带"和"21世纪海上丝绸之路"共同构成了"一带一路"倡议。2015年3月28日，我国发布《推动共建丝绸之路经济带和21世纪海上丝绸之路的愿景与行动》。

当前，共建"一带一路"倡议及其核心理念已先后被写入联合国、二十国集团、亚太经合组织以及其他区域组织等有关文件中。截至2019年3月底，中国政府已与125个国家和29个国际组织签署173份合作文件。共建"一带一路"国家已由亚欧延伸至非洲、拉美、南太平洋等区域。世界银行研究组分析了共建"一带一路"倡议对71个潜在参与国的贸易影响，结果表明共建"一带一路"倡议将使参与国之间的贸易往来增加4.1%。"一带一路"倡议已成为反对贸易保护主义，构建新型经济全球化的新主角。

2. 从参与全球经济治理到推动完善全球经济治理新机制

（1）积极参与经济全球化。改革开放以来，我国积极融入国际社会，参与经济全球化，在国际经济事务中发挥愈加重要的作用。1980年4月和5月，我国先后恢复了在国际货币基金组织和世界银行的合法席位；2001年加入世界贸易组织，以更加积极的姿态参与国际经济合作；2003年以来，我国与24个国家和地区达成了16个自贸协定，促进了我国与世界各国的互利共赢。中共十八大以来，我国积极推动共建"一带一路"，得到 160 多个国家（地区）和国际组织的积极响应[1]。目前，我国有 2 万多家企业在全球 188 个国家和地区投资设立了 3.7 万多家企业[2]。2018 年，全球跨境投资大幅下滑，而我国利用外资同比增长 3%，制造业利用外资增长了 20%，占比达到 30%[3]。

（2）推动构建人类命运共同体。改革开放之初，我国更多的是全球经济治理参与者、跟随者。中共十八大以来，我国提出了"构建人类命运共同体"一系列主张，寻求各国利益最大公约数。我国在全球经济治理中的话语权进一步提升。目前，我国在世界银行投票权升至第三位（从 4.45%上升至 5.7%），仅次于美国和日本（分别为 15.87% 和 6.83%）；在国际货币基金组织的投票权份额从 3.8% 提高至超过 6%，排名由第六跃居第三。

（3）积极推动改革和完善全球经济治理体系。2016 年 11 月 20 日，我国发起设立亚洲基础设施投资银行，在国际多边开发体系中发挥着越来越重要的作用，得到国际社会广泛信任和认可。截至 2018 年底，亚洲基础设施投资银行已从最初的 57 个创始成员，发展到遍布各大洲的 93 个成员，最近已增至 100 个；累计批准贷款 75 亿美元，撬动其他投资近 400 亿美元，已批准的 35 个项目覆盖印度尼西亚、巴基斯坦、塔吉克斯坦、阿塞拜疆、阿曼、土耳其、埃及等 13 个国家。2014 年 11 月，中国政府宣布出资 400 亿美元成立丝路基金；2017 年 5 月，中国政府宣布向丝路基金增资 1000 亿人民币。截至 2018 年底，丝路基金协议投资金额约 110 亿美元，实际出资金额约 77 亿美元。

（4）在全球经济增长中发挥重要作用。自 2006 年以来，我国对世界经济增长的贡献率稳居世界第一位[4]。据世界银行测算，2013—2017 年，我国

---

1. 国家统计局 . 沧桑巨变七十载　民族复兴铸辉煌——新中国成立 70 周年经济社会发展成就系列报告之一［EB/OL］. 国家统计局网站，2019-07-01.
2. 中国的改革开放怎样影响了世界［EB/OL］. 中国经济网，2019-01-13.
3. 国家统计局 . 2018 年中国营商环境世界排名较上年上升 32 位［EB/OL］. 新浪网，2019-01-21.
4. 国家统计局 . 沧桑巨变七十载　民族复兴铸辉煌——新中国成立 70 周年经济社会发展成就系列报告之一［EB/OL］. 国家统计局网站，2019-07-01.

对世界经济增长的平均贡献率超过 30%，超过美国、欧元区和日本贡献率的总和。2018 年，我国国内生产总值比上年增长 6.6%，经济增速位居世界前五大经济体之首，对世界经济增长贡献率在 30% 左右。

表 1.1 1980—2018 年主要国家和地区经济增长率（单位：%）

年份	世界	中国	欧元区	美国	日本	巴西	印度	俄罗斯	南非
1980	2.1	7.8	—	−0.3	3.2	9.2	5.3	—	6.6
1985	3.6	13.4	—	4.2	5.2	7.9	5.3	—	−1.2
1990	3.5	3.9	—	1.9	4.9	−4.2	5.5	—	−0.3
1995	3.4	11.0	2.9	2.7	2.7	4.2	7.6	−4.1	3.1
2000	4.8	8.5	3.8	4.1	2.8	4.4	4.0	10.1	4.2
2005	4.9	11.4	1.7	3.5	1.7	3.2	9.3	6.4	5.3
2010	5.4	10.6	2.1	2.6	4.2	7.6	10.3	4.5	3.0
2011	4.3	9.6	1.6	1.6	−0.1	4.0	6.6	5.1	3.2
2012	3.5	7.9	−0.9	2.3	1.5	1.9	5.5	3.7	2.2
2013	3.5	7.8	−0.2	1.8	2.0	3.0	6.4	1.8	2.5
2014	3.6	7.3	1.4	2.5	0.4	0.5	7.4	0.7	1.9
2015	3.4	6.9	2.1	2.9	1.2	−3.6	8.0	−2.5	1.2
2016	3.4	6.7	2.0	1.6	0.6	−3.3	8.2	0.3	0.4
2017	3.8	6.8	2.4	1.9	1.9	1.1	8.2	1.7	1.4
2018	3.6	6.6	1.8	0.8	0.8	1.1	7.1	2.3	0.8

数据来源：国家统计局．中国统计年鉴 2019［M］．北京：中国统计出版社，2019．

3. 以高水平开放推动建设开放型世界经济

（1）坚定维护以规则为基础的全球自由贸易体系。人类历史表明，只有通过自由贸易、深度参与经济全球化，才能推进全球市场不断扩大，促进全球分工的不断深化，实现全球经济的不断增长。当前，经济全球化面临一系列挑战，我国坚定维护以世界贸易组织为主的多边自由贸易体系，旗帜鲜明地反对贸易保护主义。

（2）以共建"一带一路"为重要载体。我国倡导共建"一带一路"，在已有合作机制和倡议的基础上推动沿线国家和地区实现发展战略对接、优势互补，主张优化和完善自由贸易的制度安排。共建"一带一路"倡议有助于相关国家和地区可持续发展目标的实现，为沿线国家和地区提供了工业化和转型发展的机遇。这不仅激发了沿线国家和地区的内生发展动力，还丰富了国际经济合作理念和多边主义内涵，为促进世界经济增长、推动构建人类命运共同体开拓了重要途径。

（3）把完善全球经济治理作为重要责任。当前，全球面临的不稳定、不确定性日益突出，治理赤字、信任赤字、和平赤字、发展赤字四大挑战严峻。我国倡导以平等为基础、以开放为导向、以合作为动力、以共享为目标的全球经济治理基本理念和原则；主张有效发挥 G20 在全球经济治理中的更大作用；主张维护多边贸易体系，扩大发展中国家在国际货币基金组织、世界银行中的发言权。

第二节　以高水平开放促进东北振兴

以高水平开放促进国内区域及经济发展，是我国区域经济协调发展的重要趋势。"十四五"东北振兴，需要准确把握国家赋予东北对外开放的战略定位，以高水平开放形成新的改革发展布局，为经济转型升级集聚新动能。

一、以打造对外开放新前沿为目标

中央要求东北地区打造对外开放新前沿，既是中央给东北的任务，也是新时期对东北地区新的战略定位。要以战略眼光、全球视野谋划东北地区对外开放，充分利用东北地区的区位优势，做好打造对外开放新前沿这篇大文章。

1. 国家赋予东北地区对外开放新前沿的战略定位

改革开放以来，东南沿海是我国对外开放的前沿，东北地区对外开放进程明显滞后。随着我国对外开放进程加快，尤其是"一带一路"建设在东北亚地区的兴起，把东北地区推向了对外开放的新前沿。国家"十二五"规划纲要提出，把黑龙江、吉林、辽宁、内蒙古建成我国面向东北亚开放的重要枢纽。但从实际情况看，东北作为我国最早进入计划经济、最晚退出计划经济的地区，对外开放滞后的矛盾一直很突出。在经济全球化面临新变局的背景下，我国提出共建"一带一路"倡议，为东北地区进一步扩大开放，融入东北亚地区的发展带来了重要机遇。为此，沈阳、长春、哈尔滨、大连等城市，都提出了打造东北亚区域中心城市的目标。2018 年 9 月，习近平总书记在东北三省考察并主持召开深入推进东北振兴座谈会时强调，深度融入共建"一带一路"，建设开放合作高地。2019 年 8 月，习近平总书记在中央财经委员会第五次会议上强调，东北地区要主动调整经济结构，推进产业多元化发展，加快国有企业改革，打造对外开放新前沿。

2. 在推进东北亚区域经济一体化中扮演重要角色

在全球贸易保护主义、单边主义抬头的背景下，区域经济一体化的趋势与特点越来越突出。尤其是我国提出"一带一路"倡议，得到沿线国家和地区的广泛响应。东北亚地区作为"一带一路"沿线国家的重要区域，成为全球最具发展潜力的地区之一。随着共建"一带一路"，我国东北地区的对外开放水平不断提升，与东北亚国家的经贸联系不断增强，贸易额快速增长。根据统计数据计算，黑龙江、吉林、辽宁和内蒙古东北四省区与东北亚日本、韩国、俄罗斯、蒙古国的贸易额由 2015 年的 407 亿美元增长到 2018 年的 1660 亿美元，约占中国与东北亚国家贸易总额的 22%。可以预见，东北地区作为我国面向东北亚开放的核心区域，未来 5—10 年将在推进东北亚区域经济一体化进程中扮演重要角色。

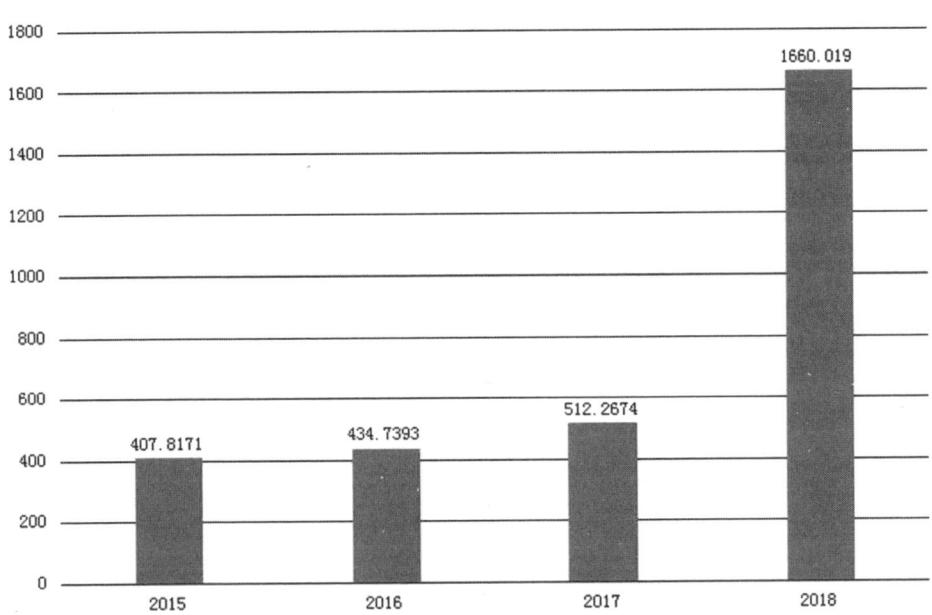

图 1.9 2015—2018 年东北四省区与东北亚四国的贸易额情况（单位：亿美元）

数据来源：根据黑龙江、吉林、辽宁、内蒙古历史统计年鉴计算所得。注：2018 年数据不含吉林与东北亚国家的贸易数。

3. 以高水平开放促进东北全面振兴、全方位振兴

（1）围绕全面振兴、全方位振兴推进高水平开放。如果说 2004 年以来中央启动的东北振兴主要是老工业基地振兴的话，今天的东北振兴，则是包括经济、政治、文化、社会、生态文明建设和党的建设等方面通盘考虑和协调推进的全面振兴、全方位振兴。为此，东北的高水平开放需要与全面深化改革紧密结合，形成东北振兴的战略布局。

（2）以高水平开放建设国家"两个基地"、维护国家"五个安全"。国家赋予了东北地区"我国重要的工业和农业基地"的战略定位，同时赋予了东北地区在维护国家"国防安全、粮食安全、生态安全、能源安全、产业安全"中的战略地位。为此，东北的高水平开放既需要考虑解决老工业基地的问题，还需要在国家新定位中发挥自身优势。

（3）积极探索高水平开放的制度安排。近年来，国家相继设立辽宁自贸试验区和黑龙江自贸试验区，加大探索高水平开放的结构性制度性制度

安排。2019 年 10 月，辽宁省政府出台《关于加快推进东北亚经贸合作打造对外开放新前沿的意见》，明确提出建设中国北方地区对外开放大门户和东北亚区域合作的中心枢纽的目标，并从促进贸易、加强产业合作、基础设施互联互通等方面确定 21 项重点任务。同年，国家批准设立黑龙江自贸试验区，与辽宁自贸试验区遥相呼应，成为打造对外开放新前沿的两个重要平台。黑龙江省提出要打造高水平对外开放前沿，深度融入共建"一带一路"，加快建立以对俄和东北亚为重点的全方位对外开放新格局。吉林省提出推进吉林自贸试验区报批和筹建工作，启动编制《长吉图开发开放先导区规划（2021—2035 年）》，更大范围、更宽领域、更深层次扩大开放。内蒙古自治区提出要申报设立内蒙古自贸试验区，积极参与中蒙俄经济走廊建设，推进更高水平对外开放。

二、破解体制转型与结构转型滞后的双重矛盾

东北地区是全国经济的重要增长极，在国家发展全局中举足轻重，在全国现代化建设中至关重要。目前，东北经济增长虽有起色，但民营经济活力不足，市场化水平不仅低于东部省市，而且低于很多中西部省区。这不仅反映出东北市场化改革的滞后，也反映出了东北对外开放的滞后。也就是说，开放度低、开放进程滞后是东北振兴需要补齐的短板之一。

1. 破解对外开放程度低的突出矛盾

改革开放 40 多年来，我国不断扩大开放，逐步探索建立开放型经济体制，由此走出了一条以扩大开放倒逼改革、以深化改革促进扩大开放的路子。相比全国平均水平和东部沿海地区，东北地区对外开放，应当说是相对滞后的。以对外贸易为例。据统计，2018 年，东北四省区的对外贸易依存度为 15.8%，不到全国平均水平（33.9%）的一半；东北四省区的地区生产总值总量占全国的比重为 8.3%，但其货物进出口总额仅占全国的 3.8%。预计到2025 年，若东北三省对外贸易水平达到 2018 年的全国平均水平，至少还有18 个百分点以上的增长空间。

表 1.2 2003—2018 年东北四省区对外贸易依存度与全国比较（单位：%）

年份	全国	辽宁	黑龙江	吉林	内蒙古
2003	51.3	36.6	10.9	19.2	10.8
2004	59.0	42.3	11.8	18.0	11.0
2005	62.4	41.5	14.1	14.6	10.7
2006	64.2	41.3	16.4	14.5	9.4
2007	61.8	40.6	18.4	14.2	8.8
2008	56.4	37.0	19.0	14.4	7.2
2009	43.2	28.1	12.8	11.0	4.7
2010	48.9	29.5	16.5	13.2	4.9
2011	48.4	27.9	19.6	13.5	5.2
2012	45.3	26.4	17.3	13.0	4.5
2013	43.5	26.0	16.6	12.3	4.3
2014	41.2	24.5	15.8	11.8	5.0
2015	35.8	20.9	8.6	8.4	4.4
2016	32.9	26.1	7.1	8.2	4.1
2017	33.9	28.8	8.1	8.4	5.8
2018	33.9	29.9	10.7	9.0	6.0

数据来源：《中国统计年鉴 2019》《辽宁统计年鉴 2019》《吉林统计年鉴 2018》《黑龙江统计年鉴 2019》《内蒙古统计年鉴 2019》。

2. 破解市场开放程度低的突出矛盾

相比全国而言，东北地区的市场开放程度较低，民营经济发展较为滞后。根据统计资料显示，辽宁省国有经济占比超过 30%，吉林省超过 40%，黑龙江省超过 50%，都远高出全国平均水平[1]。2016 年，在全国民间固定资产投资增长 3.2% 的背景下，东北地区下降 24.4%，占全国民间固定资产投资的

---

1. 东北国有经济占比远超全国 民企多是国企配套［N］.经济日报，2015-09-06.

比例由 2003 年的 8.1% 下降到 2015 年的 5.9%[1]。全国工商联发布的 2019 年中国民企 500 强中，东北四省区共有 18 家，其中，辽宁 11 家、内蒙古 4 家、吉林 2 家、黑龙江 1 家，占比仅为 3.6%，与排名第一的浙江省（92 家）差距巨大。

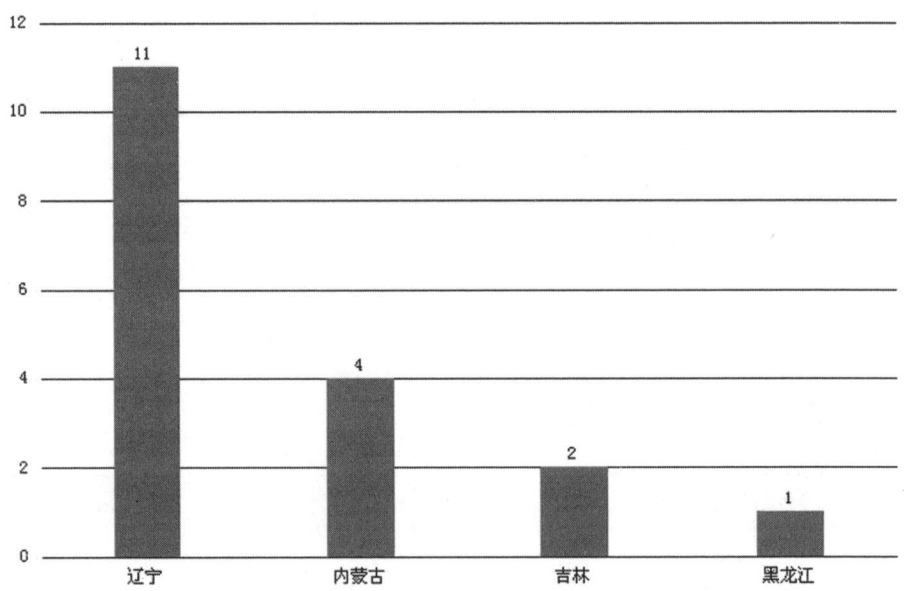

图 1.10　2019 年中国民企 500 强中东北地区入围企业数量（单位：家）

数据来源:《2019 年中国民营企业 500 强报告》。

3. 破解产业开放程度低的突出矛盾

目前，作为我国老工业基地，东北地区仍以传统工业为主，而且国有经济占主导地位。据统计，2018 年，全国国有及国有控股工业企业资产占规模以上工业企业资产总额的比重为 38.8%，而东北四省区这一指标平均为 48.7%，其中辽宁为 48.3%，吉林为 54.0%，黑龙江为 59.9%、内蒙古为 53.8%，向民营经济开放的程度没有达到全国平均水平。总的来看，东北地区仍未完全改变国有经济占主导地位的以传统工业为主的产业格局。东北地区产业市场向民营经济开放的程度尚未达到全国平均水平。

---

1. 中国 (海南) 改革发展研究院课题组. 以"一带一路"形成区域开放新格局［N］. 上海证券报，2017-05-12.

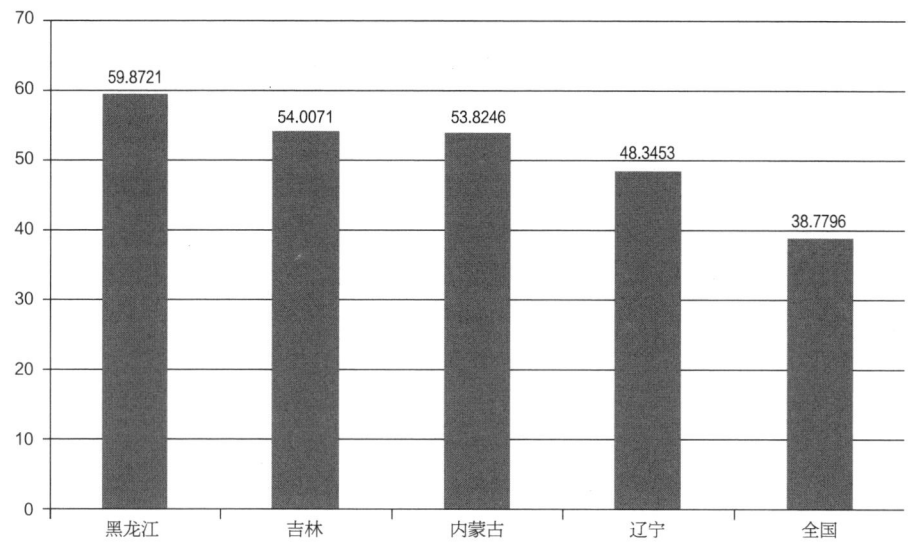

图 1.11　2018 年东北四省区国有及国有控股工业企业资产占比情况（单位：%）

资料来源：根据《中国统计年鉴 2019》数据计算。

三、以高水平开放形成东北振兴新动力

从现实情况看，东北振兴面临的不少突出矛盾与问题，根源在于东北这些年转型改革相对滞后，市场化程度与发达地区还有距离。这就需要以制造业转型升级为重要目标，加快对外开放进程，并由此形成东北产业转型升级的新动力。

1. 在高水平开放中形成东北制造业转型升级的新动力

东北地区拥有良好的装备制造业基础，是我国冶金矿山、数控机床、重型机械、轨道交通、汽车及零部件、航空及发动机、海洋工程等重大装备的产业基地。有数据显示，2016 年，东北三省装备制造业总产值占工业总产值的比重为 40.2%，装备制造业的利润总额占比为 49.4%。为此，东北地区推进高水平开放，需要重点扩大与先进制造业国家的技术合作，着力提升自主创新能力，着力提升重大技术装备自主化以及核心技术与关键零部件研发制造水平，形成科技创新支撑东北国企转型发展的新动力。与此同时，以企业"走出去"为重点提升"东北制造"的国际竞争力。

表1.3　2016年东北三省装备制造业总产值占比及利润总额占比（单位：%）

地区	装备制造业总产值占比	装备制造业利润总额占比
黑龙江	11.5	−4.3
吉林	36.2	59.2
辽宁	59.9	55.3
东北三省合计	40.2	49.4

数据来源：根据《吉林统计年鉴2017》《黑龙江统计年鉴2017》和《辽宁统计年鉴2017》相关数据计算得到。

2. 以高水平开放形成市场化改革的新动力

（1）以开放倒逼改革。近年来，上海等国内自贸试验区的实践表明，高水平开放不仅是扩大开放的探索，更是制度创新的"试验田"。高水平开放有利于理顺政府与市场关系，有利于对激发市场活力形成倒逼机制。为此，东北地区要抓住中韩自贸区建设契机，实施以自贸区为重点的全方位开放战略，以开放倒逼改革，形成东北全面深化改革的新动力[1]。

（2）以高水平开放推动东北市场化改革的重要突破。当前，在经济下行压力依然较大的背景下，东北迫切需要在市场化改革的关键性、基础性领域实现重大突破。例如，以混合所有制为重点深化东北国企改革，率先在能源、运输、民航、电信等一般竞争性领域，支持鼓励社会资本控股；加快探索国有资本管理新模式，充分激发国有经济活力，推进国有资本多元化布局；同步推进公司治理结构、内部运行机制、民营资本保护与申诉机制等配套改革，进一步增强社会资本参与混改的信心。

3. 在高水平开放中实现东北营商环境的实质性改善

作为一个国家或地区竞争力的构成要素之一，良好的营商环境不仅是经济软实力的重要体现，更是高水平开放的重要标志。东北地区要能够吸引人才、项目、资金等要素集聚，就必须在优化营商环境上下功夫，就必须解决"投资不过山海关"的问题。据《2018中国城市营商环境质量报告》显示，

1.扩大开放是"十三五"东北振兴新动力［N］.中国经济导报，2015-10-27.

哈尔滨、沈阳、长春在全国 30 个主要城市中的营商环境质量指数分别排名二十二、二十三、二十四位；2019 年 1—10 月，在全国固定资产投资增长 5.2% 的背景下，东北地区下降 4.5%。"十四五"东北推进高水平开放，迫切需要借助国际高水平经贸规则优化营商环境。这就需要在规则等制度型开放上采取大的举措，对标国内、国际先进水平形成市场化、法治化、国际化营商环境，形成国际国内资本到东北发展的热潮。

第三节　在融入"一带一路"中
形成东北振兴新动力

"十四五"的东北振兴，要加快融入和服务国家"一带一路"倡议的实施，以中蒙俄经济走廊建设为抓手，以推进基础设施投资合作和互联互通为依托，以制造业产业园区为平台，以建立东北亚自贸区网络为目标，以发展生产性服务贸易和服务业市场开放为重点，加快构建东北对外开放的大通道、大平台、大布局，由此形成以开放促发展的新格局。

一、深度融入"一带一路"，建设开放合作高地

东北是我国"一带一路"倡议中向北开放的重要窗口。东北振兴战略与"一带一路"倡议相结合是一个大趋势。"一带一路"为东北振兴融入东北亚及全球经济打开了新空间。东北的全面振兴，不仅要考虑国内市场，更应立足于国际市场，在融入"一带一路"中形成广阔的经济腹地。

1. 对接"一带一路"建设开放合作高地

2015 年 3 月 28 日，国家发展改革委、外交部、商务部联合发布了《推动共建丝绸之路经济带和 21 世纪海上丝绸之路的愿景与行动》指出，发挥

内蒙古联通俄蒙的区位优势，完善黑龙江对俄铁路通道和区域铁路网，以及黑龙江、吉林、辽宁与俄远东地区陆海联运合作，推进构建北京—莫斯科欧亚高速运输走廊，建设向北开放的重要窗口[1]。当前，东北四省区均已形成参与"一带一路"建设相关规划，并提出各自的发展定位、基本目标与行动方案。

专栏1.1 东北各省区在参与"一带一路"建设中的定位与目标

1.《辽宁"一带一路"综合试验区建设总体方案》

试验重点：探索引领共建"东北亚经济走廊"；探索创建"大连自由贸易港"；探索构建联动互济的全方位、全领域、全时空开放格局；探索形成优势装备制造引领国际产能合作新路径；探索建立现代金融服务于实体经济的高效机制；探索搭建文化交融互信的纽带桥梁。

开放格局、空间布局和建设目标：辽宁"一带一路"综合试验区建设，以辽宁沿海经济带开发开放为支撑，以大连东北亚国际航运中心和沈阳东北亚科技创新中心为龙头，以全方位、全领域、全时空开放为依托，加快建设东北亚开放大门户，全力构建内外联动、陆海互济的全面开放新格局；以高水平开放新理念构建"三核三区、两廊两沿、七港七路、双园双融、一网一桥"的空间布局，把辽宁建设成为推进"一带一路"建设先行区、东北亚国际合作先导区、全面开放引领全面振兴示范区。

2.吉林《沿中蒙俄开发开放经济带发展规划（2018—2025年）》

总体目标：力争用5—10年时间的改革探索，努力将中蒙俄开发开放经济带建设成为促进国际国内要素有序自由流动，资源高效配置，市场深度融合，全方位、多领域互利共赢的国际合作新平台，打造成吉林连接中蒙俄经济走廊、推动与东北亚全面合作的新载体和深度融入"一带一路"建设、向北开放重要窗口的新样板、新一轮振兴发展的先导区。加快融入冰上丝绸之路，积极开展重大资源、能源项目建设，着力推动对俄蒙经贸合作大发展、大进位、大提升，全面开创对俄蒙经贸合作新局面。

战略定位：立足吉林处在中蒙俄大通道重要节点及东北亚几何中心的优越地理位置，依托高速公路、铁路等基础设施及哈大经济带、哈长经济圈、长吉图开发开放等现有发展基础，加快推进中俄、中朝跨境经济合作区等对外开放平台和"滨海2号"国际运输走廊等对外通道建设，有效聚集物流、人流、商流、资金流、信息流，不断拉紧中蒙俄经济发展的结合度和紧密度，促进区域经贸合作，优化开放

1.国家发展改革委、外交部、商务部联合发布《推动共建丝绸之路经济带和21世纪海上丝绸之路的愿景与行动》[EB/OL].新华网，2015-04-01.

合作载体布局，提升国际产能合作承载能力，全面贯通吉林省东西部对外开放协调发展，将沿中蒙俄开发开放经济带建设成为中蒙俄经济走廊的先行发展区域。坚持以跨境通道和口岸建设为重点，加快铁路、公路、航空、水运交通基础设施建设，形成连接蒙古、俄罗斯，辐射东北亚，内联国内腹地的综合交通运输体系，建设功能配套、衔接紧密、快速便捷的国际大通道，将沿中蒙俄开发开放经济带建设成为连接内陆面向东北亚开放的重要大通道。发挥区域比较优势，提高科技进步和自主创新能力，加强国际国内产业分工与合作，做大做强优势特色产业，构筑外向型产业体系，建设重要的商品粮生产、绿色食品加工、重大装备制造和能源资源保障供应基地，将沿中蒙俄开发开放经济带建设成为东北地区开放型经济重要增长区域。充分利用独特的区位优势和现有的合作基础，赋予对外开放先行先试政策，转变发展方式，创新开放体制机制，改善开放政策环境，推进一批重大基础设施等项目建设，打造与俄罗斯、蒙古及东北亚开放合作的重要平台，将沿中蒙俄开发开放经济带建设成为吉林省全面对外开放的新高地。

3.《"中蒙俄经济走廊"黑龙江陆海丝绸之路经济带建设规划》

定位：以中俄双方政治互信、经济互补、利益互惠为基础，紧紧围绕经济合作，扩大利益汇合点，经济发展成果惠及更广泛的区域。以大哈佳同、绥满、哈黑和沿边铁路为支撑，实现与俄罗斯西伯利亚、贝阿铁路的互联互通，构建集铁路、公路、水运、航空、管道、电网、光缆于一体的国际经贸大通道。

通道布局：以大哈佳同、绥满、哈黑和沿边铁路为主骨架，以周边公路、水运、航空、管道、电网、光缆为辅助，以相关车站、港口、机场为节点，建设连接亚欧的国际货物运输大通道。

产业布局：依托黑龙江陆海丝绸之路经济带国际货运通道和主要交通干线，以中心城市和交通商贸重镇为节点，以沿线城市重点产业园区为支撑，依托哈长城市群等重点区域，打造承接国内外产业转移聚集区，发展跨境产业链，形成以"一核四带一环一外"为主要内容的产业发展空间布局。

4.《内蒙古自治区建设国家向北开放桥头堡和沿边经济带规划》

国家发展改革委在对《内蒙古自治区建设国家向北开放桥头堡和沿边经济带规划》的批复中要求：内蒙古自治区充分发挥联通俄蒙的区位优势，在参与中蒙俄经济走廊建设中发挥重要作用，打造我国向北开放的重要窗口。按照习近平总书记考察内蒙古时的重要指示精神，通过扩大开放促进改革发展，发展口岸经济，加强基础设施建设，完善同俄罗斯、蒙古国相关方面的合作机制，深化各领域合作，把内蒙古建成我国向北开放的重要桥头堡；要以深度参与中蒙俄经济走廊建设为契机，发挥比较优势，找准定位，错位发展，创造性地开展工作。

资料来源：中共辽宁省委 辽宁省人民政府关于印发《辽宁"一带一路"综合试验区建设总体方案》的通知［N］．辽宁日报，2018-09-10; 沿中蒙俄开发开放经济带发展规划（2018—2025年）［EB/OL］．吉林

省发展和改革委员会网站，2019-07-29;《中共黑龙江省委 黑龙江省人民政府"中蒙俄经济走廊"黑龙江陆海丝绸之路经济带建设规划》摘要 [N].黑龙江日报，2015-04-15;内蒙古建设国家向北开放桥头堡和沿边经济带规划获国家批复 [EB/OL].内蒙古自治区发展和改革委员会网站，2015-11-19.

2. 充分发挥自由贸易试验区的先导作用

2017 年 3 月，国务院印发《中国（辽宁）自由贸易试验区总体方案》。确定实施范围 119.89 平方公里，涵盖三个片区：大连片区 59.96 平方公里（含大连保税区 1.25 平方公里、大连出口加工区 2.95 平方公里、大连大窑湾保税港区 6.88 平方公里），沈阳片区 29.97 平方公里，营口片区 29.96 平方公里。该方案要求推进与东北亚全方位经济合作。要加快融入"一带一路"建设，不断扩大和丰富东北亚区域合作内涵，全面融入中蒙俄经济走廊建设，巩固对日、对韩合作，加速利用国际国内两个市场、两种资源，进一步扩大东北亚国际合作，在更大范围、更宽领域参与国际竞争[1]。2019 年 8 月，中国（黑龙江）自由贸易试验区正式设立，按照总体方案要求，中国（黑龙江）自由贸易试验区要以制度创新为核心，以可复制可推广为基本要求，全面落实中央关于推动东北全面振兴全方位振兴、建成向北开放重要窗口的要求，着力深化产业结构调整，打造对俄罗斯及东北亚区域合作的中心枢纽[2]。

未来几年，随着我国沿边自由贸易作用凸显，东北地区仍有条件设置新的自由贸易试验区。例如，吉林省正在积极探索"港口后移、就地办单、海铁联运、公铁联运、无缝对接"的跨国物流、内贸外运新模式，重点打造面向东北亚地区的国际物流集散中心和东北亚国际陆港区。吉林省长吉图区域开放条件较好，可以通过设置中国（吉林）自由贸易试验区的形式加速推进与俄、蒙、朝、日、韩等国的区域经济合作，实现优势互补和互利共赢。随着内蒙古沿边自由贸易进程的加快，可以依托满洲里和二连浩特国家重点开发开放试验区，设置中国（内蒙古）自由贸易试验区扩大煤炭、原油、铁矿石、木材等产品进口规模，推动电力、煤炭、装备制造、农畜产品加工、建材等企业"走出去"。

1.国务院关于印发中国（辽宁）自由贸易试验区总体方案的通知 [EB/OL].中国政府网，2017-03-31.
2.国务院关于印发 6 个新设自由贸易试验区总体方案的通知 [EB/OL].中国政府网，2019-08-26.

3.积极拓展与"一带一路"沿线国家和地区的经贸合作

东北地区要充分发挥沿边自由贸易的突出优势，积极通过参与"一带一路"建设提升对外开放度。据统计，2017 年东北地区与"一带一路"国家进出口总额为 616.9 亿美元，较 2016 年增长 22.0%，高于全国 17% 的平均水平。其中，东欧地区是东北地区的第二大出口市场，出口额为 35.0 亿美元，占中国对东欧地区出口总额的 3.6%；自东欧地区进口额为 175.9 亿美元，较 2016 年增长 28.1%，占东北地区自"一带一路"沿线国家和地区进口总额的 47.7%，占中国自东欧地区进口总额的 28.1%[1]。此外，随着中蒙俄经济走廊的建设，尤其是以铁路、公路和边境口岸为主体的跨境基础设施联通项目逐渐完工，将大幅降低东北地区对外贸易成本，进而推动形成以开放促振兴的新格局。

4.突出服务贸易和服务业市场开放

（1）东北的服务业发展低于全国平均水平。根据国家统计局的初步核算，2019 年，东北四省区第三产业占比分别为黑龙江 50%、吉林 53.8%、辽宁 53%、内蒙古 49.6%，均低于 53.9% 的全国平均水平。2018 年，黑龙江、辽宁、内蒙古三省区第三产业外商直接投资占比分别为 49.2%、29.1% 和 6.8%，明显低于 63.6% 的全国平均水平。

表 1.4　2018 年东北地区服务业占比与外商直接投资占比情况（单位：%）

地区	服务业占 GDP 的比重	服务业外商直接投资占比
全国	53.9	63.6
辽宁	53.0	29.1
吉林	53.8	—
黑龙江	50.0	49.2
内蒙古	49.6	6.8

数据来源：根据国家统计局 2019 年初步核算数据和《中国统计年鉴 2019》《辽宁统计年鉴 2019》《黑龙江统计年鉴 2019》《内蒙古统计年鉴 2019》计算所得。

1.国家信息中心，"一带一路"大数据中心，大连瀚闻资讯有限公司."一带一路"贸易合作大数据报告 2018［R］.2018-05.

（2）以服务业市场开放提升东北的战略支撑能力。在新科技革命方兴未艾的新形势下，东北要建成"我国重要的工业和农业基地"，实现国家赋予的"国防安全、粮食安全、生态安全、能源安全、产业安全"等战略地位，不是简单地扩展产业规模，而是需要以科技、研发等生产性服务业高度发达为支撑。

（3）突出生产性服务业开放。目前，东北地区生产性服务业占服务业的比重为35%—40%，低于全国平均水平5—10个百分点，低于德国30—35个百分点，生产性服务业发展滞后是东北制造业转型升级的突出短板。这就需要把科技、研发等生产性服务业开放作为高水平开放的重点，用高科技提升东北的各个产业发展水平。

二、以基础设施建设为依托，形成"一带一路"东北大通道

以沈阳、长春、哈尔滨、大连、二连浩特等城市为战略支点，协同推动外接俄罗斯、蒙古、韩国、日本、朝鲜和欧洲，内联国内腹地的贸易大通道建设，以实现"一带一路"倡议与俄罗斯"欧亚联盟"战略和蒙古"草原之路"战略的对接，实现与"京津冀一体化"协同发展，吸引内地面向欧洲出口的产业和资金向东北转移。

1. 加快推进中蒙俄大通道建设

发挥东北四省区沿边的作用，应紧紧抓住"一带一路"建设的重大机遇，以基础设施互联互通为重点，加快推进中蒙俄大通道建设。利用俄罗斯的扎鲁比诺港实现"借港出海"，将大通道建设纳入中俄两国总理定期会晤内容；凭借吉林省长春市的轨道客车适合北方高寒地区的技术优势，加快推动中蒙俄铁路网络建设。推动铁路网络与大连港、锦州港、营口港等出海口的互联互通，提升基础设施互联互通能力，将主要城市和港口打造成国际航运中心和国际物流中心。

2. 加快推进中日韩大通道建设

相对于东北地区与日韩之间的经济互补性和广阔的合作空间，目前东北地区对日韩开放和合作的潜力还远未释放。2018年，辽宁、黑龙江、内

蒙古三省区来源于日韩的外商直接投资占比分别为5.6%、4.1%和1.0%，都低于6.3%的全国平均水平。东北地区应发挥作为东北亚中心的区位优势与辽宁的港口优势，以加快推进中日韩自贸区进程为契机，实行全面开放政策。可借鉴云南主导湄公河流域开发、广西主导环北部湾经济区开发的经验，充分发挥东北地方政府在推进中日韩跨境经济合作中的积极性。在中日韩投资协定基础上，加大东北对日韩在金融、技术等生产性服务业领域的开放力度，积极吸引日韩资本、技术、人才等要素进入东北工业领域。

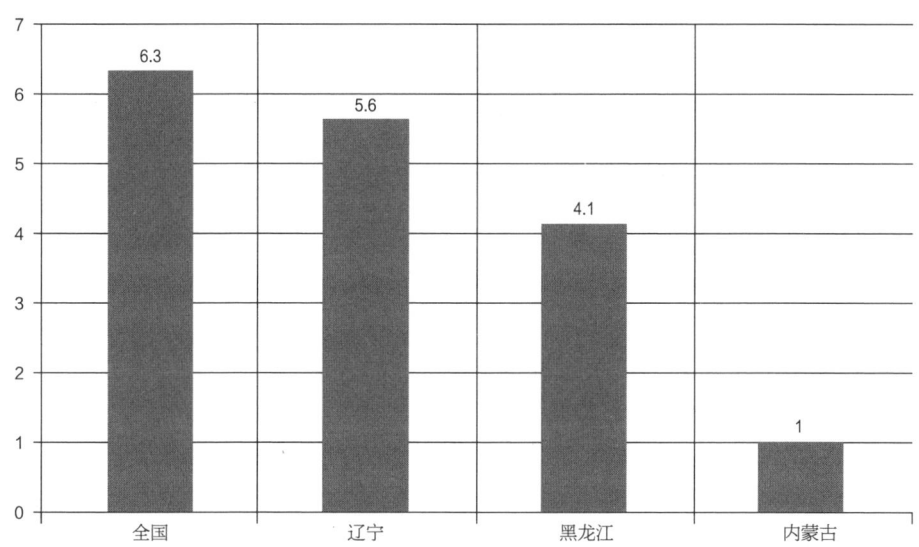

图1.12 2018年东北部分省区来自日韩的外商直接投资占比情况（单位：%）

数据来源：根据《中国统计年鉴2019》《辽宁统计年鉴》《黑龙江统计年鉴2019》《内蒙古统计年鉴2019》计算所得。注：吉林省外商直接投资尚未纳入吉林统计年鉴。

三、以制造业转型升级为重点，形成"一带一路"东北大平台

在参与实施"一带一路"倡议中，东北等老工业基地应以制造业转型升级为重点，根据资源分布特点，加快构建双向性、开放型、跨区域、连内外的多个产业园区组成的大平台，为东北老工业基地全面振兴提供产业发展载体、创新合作机制、拓展对外开放空间。

1. 以中德高端装备制造业园区为平台，以生产性服务业为重点，创新产业园区合作机制

以 2015 年 12 月国务院正式批复建设方案为标志，中德（沈阳）高端装备制造业园区成为全国唯一一个国家批复的中德高端装备产业园区。"十四五"时期，中德（沈阳）高端装备制造业园区有望打造具有全球影响力的高端装备制造产业基地。建议以中德（沈阳）高端装备制造业园区为平台，以生产性服务业为重点，破除体制机制障碍，降低行政管制导致的各种市场进入壁垒，探索建立委托经营、独资经营、股份合作等多种形式的合作机制，为东北制造业转型升级提供示范。

专栏1.2　中德高端装备制造业园区介绍

以 2015 年 12 月国务院正式批复建设方案为标志，中德装备园成为全国唯一一个国家批复的中德高端装备产业园区，其建设发展正式上升为国家战略。围绕如何推进园区建设、建成一个什么样的产业园区这一命题，中德装备园明确：要追求项目高端化、推进高质量发展，要肩负国家使命、打造具有全球影响力的高端装备制造产业基地，要打造改革的高地、创新的高地、开放合作的高地，以新气象新担当新作为引领东北振兴。

在国家、省、市的坚强领导和大力支持下，中德装备园始终贯彻五大发展理念，强化规划先行、项目为王、改革创新、国际视野、服务为本"五个坚持"，稳步快速推进园区建设发展各方面工作。

管理体制上，按照省市要求完成开发区（园区）改革，进一步加强和规范机构编制管理，明确园区主要职责、内设机构、人员编制，为园区可持续发展提供体制机制保障；推进人事制度改革，建立以"岗位任职、绩效管理"为核心的"能上能下、能进能出"的动态选人用人新机制。工作机制上，推进"中德开""中德发"两公司实质化运营。截至目前，"中德开"已推进中德园企业服务中心（东方机器人谷）、国际公馆等 12 个项目建设；"中德发"围绕产业发展、金融服务、创新孵化开展工作，推进三生制药等 19 个项目签约落地。

围绕开放合作需求和企业、产业发展需求，中德装备园以"一个平台、五大体系"建设为抓手，提升园区的综合服务能力，完善公共服务配套能力，构建新型服务生态体系，打造一流的国际化营商环境。"一个平台"即建设"一站式"企业服务中心，为企业提供全生命周期、全过程、全链条服务；"五大体系"即"双元制"职业教育体系、知识产权保护体系、"工业互联网"服务体系、融资平台体系和技术服务提升体系。

创新打造对外开放平台，中欧班列现已直接连通中德装备园，为园区进出口贸易注入全新动力；建设德国海德堡、瑞典韦斯特罗斯、深圳离岸创新中心，柔性引进人才、项目和资本；举办德国"沈阳铁西日""沈阳遇见海德堡"中德合作论坛、中国制造2025与德国工业4.0对接交流研讨会等活动，加强经贸交流。

园区的吸引力显著提升。德国SAP、中瑞福宁机器人、东北轨道交通、清华紫光、国信优异等智能制造、高端制造、工业服务领域优质项目接踵落户。

园区的外向度、发展支撑力稳步增强。截至目前，累计推进实施项目367个，总投资3206亿元，包括合资、外资项目89个。2018年，完成规模以上工业总产值795亿元，同比增长20%；完成全口径税收98亿元，同比增长22%；完成固定资产投资48.5亿元，同比增长23%。

资料来源：中德装备园打造开放合作新范例［EB/OL］.中国日报网，2019-07-02.

2. 探索发展"飞地型跨区域特别合作区"

近年来，"飞地型跨区域特别合作区"成为我国区域经济合作的重要机制。2017年，国家八部门联合印发《关于支持"飞地经济"发展的指导意见》，明确要创新"飞地经济"合作机制，为推进区域协同发展做出新贡献。以深汕特别合作区为例，从2016年起，深汕特别合作区开始依法统计经济指标。据统计，2016年，深汕特别合作区地区生产总值25亿元人民币；2017年，约45亿元人民币；2018年，超过51亿元人民币[1]。深汕特别合作区由深圳、汕尾两市共建，是带有"援助"性质的区域协调发展示范区，既拓展了深圳的发展空间，又解决了汕尾的未来发展问题。

为此建议：借鉴广东深汕特别合作区的体制飞地经验，通过引入市场机制，创新东北对外开放体制、机制、政策和管理模式，与东北地区向北开放的广阔空间相互融合，探索设立"辽沪特别合作区""吉浙特别合作区""黑苏特别合作区"等，共同打造对外开放的新平台，加快建设我国向北开放的重要窗口和东北亚地区合作的中心枢纽。

3. 推进跨境经济合作园区创新发展

近年来，我国与"一带一路"周边国家共建跨境经济合作区成为重要

1.深汕特别合作区："飞地模式"崛起［N］.深圳商报，2019-03-25.

趋势。我国内陆沿边地区打造对外开放新前沿,重要的平台是跨境经济合作区。跨境经济合作区通过在两国边境附近划定特定区域,赋予该区域特殊的财政税收、投资贸易以及配套的产业政策,并对区内部分地区进行跨境海关特殊监管,吸引人流、物流、资金流、技术流、信息流等各种生产要素在此聚集,是实现合作共赢的重要途径。

为此建议:发挥中韩俄蒙四国紧密合作基础扎实的优势,按照自贸区标准推进黑龙江绥芬河—东宁重点开发开放试验区和图们江跨境经济合作区等沿边重点开发开放试验区建设,探索跨境经济合作区的运营模式、管理体制机制与多层次跨境协调机制。

4. 以国际产能合作为重点,建立境外合作园区

推动境外合作园区建设,是主动融入"一带一路"建设的重要突破口,也是推动有条件、有需求的企业抱团走出去,共同开拓新兴市场,培育形成贸易新增长点的有效路径。截至 2019 年 11 月,纳入商务部统计的境外经贸合作区累计投资超过 410 亿美元,入区企业近 5400 家,其中,82 家合作区集中在"一带一路"沿线国家,累计投资 340 亿美元[1]。境外合作园区作为承接国际产能合作的抓手,逐渐成为中国制造业企业对外投资的重要载体,成为推进"一带一路",深化双边合作的重要抓手。东北地区应积极探索在俄罗斯、蒙古等国建设若干境外经贸合作园区,组织推动企业抱团走出去,形成一批境外产能和装备制造业合作集聚区,培育一批具有较强国际竞争力的本土装备制造跨国公司,与边境经济合作区相结合,形成跨国产业链。鼓励依托互联网积极打造企业"走出去"的综合服务平台,支持装备制造业企业到海外设立生产基地、研发中心和营销中心,培育一批具有全球竞争力的装备制造业企业。

---

1. 2019 年中国对外投资合作和对外援助高质量发展,共建"一带一路"走深走实〔EB/OL〕. 中国商务部网站,2020-01-06.

四、以产能合作与服务贸易为重点，形成"一带一路"东北大布局

以产能合作与服务贸易为重点建立东北亚自由贸易区网络、延伸推进"一带一路"建设战略为目标，努力将东北地区打造成为我国向北开放的重要窗口和东北亚地区合作的中心枢纽。

1. 以产能合作与服务贸易为重点推进东北"一带一路"建设

（1）产能合作与服务贸易融合发展是"一带一路"建设的大趋势。产能合作与服务贸易融合发展不仅可以为推进"一带一路"基础设施互联互通及产能合作提供重要保障，也有助于为发达国家及发展中国家经济发展拓展更大市场空间。

（2）产能合作与服务贸易融合发展是东北全方位振兴的迫切要求。在高水平开放中建设"我国重要的工业和农业基地"，巩固东北地区在维护国家"国防安全、粮食安全、生态安全、能源安全、产业安全"中的战略地位，需要东北在"一带一路"建设中统筹推进产能合作与服务贸易。

（3）突出产能合作与服务贸易。在推进制造业开放的同时，借鉴上海、天津、广东、福建自由贸易试验区建设经验，立足东北自贸试验区及各类产业园区，选择金融服务、航运服务、商贸服务、研发设计等生产性服务业作为扩大开放的重点领域，加快构建东北"一带一路"对外开放的大通道、大平台、大布局。

2. 东北自贸区要注重开展灵活多样的产业项下自由贸易

（1）把产业项下自由贸易作为东北扩大开放的重要途径。充分考虑"一带一路"东北亚沿线国家和地区发展水平、发展需求以及东北产业转型升级的现实需求，本着先易后难、循序渐进的原则，开展服务业项下、基础设施项下、制造业项下的自由贸易政策。

（2）以产业项下的自由贸易政策打造对外开放新高地。以东北地区的特色优势产业为主，实现与"一带一路"沿线国家和地区的贸易便利化、投资便利化，有利于最大程度发挥东北在我国地区对外开放中的重要作用；有利于东北充分发挥自身独特的资源优势，在形成具有国际竞争力的优势

产业集群上尽快取得突破。

（3）以产业项下的自由贸易政策闯出一条产业全面开放的新路子。适应产业转型升级的客观要求，以实行产业项下的自由贸易政策为重点，推进特色优势产业有效融入国际产业链，就是要走出一条符合东北地区各省基本省情的扩大开放新路子，务实推进与东北亚国家的产能合作与服务贸易融合发展进程。

（4）灵活开展东北亚产业项下自由贸易。例如，与日韩开展高端制造业项下的自由贸易、健康养老项下的自由贸易，与蒙古开展能源矿产资源项下的自由贸易，与俄罗斯合作，推进能源项下自由贸易，探索建立能源产业基金等，稳步推进能源项下的双边、多边自由贸易合作。

3. 面向东北亚国家设置各类合作园区

（1）创立中日、中韩服务业合作园区。东北地区应发挥作为东北亚经济合作中心的区位优势，结合推进中日、中韩自贸区进程亟待扩大服务贸易的客观要求，积极推动东北地区金融、商贸物流、研发等生产性服务业和旅游、教育、文化、医疗等生活性服务业开放，营造有利于各类投资者平等准入的市场营商环境，以服务业领域的深度合作，加快中韩自贸区进程，推动中韩贸易投资自由化不断跨越新台阶。

专栏1.3　我国形成三大中韩产业园区

2015年6月1日，中韩自贸协定（FTA）正式签订，为落实自贸协定内容、深化对韩国经贸合作，2015年10月31日至11月2日，李克强总理访韩期间，《中国商务部与韩国产业通商资源部关于在自贸区框架下开展产业园合作的谅解备忘录》正式签署，确定两国在中国的山东烟台、江苏盐城以及广东和韩国的新万金项目地区建设中韩产业园。2017年12月15日，国务院办公厅批复同意在江苏省盐城市设立中韩（盐城）产业园，在山东省烟台市设立中韩（烟台）产业园，在广东省惠州市设立中韩（惠州）产业园。

1. 中韩（盐城）产业园

按照国务院批复成立中韩产业园要求，2018年9月，江苏省政府印发了《中韩（盐城）产业园建设实施方案》，确定了园区的总体规划和发展方向。园区总体规划面积50平方公里，空间布局为产城融合核心区和临港产业配套区，其中，产城融合核心区依托国家级盐城经济技术开发区，规划面积 42 平方公里；临港产业配套区依托大丰港一类开放口岸和大丰港保税物流中心（B 型），规划面积 8 平方公里。重点发展汽车（包括新能源汽车、智能网联汽车）、电子信息和新能源装备产业，积极培育临港产业和现代服务业。

中韩（盐城）产业园正按照"为国家试制度、为开放探路径、为转型作示范、为未来谋发展"的思路，充分发挥对韩合作综合优势，致力打造中韩地方经济合作和高端产业合作的新高地，加快建设成为深化供给侧结构性改革、加快建设创新型国家、推动形成全面开放新格局的示范区，中韩对接发展战略、共建"一带一路"、深化贸易和投资合作的先行区。

2. 中韩（烟台）产业园

依托烟台国家级经济技术开发区、高新技术产业开发区的政策优势和烟台空港、烟台港西港区等重大交通设施，规划两个核心区和两个拓展区，总规划面积80.4 平方公里。

两个核心区：西区位于烟台经济技术开发区管辖范围内，规划面积 37.5 平方公里，东至黄海，西至三亚路，南至桂林路，北至烟台港西港区南边界。发挥制造业等传统产业优势，重点发展高端装备制造、新一代信息技术、医药健康、智能制造、新能源汽车、节能环保等新兴产业和配套生产性服务业，打造中韩先进制造领航区和战略性新兴产业共生区。东区位于烟台高新技术产业开发区，规划面积 10.4 平方公里，位于航天路以南，海兴路以东，辛安河以北，滨河西路以西。抓住山东半岛国家自主创新示范区建设机遇，重点发展高新技术、数字经济、生物医药、总部经济、科技研发、金融保险等产业，打造中韩高新技术产业合作引领区、高端服务合作示范区和创新创业集聚区。

两个拓展区：西区位于烟台经济技术开发区管辖范围内，临近烟台蓬莱国际机场，规划面积 22.5 平方公里，东至黄海，西至蓬栖高速，南至平畅河，北至规划路。依托烟台港西港区、烟台国际机场以及未来烟台保税港区整体置换、自由贸易港申建，重点发展现代物流、保税加工、跨境电商、精细化工等产业，逐步建成海陆空资源统筹发展、结构合理、功能完善的东北亚国际航运物流枢纽，打造韩国产品进入中国乃至中欧物流中转中心和集散中心。东区位于牟平区沁水韩国工业园，规划面积 10 平方公里，东至东海路，西至吕林路，南至工商大街，北至城际铁路。依托"山海岛泉河"自然资源和道教全真派文化底蕴，重点发展生命科学、节能环保、新能源、新材料、文化创意、休闲旅游、养生养老等产业，打造中韩产业合作新高地、健康服务新标杆和文化产业合作新亮点。与此同时，烟台市内其他功能区包括烟台保税港区、招远经济技术开发区等国家级园区，也要积极复制落实中韩（烟台）产业园相关政策措施，加大对韩经贸合作推进力度，努力提高对外开放水平。

3.中韩（惠州）产业园

（1）功能定位。落实中韩自贸协定，对标广东等自贸试验区建设，积极先行先试，把中韩（惠州）产业园建设成为广东"第四个自贸区"。以推动中韩（惠州）产业园高质量发展为核心，将园区建设成为华南地区实施中韩自贸协定先行区；粤港澳大湾区对外经贸合作平台；广东构建开放型经济新体制示范区。

（2）空间范围。中韩（惠州）产业园规划范围分为两个层次，一是核心组团，包括以下6个片区：①潼湖生态智慧区（面积约32.3平方公里），包含作为起步区的国际合作产业园（面积约11平方公里）；②仲恺高新区高端产业合作区（面积约23.6平方公里，含S357创新产业带陈江部分约8.8平方公里，珠三角（仲恺）国家自主创新示范区约8.8平方公里，仲恺高新区高端制造集中区约6平方公里）；③大亚湾化工及海港保税区（面积约7.6平方公里，含海港保税区1平方公里）；④惠州空港经济产业园（面积约21.7平方公里，含空港保税区1平方公里）；⑤惠城区高新科技产业园（面积约6.4平方公里）；⑥罗浮新区康养国际合作园（面积约2.5平方公里）。核心区总面积共约94.1平方公里。二是联动组团，包括惠东稔平半岛环考洲洋经济带、惠城区高新技术开发区有关区域，以及惠州空港经济产业园、罗浮新区、仲恺高新区和大亚湾开发区除纳入核心组团的其余部分。

资料来源：中韩（盐城）产业园官网《园区简介》；中韩（烟台）产业园官网《园区简介》；中韩（惠州）产业园官网《园区概况》。

（2）打造沿边迷你型"自由贸易试验区"。据统计，东北地区仅黑龙江对俄口岸就有15个，数量位居全国之首。适时选择辽宁丹东口岸、黑龙江绥芬河口岸、吉林珲春口岸等地全面实施贸易投资自由化政策，建设丹东对朝、绥芬河对俄、珲春对俄朝的迷你型"沿边自由贸易试验区"，由此打造扩大沿边开放的新高地。

（3）按照自贸试验区标准推进各类园区建设。在经济领域探索建立与国际通行规则接轨的制度框架体系，使保税区、出口加工区、边境合作区、国家级新区等各类园区成为"准自贸区"，进一步改善各类园区发展的体制政策环境，探索把各类园区作为国家实施自贸区战略的重要途径。

第二章

以东北一体化把握东北亚区域经济合作新机遇

我国东北地区是东北亚的几何中心，在参与东北亚区域经济合作中具有得天独厚的优势。"十四五"东北振兴，要与东北亚经济一体化有机结合，放大区位优势，重塑产业优势，打造我国向北开放的重要窗口和东北亚地区合作中心枢纽。

第一节　东北亚区域经济一体化的大趋势

在全球贸易保护主义抬头的新变局下，东北亚地区经贸合作持续加深。当前，我国的"一带一路"倡议成为经济全球化的新主角，我国已经成为东北亚地区五国的最大贸易伙伴，并在东北亚区域经济一体化中发挥着越来越重要的作用。

一、经济全球化大变局下东北亚区域经济一体化进程提速

在经济全球化面临贸易保护主义、单边主义挑战，全球经济增长面临不确定性与风险性明显增多的大背景下，东北亚各国之间的经济合作向心力日益增强。未来5—10年，东北亚区域经济一体化有望步入一个快速发展的重要时期。

1. 东北亚成为全球经济中最具活力的地区之一

（1）我国积极推动东北亚区域经济一体化进程。2005年，我国开始举办第一届中国—东北亚博览会，至今已经举办了12届，已经成为我国东北地区对外开放的重要窗口。从2007年开始，我国又发起成立东北亚经贸合作高层论坛，每两年举办一次，至今已经举办了10届。这两个平台在推动东北亚区域经济一体化上发挥了重要作用。以2019年第十二届中国—东北亚博览会为例，共有来自109个国家和地区的3万余名客商参会，博览会5

天达成的贸易额为 72867 万元人民币，其中出口订单额 11547 万元人民币，进口订单额 61320 万元人民币。同时，本届博览会签约了 93 个项目，合同引资额 555.84 亿元人民币[1]。

专栏 2.1　中国—东北亚博览会

中国—东北亚博览会（简称东北亚博览会）是经国务院批准，由商务部、国家发展改革委、中国贸促会和吉林省人民政府共同主办，由东北亚区域其他五国的 8 个重要商协会和中日韩三国合作秘书处协办的国家级展会，也是世界上唯一由东北亚区域六国共同参与并面向全球开放的国际性综合博览会。

2005 年，时任总理温家宝在中日韩和东盟 10+3 会议上提出的"扩大东北亚合作，加快东北老工业基地振兴"的倡议，得到与会者的一致认同。2004 年，我国开始实施东北老工业基地振兴战略。2005 年，以振兴东北老工业基地、推动东北亚区域合作为己任的东北亚博览会应运而生。2006 年，时任副总理吴仪在第二届东北亚博览会上就促进东北亚经济合作提出"完善合作机制、拓展合作领域、增强合作实效"等三点意见，进一步加强并推动东北亚经贸合作，提升合作规模、层次和水平。2007 年 9 月，经国务院批准，由商务部、国务院振兴东北办（现国家发展和改革委）、吉林省人民政府在中国吉林长春国际会展中心共同主办首届东北亚经贸合作高层论坛。目前，东北亚合作高层论坛已成为东北亚博览会的主论坛。

东北亚博览会创办之初的名称是中国吉林·东北亚投资贸易博览会。2012 年，国务院批准将中国吉林·东北亚投资贸易博览会更名升格为中国—东北亚博览会，成为服务国家周边外交战略的国际性综合博览会。2005—2013 年每年举办一届，自 2014 年开始，中央决定包括东北亚博览会在内的全国大型涉外机制性展会活动隔年举办。

据统计，2005 年以来的前十一届博览会，共有 100 多个国家和地区及国内 988 位副部（省）级以上政要（其中副国级以上政要 54 位）参会，我国党和国家领导人吴仪（两次）、曾培炎、王岐山（两次）、李克强、汪洋（两次）等先后出席，并在东北亚合作高层论坛上代表中国政府发表主旨演讲；超过 130 个国家和地区的 70 余万名客商、7000 余户参展商参加博览会，境外参展比例超过 50%。

资料来源：根据中国—东北亚博览会官方网站资料整理。

（2）东北亚地区已经成为全球发展最具活力的地区之一。近年来，共建"一带一路"为拓展和深化区域经贸合作持续注入新动能，东北亚地区已成

---

1. 东北亚经贸合作潜力加速释放［N］. 经济参考报，2019-08-28.

为全球经济中最具活力和发展潜力的地区之一。据统计，2018年，东北亚六国总人口达到17.4亿人，生产总值总量接近22万亿美元，约占全球生产总值总量的25.5%。

表2.1　2018年东北亚六国人口与GDP情况

国家	人口（万人）	GDP（亿美元）
全球	759427	857908
中国	139273	136082
俄罗斯	14448	16576
日本	12653	49709
韩国	5164	16194
蒙古	317	130
朝鲜	2555	173.65

数据来源：《中国统计年鉴2019》；朝鲜人口数据来自世界银行统计，GDP数据为2017年数，来自联合国统计。

2. 东北亚区域经济互补性持续增强

（1）我国与东北亚区域的经济密切度明显上升，形成日益良性的互动。例如，2008年金融危机以来，日、韩、俄、蒙四国对我国的出口由2384.4亿美元增长到3687.4亿美元，年均增长4.5%，是其整体出口增速的3.5倍，占其出口比重由15.1%上升至20.5%[1]。2018年，我国与东北亚地区五国贸易额达到7585.7亿美元，占中国对外贸易总额的近四分之一。中国分别是五国最大贸易伙伴，按国别统计，日本和韩国分别是中国的第二和第三大贸易伙伴。其中，中日和中韩贸易额均超过3000亿美元，中俄贸易额突破1000亿美元，中蒙贸易额接近80亿美元[2]。

（2）我国与东北亚地区国家的产业互补性强。例如，俄罗斯自然资源

---

1. 迟福林，张飞. 以开放倒逼改革优化东北营商环境 [N]. 中国经济导报，2019-10-11.
2. 商务部：2018年中国与东北亚地区五国贸易额合计约7585.7亿美元 [N]. 中国证券报，2019-07-22.

与能源储量比较丰富，装备制造业起步较早，部分技术已经相当成熟。而我国东北地区的产业结构比较完整，日用消费品物美价廉，对俄罗斯有比较大的吸引力。再例如，中日韩产业链上形成了上下游配套关系，尤其是在电子类产品领域，我国与日本、韩国互补性比较强。

（3）我国与东北亚地区国家在市场需求上存在互补性。近年来，随着"一带一路"建设的不断推进，无论是中国，还是东北亚各国，彼此市场需求开始增加。例如，一方面，随着制造业转型升级，我国对东北亚国家的资源、技术方面的需求较为迫切。一方面，随着消费结构升级，我国对日韩教育、医疗等服务业市场的需求全面增强。同时，我国拥有14亿人的消费大市场，是东北亚国家都看好的大市场。

3. 东北亚区域经济一体化呈现多层次发展的趋势

（1）双边经济合作成为东北亚区域经济一体化的重要牵引力。目前，东北亚经贸区域合作以双边合作为主。以双边投资为例。数据显示，截至2019年5月，日本累计在华直接投资实际使用额1137亿美元，韩国对华实际投资额801.8亿美元，分别是中国第一大和第四大外资来源国。2019年1—5月，我国对俄罗斯全行业直接投资2.1亿美元，同比增长20.1%；对韩国投资8868万美元，同比增长73.1%；对蒙古国投资6820万美元，同比增长67.1%[1]。

（2）次区域合作水平明显提升。东北亚区域经济一体化需要一个过程。2018年9月，习近平主席在第四届东方经济论坛上的致辞中提出，大力推动小多边合作、次区域合作，努力构建东北亚经济圈[2]。目前，大图们倡议合作机制是本地区重要的区域性机构，目的是通过推动图们江次区域合作发展。可以说，东北亚次区域合作已经迈出实质性步伐。近年来，中、俄、日、朝、韩联合开辟了四条海上运输线路，设立了中朝元汀里互市贸易区、中蒙二连浩特边民互市贸易区、中俄珲春互市贸易区等。

1.商务部：2018年中国与东北亚地区五国贸易额合计约7585.7亿美元［N］.中国证券报，2019-07-22.
2.习近平在第四届东方经济论坛全会上的致辞［EB/OL］.新华网，2018-09-12.

（3）实现自由贸易是东北亚区域经济一体化的重要趋势。当前，在贸易保护主义、单边主义抬头的背景下，加快推进东北亚区域经济一体化，不仅是支持多边贸易体系、应对贸易保护主义挑战的现实选择，也是提升区域经济一体化水平基本要求。2019年12月，中日韩领导人成都峰会进一步达成维护多边自由贸易体制，在推动中日韩自由贸易区谈判上取得重要共识。

二、"一带一路"助推东北亚区域经济一体化

在经济全球化大变局的新形势下，"一带一路"倡议秉承开放、包容、普惠、平衡、共赢的发展理念，已经成为反对贸易保护主义、推动经济全球化的新主角。当前，"一带一路"为东北亚区域合作提供了最重要的开放平台。随着东北亚各国发展战略与"一带一路"陆续对接，"一带一路"成为东北亚经济一体化的"助推器""加速器"。

1."一带一路"成为推进经济全球化的新主角

（1）以开放包容为原则。在经济全球化面临新变局的背景下，"一带一路"倡议以开放包容为原则，追求共商共建共享的全球治理观，共同打造公平竞争、均衡普惠、开放透明的全球化新格局，让各方都从中获益。"一带一路"倡导开放合作、包容互鉴，突出表现在合作对象的非排他性与合作方式的多样性。从6年多的实践看，"一带一路"正逐步跨越沿线国家，成为以沿线65个国家为载体、以亚欧合作为重点，逐步扩大到全球的"65+"。截至2019年3月底，我国已与125个国家和29个国际组织签署173份"一带一路"合作文件[1]。共建"一带一路"国家已由亚欧延伸至非洲、拉美、南太平洋等区域，既包含也门、孟加拉国等最不发达国家，也包含葡萄牙、新西兰等发达国家。同时，"第三方市场合作"的创新模式吸引了日本、法国、加拿大、新加坡、西班牙、荷兰、比利时、意大利、澳

---

1. 我国已与125个国家、29个国际组织签署173份"一带一路"合作文件［EB/OL］.新华网，2019-
   04-18.

大利亚等发达国家的参与，使"一带一路"朋友圈进一步扩大。共建"一带一路"倡议及其核心理念已写入联合国、二十国集团以及亚太经合组织等有关文件。

（2）以聚焦经济发展为导向。"一带一路"以促进沿线国家和地区经济可持续发展为导向。随着基础设施互联互通及产能合作的深入推进，共建"一带一路"倡议将释放巨大增长潜力，不仅惠及中国，更惠及世界。近年来，以"六大经济走廊"为重点的基础设施互联互通项目使亚洲经济圈与欧洲经济圈联系在一起，在建立各国互联互通伙伴关系、构建高效畅通的亚欧大市场的进程中发挥了重要作用。以中欧班列为例，截至2018年底，中欧班列已经联通亚欧大陆16个国家的108个城市，累计开行1.3万列，运送货物超过110万标箱，我国开出的班列重箱率达94%，抵达我国的班列重箱率达71%；与沿线国家开展口岸通关协调合作、提升通关便利，平均查验率和通关时间下降了50%[1]。

（3）以互利共赢为目标。"一带一路"沿线国家和地区的发展水平参差不齐，既有发达经济体，也有落后的发展中国家。在此背景下，"一带一路"倡议主张不同发展阶段的国家和地区优势互补，强调所有参与者的互利共赢。从近年来的实际情况看，"一带一路"建设推动沿线贸易投资快速增长。在贸易方面，2013—2018年，我国与"一带一路"沿线国家和地区货物进出口总额超过6万亿美元，年均增速不仅远高于世界平均增速，也高于我国同期对外贸易增速，占我国货物贸易总额的比重达到27.4%；2018年，在全球贸易平均增速仅为3%的背景下，我国与"一带一路"沿线国家和地区实现了13.3%的贸易增速，成为拉动全球贸易增长的重要动力。在投资方面，2018年，全球外商直接投资下降13.4%、我国对外直接投资下降1.6%（按美元计），然而我国企业对"一带一路"沿线国家和地区非金融类直接投资达到156亿美元，同比增长8.9%，占同期总额的13.0%；在沿线国家和地区的对外承包工程营业额达到893亿美元，占同期对外承

---

1. "一带一路"国际合作高峰论坛咨询委员会. 共建"一带一路"：建设更美好的世界［R］，2019-04-10.

包工业营业总额的 53.0%。[1]

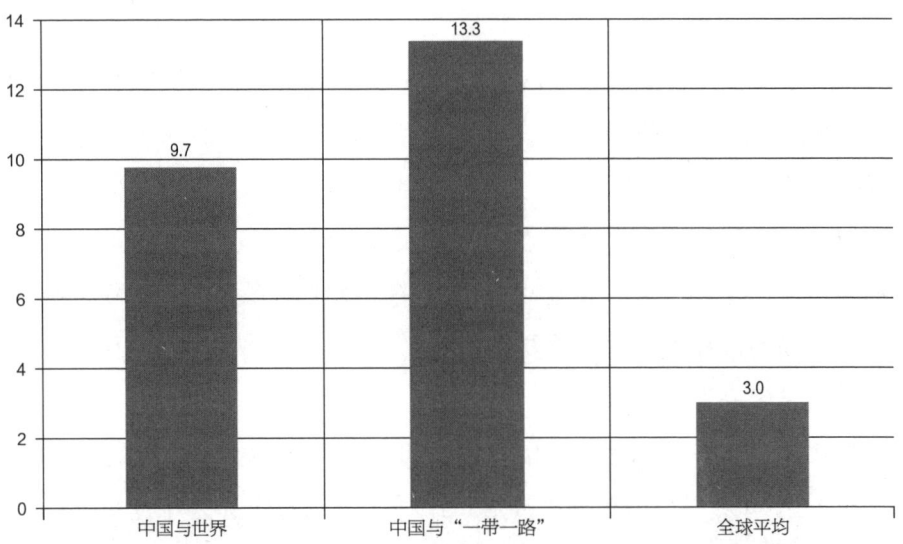

图 2.1　2018 年我国与"一带一路"沿线国家贸易增速（单位：%）

数据来源：《中华人民共和国 2018 年国民经济和社会发展统计公报》；世界贸易组织统计数据库。

2. "一带一路"为东北亚区域经济一体化带来新机遇

（1）"一带一路"倡议得到东北亚国家的普遍响应。"一带一路"倡议提出以来，得到国际社会的普遍响应，东北亚国家也是积极响应。目前，东北亚国家中，俄罗斯、韩国、蒙古三国已经与中国签署了"一带一路"合作备忘录。例如，蒙古国从一开始就支持"一带一路"倡议，早在 2013 年蒙古国就提出对接"一带一路"倡议的"草原之路"纲要。韩国政府也提出加快自身"新南方新北方政策"同"一带一路"倡议的对接和推进步伐。在中俄推动下，"一带一路"倡议与欧亚经济联盟战略对接已经迈出实质性的一步，中俄两国在基础设施领域的合作为全面合作奠定了重要基础。日本首相安倍晋三在多个场合表达对"一带一路"的期待，希望与中国积极探讨在"一带一路"框架内的合作。朝鲜对外经济相金英才连续两

1.数据来源：《中华人民共和国 2018 年国民经济和社会发展统计公报》；联合国《世界投资报告 2019》。

届来华出席"一带一路"国际合作高峰论坛。

（2）"一带一路"成为推进东北亚区域经济一体化的重要载体。东北亚地处"丝绸之路经济带"和"海上丝绸之路"的交会点，在基础设施互联互通中可以获得巨大收益，在产能合作与服务贸易方面大有可为。例如，日本企业借助"一带一路"合作成果的中欧班列，运输成本可以降低50%；中日韩在俄罗斯、蒙古、朝鲜等第四国开展产能合作方面具有巨大空间。再例如，中蒙俄经济走廊建设，不仅可以缓解我国资源能源短缺的局面，还能够为俄蒙两国提供广阔的市场。这就需要以基础设施互联互通为载体，尽快实现"一带一路"东北亚区域经贸合作的大布局。

（3）"一带一路"背景下东北亚区域经贸合作前景广阔。随着朝鲜半岛局势趋于缓和，"一带一路"建设将为东北亚地区带来诸多新的发展前景。例如，在基础设施领域，基础设施的互联互通将推动本地区的人流、物流、资金流集聚，由此降低本地区的投资贸易成本；在贸易投资领域，"一带一路"建设将有效推进中俄蒙经济走廊，中日韩自贸区，中韩、中蒙双边自贸区建设，实现区域贸易投资自由化和便利化；在战略对接上，"一带一路"倡议将与俄罗斯的欧亚经济联盟、韩国的"新南方新北方政策"、蒙古国"草原之路"等战略实现对接，为此将加快推进东北亚区域经济一体化进程。

三、中日韩经贸合作步入快车道

东北亚区域经济合作，中日韩是"领头雁""发动机"。未来几年，以"中日韩+X"合作为重要载体，东北亚区域经济一体化将在多方面取得重要进展。

1. 深化中日韩经贸合作成为大趋势

（1）中日韩经贸合作不断增强。自1999年中日韩合作20多年来，三国不断深化合作，建立了21个部长级会议和70多个对话机制，成为三国深化经贸合作的主要平台。根据统计，1999—2018年，中日韩三国贸易额从1300亿美元增长至7200多亿美元，经济总量占全球的比重由17%上升到24%[1]。三国经贸合作对促进世界经济增长和区域经济一体化发挥了重要作用，尤其是经济全球化面临百年未有之大变局的背景下，深化中日韩经贸合作成为推进区域经济一体化的重要趋势。

（2）日韩对我国经济依赖性明显提升。2005—2018年，在货物贸易方面，韩国对中国的出口年均增长率达到7.7%，韩国对中国的出口占其出口总额的比重已由21.8%提升到26.8%；日本对中国的出口年均增长4.6%，高于日本出口整体年均增长率2.9个百分点，日本对中国的出口占其出口总额的比重已从13.4%增加到19.5%[2]。目前，我国已经成为日韩货物第一大出口目的地。

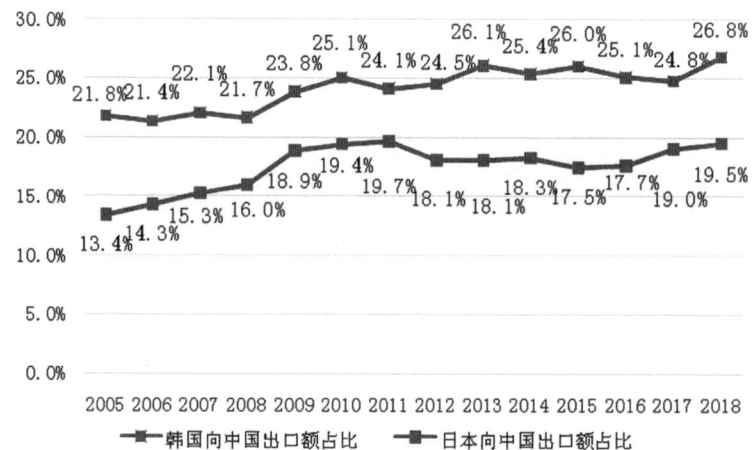

图 2.2　2005—2018年日韩向中国出口额占比

数据来源：商务部综合司，商务部国际贸易经济合作研究院 . 国别贸易报告［R］.

（3）中日韩服务贸易快速发展。在服务贸易日益成为全球自由贸易进程的重点和焦点的背景下，中日韩在服务贸易领域的互补性全面增强。据统计，2014—2017年4年间，日本对中国的服务出口年均增长11.4%，是日本服务出口总额年均增速的2.6倍，日本对中国的服务出口占其服务出口总额的比重也由10%上升至12.2%。2005—2018年，中韩服务贸易年均增

---

1. 中日韩合作未来十年展望［EB/OL］. 新华网，2019-12-24.

2. 商务部综合司，商务部国际贸易经济合作研究院 . 国别贸易报告［R］.

长 7.2%，是韩国服务贸易整体年均增长率的 1.4 倍；韩国与中国服务贸易占其服务贸易总额的比重已由 12.4% 提升至 15.9%[1]。

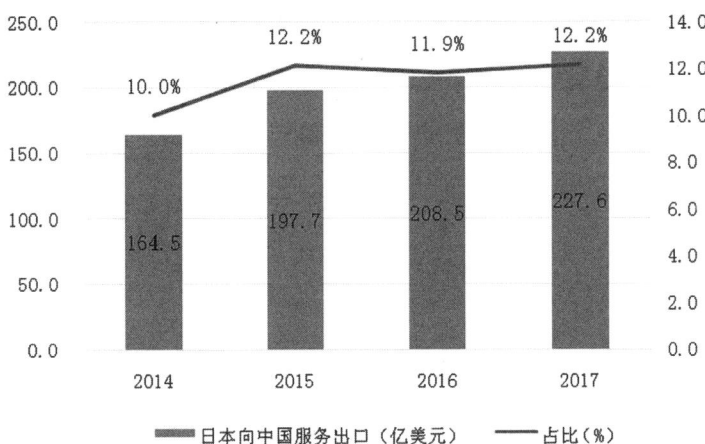

图 2.3　2014—2017 年日本向中国服务出口额及占比

数据来源：商务部综合司，商务部国际贸易经济合作研究院．国别贸易报告［R］．

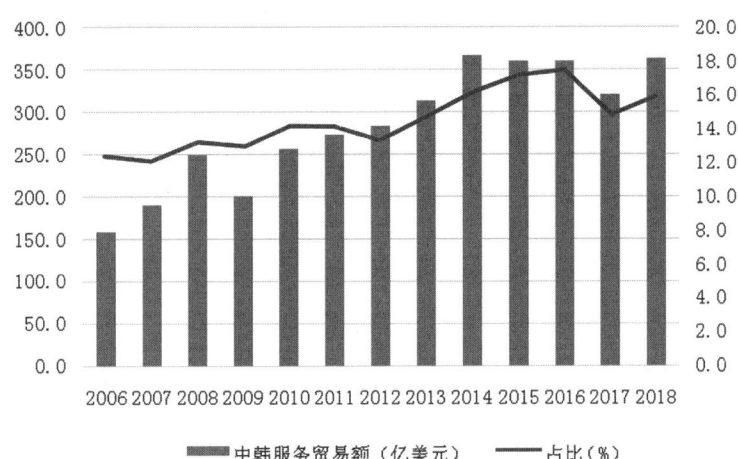

图 2.4　2006—2018 年中韩服务贸易额及占比

数据来源：商务部综合司，商务部国际贸易经济合作研究院．国别贸易报告［R］．

2. 中日韩有条件共同应对贸易保护主义的挑战

（1）中日韩面临贸易保护主义与单边主义的共同挑战。中美贸易摩擦

1.商务部综合司，商务部国际贸易经济合作研究院．国别贸易报告［R］．

不仅对中美两国产生重要影响，而且对其他国家和地区也产生了不同程度的影响。有机构分析，在中美贸易摩擦中，除中美两国外，受影响最大的 10 个国家和地区中，韩国排在第六位，占 62.1%[1]。电子产品、汽车、钢铁、船舶等产品出口都将受到直接威胁。根据相关预测，美国对中国产品加征关税，将导致韩国出口每年减少 8.7 亿美元以上[2]。中美作为日本的两大贸易伙伴，由于日本是中国半导体、手机和其他产品制造企业的设备和零部件供应商，中美贸易摩擦也将影响日本经济。从 2019 年的情况看，日韩出口均出现持续负增长，表现甚至不如中国，中日韩区域内贸易也缩减近10%。在《世界经济展望》中，国际货币基金组织将日本国内生产总值增长率从 1.0% 下调至 0.8%，将韩国国内生产总值增长率由 2.6% 下调至 2%[3]。

（2）中日韩三国"抱团合作"，将有效应对单边主义和贸易保护主义的挑战。据统计，2018 年，中日韩生产总值总量达到 20.2 万亿美元，接近美国的经济总量；最终消费支出合计为 11 万亿美元，接近美国的 70%；贸易额总量达到 8.2 万亿美元，是美国的 1.6 倍[4]。中国商务部曾预测，中日韩自贸区建成后，中国经济获益增长 1.1%—2.9%，日本经济获益增长 0.1%—0.5%，韩国经济获益增长 2.5%—3.1%[5]。英国《金融时报》也预测，如果中日韩自贸区建成，对中国国内生产总值的拉动效应将占生产总值的 2.9%，对日本国内生产总值的拉动效应为 0.5%，对韩国国内生产总值的拉动效应为 3.1%[6]。

（3）深化中日韩经贸合作将释放巨大经济潜力。中日韩三国作为东北亚地区经济的中心，三国分别是世界第二、第三和第十一大经济体，约有16 亿人口，经济总量近 21 万亿美元，占亚洲的 70% 以上，占全世界的近

---

1. 中美贸易战中受到影响最大的 10 个国家和地区中韩国排在第六位［EB/OL］. 商务部网站，2018-07-06.

2. 韩国副总理：贸易战可能对韩国经济造成严重影响［EB/OL］. 观察者网，2019-05-22.

3. 沈建光. 构建中日韩经贸合作"新三角"［N］. 证券日报，2020-01-04.

4. 数据来源：根据世界银行中日韩三国数据计算。

5. 商务部官员：中日韩自贸区有很多先天障碍［EB/OL］. 中国新闻网，2013-06-19.

6. 专家称中日韩自贸区对阵 TPP 为时尚早　美将搅局［EB/OL］. 观察者网，2015-11-05.

四分之一。2018 年，中日韩三国对世界出口为 3.8 万亿美元，约占世界总出口的 20.1％；进口为 3.4 万亿美元，约占世界的 17.2％[1]。2020 年，第四次区域全面经济伙伴关系协定领导人会议 2020 年 11 月 15 日举行，东盟十国以及中国、日本、韩国、澳大利亚、新西兰 15 个国家，正式签署区域全面经济伙伴关系协定（RCEP），标志着全球规模最大的自由贸易协定正式达成。

3. 我国高水平开放将为中日韩经贸合作拓宽市场空间

（1）新形势下加快中日韩自贸区建设的迫切性增强。在贸易保护主义和单边主义挑战的新背景下，中日韩推进三国自由贸易进程的现实性、迫切性、重要性都明显上升。目前，我国已成为日韩最大的贸易伙伴，日本和韩国也是我国利用外资的主要来源地，三国处在不同发展阶段，在产业、贸易、金融、投资等领域具有很强的互补性。目前，中日韩三国区域内贸易比例仅占 19％，低于东盟（24％）、北美（42％）、欧盟（65％）[2]。可以说，三国经济结构互补性仍远远大于竞争性，三方需要超越经贸摩擦，加快中日韩自贸区建设进程。中国作为新型开放大国，在世界经济面临百年未有之大变局的背景下仍坚持扩大开放，将为建成中日韩自贸区奠定重要基础。

（2）服务贸易已开始成为中日韩自由贸易最大的市场潜力所在。新环境下，服务贸易发展已开始成为经济全球化、区域经济一体化的重点所在。中日韩经济的一个共同特点是，制造业和货物出口贸易长期以来都是经济增长的重要动力，服务贸易的潜力远未释放。在服务贸易日益成为全球自由贸易进程的重点和焦点的背景下，中日韩在服务贸易领域的互补性全面增强。未来 5—10 年，我国新一轮科技革命与 14 亿人的消费大市场的结合，将推动健康、文化、旅游、信息等服务型消费需求快速增长。适应服务贸易发展的大趋势，中日韩都应以开放包容和可持续发展为基本原则，加快三国在服务贸易及与此密切相关的投资、知识产权、竞争中性、可持续发展等领域的谈判。

---

1. 中日韩外长会时隔三年再启　共谋区域稳定发展之道［EB/OL］. 中国新闻网，2019-08-19.
2. 贸易保护主义抬头　中日韩如何推动全球经济增长？［EB/OL］. 中国新闻网，2017-09-08.

（3）以"中日韩+"拓展三国合作新空间。中日韩应本着先易后难、循序渐进的原则，采用包括"早期收获计划"、框架协议、双边和三方投资协定等不同形式，共商共建多层次、分产业、灵活多样的双边、三方与次区域自贸区，重点推进"中日韩+东北亚其他国家"的能源合作、旅游合作、制造业合作、绿色发展合作、基础设施合作等。由此，推动形成中日韩扩大和深化经贸合作新的大格局。

专栏2.2　中日韩领导人"成都共识"

在中日韩合作20周年之际，第八次中日韩领导人会议在中国成都举行，中国总理李克强、日本首相安倍晋三、韩国总统文在寅共同出席，并就中日韩合作以及地区和国际问题交换看法。

李克强表示，20年来，中日韩合作不断拓展和深化。三国互为重要发展伙伴，经济互补性强，产业融合度高。虽然会遇到一些问题和波折，但三方坚持通过合作实现共赢，通过对话解决分歧。在第二届中国国际进口博览会上，中国国家主席习近平提出共建开放合作、开放创新、开放共享的世界经济。展望未来，中日韩合作面临新的更大机遇，前景十分广阔。当前国际格局正经历深刻调整。中日韩应加强团结合作，发扬同舟共济精神，坚定支持多边主义和自由贸易，共同应对挑战，为地区乃至世界的繁荣稳定做出贡献。

安倍晋三表示，20年来，三国合作走过了不平凡的历程。站在新的起点上，三方要总结经验，规划下一个10年合作蓝图，建立"三赢"关系，三国拥有悠久的人文交流历史，要以三方相继举办奥运会、残奥会为契机，推进三国体育、旅游、文化交流合作。深化在环境保护、人口老龄化、海洋垃圾等问题上的合作。当前形势下，日方致力于同中韩共同维护自由贸易和多边主义，维护公平、公正、非歧视的投资营商环境。

文在寅表示，三国20年来务实合作成果丰硕，实现了共同发展，并为东北亚和平稳定做出重要贡献。在当前贸易保护主义抬头、不稳定因素增多的背景下，三方要紧密合作，持续扩大共同利益，积极在应对气候变化、环境卫生、老龄化等领域开展合作，集中力量推进科技创新合作，加大力度保护知识产权，密切人文交流，巩固面向未来的合作基础。韩方愿同各方一道，推进半岛无核化，维护半岛和平稳定。

会议发表《中日韩合作未来十年展望》，通过"中日韩+X"早期收获项目清单等成果文件。

资料来源：推动构建亚洲自贸体系，展望合作未来十年蓝图 中日韩相约"新三国时代"[EB/OL].环球网，2019-12-25.

四、中蒙俄经贸合作前景广阔

建设中蒙俄经济走廊是"一带一路"建设的六大国际经济合作走廊之一，中蒙俄经济走廊建设进程的加快，对推动东北亚区域经济协同发展将起到至关重要的作用。

1. 中蒙俄经济走廊建设为东北亚区域经济一体化带来重要机遇

（1）共同举办中蒙俄经贸合作洽谈会。为推动中蒙俄经贸合作，从2009年开始，在我国内蒙古二连浩特市已经连续举办了十一届"中国二连浩特中蒙俄经贸合作洽谈会"，洽谈会由三国地方政府共同主办。洽谈会不仅吸引了三国的企业，而且逐步扩大到东北亚，乃至东南亚国家和地区的企业参与。2019年第十一届"中国二连浩特中蒙俄经贸合作洽谈会"吸引了中国、蒙古国、俄罗斯、印度、巴基斯坦等国家的400多家企业参展，共签订了铁路物流园区、粮油加工、工程机械、大数据、跨境电商、乳制品加工等八大行业5个重点合作项目，协议资金达到91.5亿元人民币[1]。

（2）共同编制出台《建设中蒙俄经济走廊规划纲要》。2015年7月，中蒙俄三国在俄罗斯乌法签署了关于建设中蒙俄经济走廊规划纲要的谅解备忘录。三国以平等、互利、共赢原则为指导，以对接中国丝绸之路经济带、俄罗斯欧亚经济联盟以及蒙古国"草原之路"倡议为目标，制定《建设中蒙俄经济走廊规划纲要》。三方经过一年多努力，中国国家发展改革委于2016年9月正式公布了《建设中蒙俄经济走廊规划纲要》，这标志着"一带一路"框架下东北亚地区的第一个多边合作规划纲要正式启动实施。2018年，中蒙俄三国签署《关于建立中蒙俄经济走廊联合推进机制的谅解备忘录》，进一步完善了三方合作工作机制。

（3）中蒙俄经济走廊建设将为东北亚区域经济一体化提供不竭动力。从实际情况看，中蒙俄三国在东北亚六国中占据三席，而且三国横贯欧亚，具有推进互联互通的地缘和区位优势，而且三国之间有着发展经济的

---

1. 中国二连浩特中蒙俄经贸合作洽谈会签订项目协议资金90余亿元［EB/OL］. 新华网，2019-08-20.

共同需求。目前，我国是俄罗斯最大的贸易伙伴国，在俄罗斯对外经济中扮演重要角色；我国连续十多年保持蒙古国最大贸易伙伴国地位。在这个特定背景下，充分发挥三国优势，加快推进中蒙俄经济走廊建设，将进一步拉动东北亚地区多边投资和贸易大幅增长。

2. 中蒙俄经贸合作保持良好势头，经贸联系日益增强

（1）中俄、中蒙双边贸易持续扩大。蒙古国与我国腹背相依，接壤边界线长达 4710 公里。有数据显示，自 1990 年以来，我国一直是蒙古国第一大贸易伙伴。1994 年，中蒙双边贸易额仅有 1.2 亿美元[1]；到 2018 年，双边贸易额已经达到 79.9 亿美元，占蒙古国对外贸易总额的 61.9%[2]。近年来，中俄双边贸易呈现快速增长的势头，我国已经连续九年保持俄罗斯第一大贸易伙伴国的地位。据俄罗斯海关统计，2015—2018 年，中俄双边贸易额由 635.5 亿美元增长到 1082.8 亿美元，双边贸易额占俄罗斯总贸易额的比

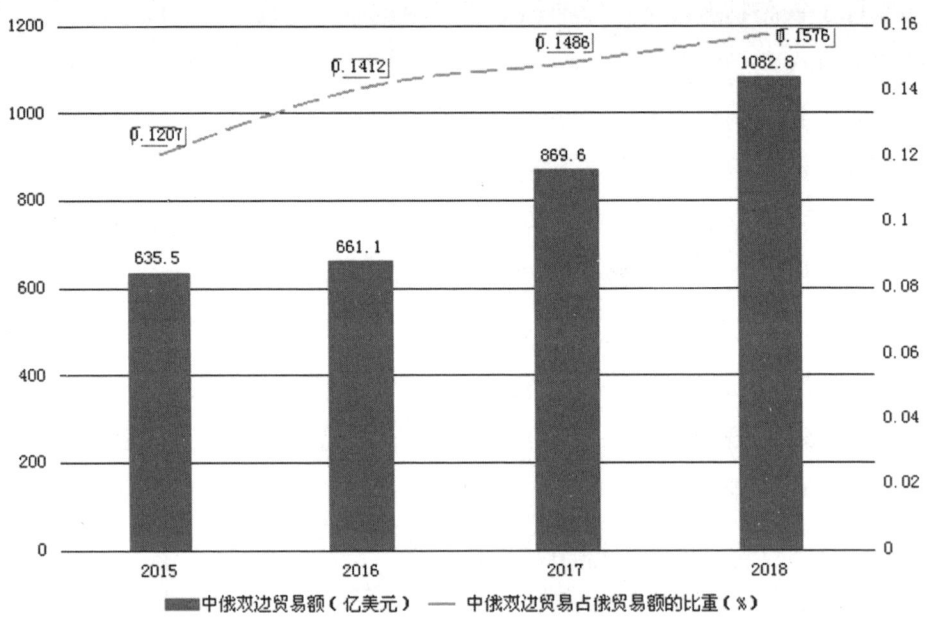

图 2.5　2015—2018 年中俄双边贸易额及占比情况

数据来源：俄罗斯海关网。

---

1. 中蒙双边贸易 20 年增 50 倍［N］.南方日报，2014-08-20.

2. 2018 年中蒙双边贸易额达 79.9 亿美元 同比增长 24.7%［EB/OL］.中国新闻网，2019-06-03.

重由 12.07% 提升至 15.76%。尤其是 2018 年中俄双边贸易额突破 1000 亿美元，创历史新高，增长 24.5%，增速在我国前十大贸易伙伴中居首位。同时，俄蒙互为重要经贸合作伙伴，俄罗斯是蒙古国的第二大贸易伙伴。

（2）我国对俄罗斯、蒙古国的投资稳定增长。自从 1994 年中蒙签署《中蒙友好合作关系条约》，我国开始对蒙古国进行投资，投资额快速增长，投资范围不断扩大。截至 2019 年 4 月，我国对蒙古国各类投资累计达到 48 亿美元，约占蒙古国吸引外资总额的 30%，是蒙古国的第二大外资来源国[1]。俄罗斯作为"一带一路"沿线国家之一，是我国对外投资的重点。据俄罗斯相关数据显示，目前我国对俄罗斯的投资总额已经达到 500 亿美元，80% 为能源和化工领域[2]。

（3）不断创新双边合作机制。除了中蒙俄多边合作机制外，中蒙、中俄双边合作机制不断深化。例如，中蒙双方积极发挥中蒙经贸联委会的作用，共同推进建设二连浩特 – 扎门乌德经济合作区。再例如，我国与俄罗斯远东地区经贸合作全面增强。2018 年，中俄双方共同编制《中俄在俄罗斯远东地区合作发展规划（2018—2024 年）》，成为指导两国在俄罗斯远东地区开展经贸合作的纲领性文件。根据俄罗斯统计，2018 年中国与俄远东联邦区贸易额达到 97 亿美元，同比增长 27.6%，占联邦区外贸总额的28.4%，中国连续三年保持远东第一大贸易伙伴的地位。2019 年 1—6 月，我国与俄罗斯远东联邦区贸易额达到 48.8 亿美元，同比增长 21%[3]。

3. 深化中蒙俄经贸合作前景广阔

（1）中蒙俄产业互补性比较强。从产业结构来看，我国与俄罗斯、蒙古国的优势产业互补性比较强，相互重叠部分较少，这为三国实现贸易投资便利化提供了基础条件。从实际情况看，三国在边境贸易、矿产开发、过境运输、基础设施建设等领域具有广阔的合作前景，深化中蒙俄经贸合作有着强大的经济需求和内在动力。为此，需要积极推进中蒙俄经济走廊

---

1. 2018 年中蒙双边贸易额达 79.9 亿美元　同比增长 24.7%［EB/OL］. 中国新闻网，2019-06-03.

2. 中国对俄投资总额已达 500 亿美元［EB/OL］. 国家外汇管理局网站，2019-10-31.

3. 商务部：前 7 月中国对俄罗斯全行业直接投资同比增 13%［EB/OL］. 商务部网站，2019-09-12.

建设，重点发展基础设施、边境贸易、资源能源项目开发、金融、投资、物流运输等项目。

（2）边境互市贸易前景广阔。目前，中国、蒙古国、俄罗斯建立若干互市贸易区，如中蒙二连浩特边民互市贸易区、中俄珲春互市贸易区等。这些互市贸易区承载着推进"一带一路"建设和中蒙俄经济走廊建设的重要作用。为此，我国还专门制定了《边民互市贸易管理办法》，对边境地区居民的生活用品给予免征进口关税和进口环节税等税收优惠政策，由此促进了中蒙俄边境地区的经贸合作。

（3）中蒙俄经济走廊建设将有效释放各方需求。一方面，受全球煤炭、石油等资源能源大宗商品价格波动的影响，作为资源能源大国，俄罗斯和蒙古国经济发展都受到较大影响，需要在基础设施建设、加工制造业发展等方面吸引外来投资，拉动经济增长。一方面，我国正处在经济转型升级的关键时期，对能源资源仍有较大需求。在这个大背景下，三国优势和需求将通过中蒙俄经济走廊建设得到有效释放，从而推动三国经济实现高质量发展。

第二节　以东北一体化促进东北亚经济一体化

从实践看，黑龙江、吉林、辽宁、内蒙古四省区有效参与推动东北亚区域经济合作，关键是要实现东北一体化发展。东北作为一个整体参与东北亚经济合作，才能在推动东北亚经济一体化中形成合力。

一、以东北一体化形成参与东北亚经济合作的合力

黑龙江、吉林、辽宁、内蒙古四省区参与推动东北亚区域经济合作，

需要以东北一体化打破区域市场分割，作为我国的一个新的区域增长极深度融入东北亚区域经济合作，充分发挥对外开放新前沿的作用。

1. 以东北一体化协同推进东北亚经济合作

以东北一体化协同推进东北亚经济合作，是东北地区面向东北亚国家高水平开放的战略选择。第一，黑龙江、吉林、辽宁、内蒙古四省区尽管处于东北亚的中心地带，但东北在行政区经济的影响下，区域资源配置是分散的。第二，推动东北一体化，更能够凸显东北地区在东北亚经济一体化中的战略枢纽作用。第三，未来东北参与东北亚经济一体化，要和京津冀、珠三角、长三角等地区一样，在区域经济一体化的前提下，作为一个国家重要经济增长极推进跨区域经济合作。第四，以东北一体化协同推进东北亚经济合作，重在转变行政分割的区域经济发展格局，培育区域性中心城市，推动区域经济资源的自由化流动，整体融入东北亚乃至全球产业链。

2. 以东北一体化打破区域间同质竞争格局

随着东北亚区域经济合作进程加快，东北地区对外开放新前沿的优势凸显。问题在于，由于受过去长期计划经济体制等多方面因素影响，东北地区发展仍存在产业同构、重复建设、市场分割等现象，东北区域经济一体化程度并不高。例如，黑龙江、吉林、辽宁三省在黑色金属矿采选业、医药行业、食品加工等领域产业同质化明显，并且存在某些恶性竞争，这既影响东北地区产业转型升级，也不利于发挥东北地区的整体优势。在这个背景下，需要以东北一体化打破区域经济恶性竞争的格局，实现区域产业优化布局、合理分工。

3. 以东北一体化形成提升中心城市辐射带动作用

东北作为国家老工业基地，在长期发展过程中形成了比较完备的工业体系。但同时，东北又是国家重要的粮食生产基地，农业占比较高，城镇化进程相对滞后。与长三角、珠三角、京津冀等地区相比，东北地区缺乏大城市的辐射带动，沈阳、大连、长春、哈尔滨四个副省级城市无论是人口规模，还是经济发展实力，都难以发挥龙头带动作用。2018 年，东北几大城市中除哈尔滨人口超过千万，其他各大城市人口规模都不大，与东部地区中心城市有较大差距。这就需要通过推进东北一体化打造城市群、城市圈经济，建立东北区域中心城市的协作机制，形成东北振兴的合力。

表2.2　2018年东北地区大城市与全国其他地区大城市实力比较

地区	人口（万人）	城镇化率（%）	人均GDP（万元）
沈阳	831.60	81.00	7.58
大连	595.20	78.70	10.96
长春	751.30	–	9.57
哈尔滨	1085.80	65.30	5.78
呼和浩特	312.60	69.80	9.29
上海	2423.78	88.10	13.50
天津	1559.60	83.15	12.06
广州	1490.44	86.38	15.55

数据来源：各市2018年《国民经济和社会发展统计公报》；其中大连和长春人口为户籍人口数。

4. 以东北一体化提升东北在东北亚地区整体竞争力

随着东北亚区域经济合作进程加快，东北地区在东北亚区域经济一体化进程的地位凸显。东北三省一区以一个整体融入东北亚区域经济合作，将不仅有助于打破东北内部间的区域壁垒，实现要素资源的合理配置，提升东北地区的整体实力，而且能够推动东北区域协同发展，充分利用国外资源推动东北振兴，发挥东北在对外经济合作中的整体优势，增强国际竞争力。为此，需要把推进东北高水平开放与加快东北区域经济一体化进程相结合，以东北区域经济一体化推动东北高水平开放，由此才能走出一条东北振兴的新路子。

二、实现东北地区基础设施互联互通，四省区"一盘棋"

东北一体化，基础设施一体化要先行。与"一带一路"相衔接，坚持四省区基础设施建设"一盘棋"，加快推进东北地区基础设施互联互通，实现区域资源共建共享。

1. 以基础设施互联互通为重点推进东北一体化

基础设施互联互通是实现东北地区各种要素资源自由流动的重要保障，是实现东北一体化的重要基础。在"一带一路"建设的大背景下，东北地区基础设施互联互通要与"一带一路"相衔接，以建设东北"一带一路"大通道为目标，推进东北地区基础设施互联互通。建议以沈阳、大连、长春、哈尔滨、呼和浩特为主要城市，完善公路、铁路、航空、海运等基础设施建设，加快形成东北地区综合立体交通运输体系，实现基础设施共建共享。

2. 尽快启动东北东部快速铁路专线建设

进一步推进东北东部经济发展，积极争取亚投行资金支持，将东北东部5条东西走向的客运专线连通，加快建设哈大客运专线之外的第二条南北走向快速铁路专线，形成两纵五横快速铁路网络，尽快将东北地区打造成我国向北开放的重要窗口和东北亚地区合作的中心枢纽。

3. 打造江海联运水上丝绸之路

加快东北基础设施建设与"一带一路"建设相衔接。例如，黑龙江省东部松花江、黑龙江—俄罗斯境内黑龙江（俄称阿穆尔河）、鞑靼海峡—日本海—日本北方港口的江海联运航线，全长2800多公里。该航道是黑龙江省物资经水运直接出海的唯一通道。与转经大连相比，黑龙江省东部地区到日本北方地区的运距缩短1/3，运期节省1/2，航道的开通对缓解我国铁路运输"瓶颈"的紧张局面具有重要意义。东北地区应进一步加大界河航道维护和航道疏通，维护通航水深在三级以上；构建黑龙江中下游、松花江干流高等级航道，畅通水上对俄经贸大通道，打造东北亚黄金水道。

三、在面向东北亚的产业开放中形成四省区的合理分工

东北面向东北亚产业开放，不是各省区单打独斗，而是将东北四省区作为一个整体，突出各省区的产业优势，建立产业发展协调机制，避免恶性竞争与重复建设，形成产业优化布局。

1. 以合理分工形成东北产业开放的新优势

适应东北亚开放合作的新形势,建立东北四省区产业分工协作机制,构建东北一体化的产业格局,避免产业开放过程中形成恶性竞争、重复建设等现象,最大程度发挥东北的资源优势。一是突出东北各省区的主导产业,提高产业集聚度,延伸产业链条,提升产业整体竞争力;二是东北各省区要注重产业配套,突出本地区的优劣产业,积极承接日韩产业转移;三是鼓励技术创新推动产业升级,鼓励各省区优势产业开展国际合作;四是建立东北四省区产业分工协作机制,避免各地因招商引资引发产业恶性竞争。

2. 以制造业为重点加强东北四省区产业分工合作

作为国家老工业基地,制造业既是东北地区的突出优势,也是区域内产业竞争的焦点。"十四五"时期,东北推进高水平开放,关键在于以制造业为重点的产业开放取得实质性突破,并由此提升东北制造业的竞争力。由于在传统计划经济体制下形成了东北各地产业发展各自为政的局面,发挥东北制造业在产业开放过程中的整体优势,还需要尽快建立各省区制造业分工合作机制,突出各省区的优势产业。例如,辽宁突出金属冶炼、钢铁加工、智能制造、燃料化工、石油化工;吉林突出汽车制造、医药制造;黑龙江突出食品制造、医药制造;内蒙古突出钢铁制造与食品制造等。在这个基础上,按照市场经济规律建立区域经济补偿机制,协调好东北四省区的经济利益。

表2.3 东北四省区制造业优势行业及代表企业

地区	制造业优势行业	代表企业
辽宁	钢铁加工	鞍钢集团有限公司、本钢集团有限责任公司
	燃料化工	盘锦北方沥青燃料有限公司
	非金属矿物制品	辽宁嘉晨控股集团有限公司
	石油和化工	福佳集团有限公司
	智能制造	沈阳新松机器人自动化股份有限公司

地区	制造业优势行业	代表企业
吉林	汽车制造	中国第一汽车集团有限公司
	医药制造	修正药业集团
黑龙江	医药制造	哈药集团有限公司
	食品制造	黑龙江飞鹤乳业有限公司
内蒙古	钢铁加工	包头钢铁（集团）有限责任公司
	食品制造	内蒙古伊利实业集团股份有限公司

资料来源：根据 2019 年 9 月 1 日中国企业联合会、中国企业家协会发布的《2019 中国企业 500 强名单》《2019 中国制造业企业 500 强榜单》以及 2019 年 8 月 22 日全国工商联发布的《2019 中国民营企业制造业 500 强榜单》等相关资料整理。

四、形成四省区跨区域行政协调机制

推进东北一体化，需要打破现行行政体制的束缚，建立高规格的跨区域行政协调机制，由此形成东北地区参与东北亚区域经济合作的新优势。

1. 实现东北一体化关键在于建立区域发展协调机制

早在 2010 年，为贯彻落实《国务院关于进一步实施东北地区等老工业基地振兴战略的若干意见》精神，推动区域协调发展和经济一体化进程，黑龙江、吉林、辽宁和内蒙古四省区共同建立东北四省区合作行政首长联席会议，共商区域协调发展问题。这些年来，联席会议机制在一定程度上推动了区域基础设施建设、能源、环保、旅游、农业、物流运输以及对外开放等方面的重要合作。由于受现行行政体制制约，东北各省区自发建立的联席会议机制很难协调相关产业错位发展，尤其是在现行政绩考核体系下，各省区为了发展经济仍把招商引资作为"指挥棒"，使得东北各省区产业同质化现象仍较突出。

2. 从国家层面建立东北四省区跨区域合作发展联席会议制度

加快东北区域经济一体化进程，需要尽快建立更高层次东北区域经济一体化发展的合作机制。参照粤港澳大湾区的经验，在现行四省区行政首长联席会议机制的基础上，形成由国家发改委牵头、各省区市主要领导参与的协调机制，形成高效运行的工作机制，形成定期交流机制，加强沟通、形成合力，共同促进东北区域经济一体化的重大工程项目建设和产业合作。

3. 加快建立多层次的跨省区合作机制

（1）建议东北四省区签订扩大内需的协议。适应我国扩大内需的大趋势，由东北四省区主要领导牵头，工作机构设在各省区发改委，由商务、交通、农业、能源、矿产相关部门参与，加快东北融入东北亚区域经济合作的行动方案。

（2）以基础互联互通为重点形成东北各省区的合作机制。以形成东北地区共建国际营销网络、共同开辟西向东北亚市场为重点，推进东北区域经济一体化进程。

（3）以强化产业互补为重点形成东北各省区的合作机制。借助"一带一路"建设，以加快建立与东北亚国家的产能合作，尽快形成产能合作的专项行动计划，为中蒙俄经济走廊建设和中日韩经贸合作寻求新的市场空间。

第三节　东北亚区域经济一体化下的东北振兴

我国东北地区处在东北亚区域的核心地带。目前，东北亚地区局势日趋稳定，区域合作的意愿和动力明显增强。在这个大背景下，东北亚区域经济一体化成为大趋势。东北地区打造我国对外开放新前沿，面临扩大对外开放的新机遇。

一、打造面向东北亚经济圈的重要门户

2018年9月，习近平主席在第四届东方经济论坛全会上的致辞中提

出，共同建设开放型区域经济，努力构建东北亚经济圈。东北打造对外开放新前沿，要立足打造面向东北亚经济圈的重要门户，扩大沿边开放进程，提升对外开放水平和国际竞争力。

1. 实现东北地区沿边开放的重要突破

（1）边境贸易呈现较快发展的趋势。东北四省区陆地边境线长达8676公里，海岸线长达2920公里，是我国面向东北亚区域沿边开放的最前沿。近年来，随着共建"一带一路"，我国沿边地区发展速度加快，尤其是边境贸易快速发展。以内蒙古满洲里口岸为例，满洲里作为第一欧亚大陆桥的交通要冲，承担了中俄贸易60%以上的陆路运输任务，沿边开放20多年来，满洲里边境贸易保持较快增长的趋势。2016年，满洲里口岸边贸进出口152.9亿元，较上年同期增长12.7%，占同期满洲里口岸进出口总值的55.8%。其中，对俄罗斯边贸进出口151.2亿元，对蒙古国边贸进出口1.6亿元[1]。

（2）加快推进沿边开放步伐。尽管近年来东北边境贸易快速发展，但由于多方面的因素，东北地区整体对外开放水平仍较低，而且沿边开放相对缓慢，对东北振兴的带动作用不强。从实际情况看，加快推进沿边开放，不仅有助于兴边富民，而且有助于加强本地区的经贸联系，提升本地区的对外开放水平。2013年，国务院正式批复《黑龙江和内蒙古东北部地区沿边开发开放规划》，将黑龙江和内蒙古东北部地区沿边开发开放上升为国家战略。

（3）加快形成东北地区沿边开放的基本格局。东北四省区作为我国面向东北亚国家开放的主要省份，在沿边开放中缺乏实力强大的中心城市。这就需要以提升重点沿边城市的支撑能力为重点，加快形成东北地区沿边开放的新格局。例如，辽宁以丹东为重点，推进丹东与东港一体化进程，加强与朝鲜、日本和韩国的经贸合作；吉林以珲春为重点，加快推进与朝鲜罗先经济贸易区的产业合作；黑龙江以绥芬河和黑河为重点，加快建设黑龙江绥芬河—东宁重点开发开放试验区，推动建设中俄黑河—布拉戈维申斯克"双子城"；内蒙古以满洲里和二连浩特为重点，加快建设满洲里国

1.满洲里口岸2016年边贸进出口152.9亿元［EB/OL］.央广网，2017-02-15.

家重点开发开放试验区，加强二连浩特对蒙古国经贸合作的桥梁作用。

2. 明显提升东北地区的对外开放水平和经济实力

充分发挥东北地区的地缘与区位优势，以共建"一带一路"为重点，积极融入东北亚区域经济一体化，不断扩大对外开放水平，争取到 2025 年，东北四省区的对外贸易依存度达到 30% 以上，达到甚至超过全国平均水平；地区生产总值规模占全国的比重达到 15% 以上，明显增强东北地区的综合实力和国际竞争力。

3. 明显提高东北地区在东北亚区域的竞争力

作为我国最早的老工业基地，东北工业基础比较好，在我国工业化进程中曾发挥了举足轻重的作用。但由于多方面的原因，东北市场化改革明显滞后，并由此制约了产业结构转型升级，影响了整体经济竞争力。据《中国省域经济综合竞争力发展报告（2017—2018）》显示，2017 年，辽宁、内蒙古经济综合竞争在全国 31 个省（自治区、直辖市）中排名分别为第 16 位和第 19 位，处于中游；吉林、黑龙江排名分别为第 22 位和第 25 位，处于下游。未来 5 年，抓住东北亚区域经济一体化的重要机遇，以加快制造业转型升级为重点，明显提升东北地区的竞争力。

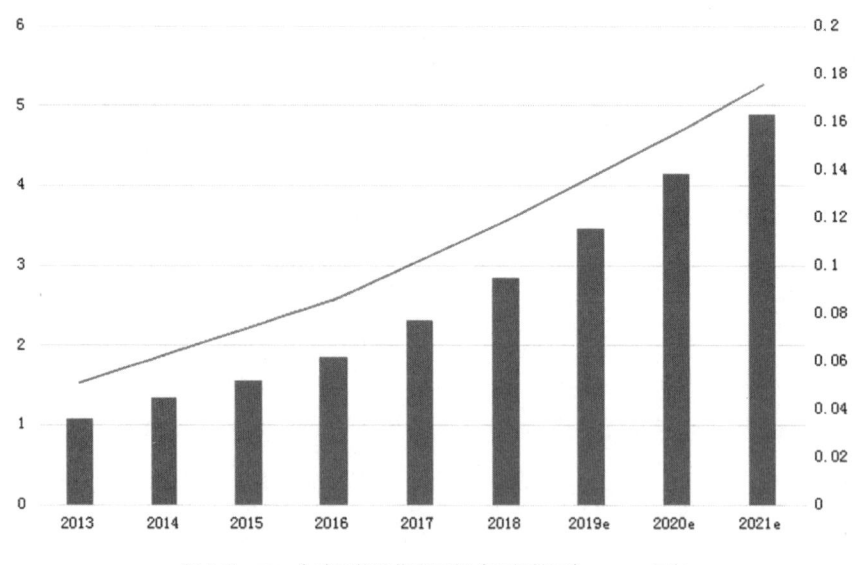

图2.6 ■ 全球网络零售交易额（万亿美元） —— 占比

二、开展东北亚地区智能制造产业项下的深度合作

抓住我国制造业转型升级的大趋势，突出东北老工业基地优势，构建东北亚地区智能制造领域合作机制，推动制造业融入国际产业链并走向中高端。

1. 东北亚地区智能制造领域合作前景广阔

（1）智能制造是制造业转型升级的大趋势。随着全球新一轮科技革命与产业革命交织融合，以工业互联网、物联网、大数据为代表的智能制造已经成为制造业转型发展的大趋势。目前，无论是发达国家，还是发展中国家，都纷纷把智能制造作为推动制造业转型升级的大方向。东北亚作为制造业的重要区域，制造业面临智能化、数字化转型的挑战。例如，2015年，中国制定《中国制造2025》，为制造业未来10年设计顶层规划和路线图；2017年，韩国政府宣布了10亿美元的人工智能资金；日本政府发布《制造业白皮书》，鼓励人工智能创业公司和风险投资。

专栏2.3　中美德日出台智能制造战略

2013年4月，德国首提"工业4.0"战略。2019年2月5日，德国正式发布《国家工业战略2030》，明确提出在某些领域德国需要拥有国家及欧洲范围的旗舰企业。

2015年3月5日，李克强在全国"两会"上作《政府工作报告》时首次提出"中国制造2025"的宏大计划。5月19日，国务院正式印发《中国制造2025》。规划提出中国制造业未来10年设计顶层规划和路线图，推动中国到2025年基本实现工业化，迈入制造强国行列。

2019年2月7日，美国发布了由总统特朗普亲自主持制定的未来工业发展规划，将人工智能、先进的制造业技术、量子信息科学和5G技术列为"推动美国繁荣和保护国家安全"的四项关键技术。

2019年4月11日，日本政府概要发布了2018年度版《制造业白皮书》，指出在生产第一线的数字化方面，中小企业与大企业相比有落后倾向，应充分利用人工智能的发展成果，加快技术传承和节省劳力。

资料来源：中美德日智能制造大比拼［EB/OL］.中国工业新闻网，2019-06-08.

（2）东北地区与东北亚国家在制造业领域合作的互补性较强。从东北

亚国家的情况看,日本、韩国和俄罗斯工业基础比较强,都是工业强国,都需要中国这个全球最大的市场;我国作为世界第一制造业大国,正处在制造业转型升级的重要阶段,东北作为我国传统老工业基地,工业基础比较好,制造业转型升级对日韩俄的工业技术需求比较大;蒙古国与朝鲜经济发展都处在初期,工业基础薄弱,对中日韩俄四国都有较大的需求。

(3)加强与东北亚国家智能制造领域的合作。立足东北制造业转型升级的实际,加强与东北亚国家在制造业领域的合作,改造提升传统制造业,培育发展战略性新兴产业,提高制造业的竞争力。例如,加强与日韩俄三国的技术合作,鼓励东北制造业企业通过投资、参股、并购等方式获得三国先进技术;鼓励东北地区的高校与日韩俄三国知名高校、科研院所开展联合研发,促进自主创新;加强与蒙古在轻工业、畜产品加工业领域的投资与合作;探索与朝鲜开展能源、制造等方面合作。

2. 深化与东北亚国家重点产业合作

(1)改造提升传统制造业。东北地区在装备制造、汽车制造、冶金、化工、食品生产等传统加工制造业领域有较好的基础。在制造业转型升级的大趋势下,需要通过加强与东北亚国家的合作来改造提升这些传统产业。例如:

——积极引进日韩俄的先进技术,扩大对外合作,提升东北地区装备制造业研发能力和生产水平,培育一批集工程设计、产品研发、成套设备制造和工程总承包于一体的大型企业;扩大装备制造业产品出口蒙古国、朝鲜等国。

——加强与日韩汽车制造业的合作,吸引日韩在东北地区投资建设新能源整车工厂,设立核心零部件设计、研发和制造基地,加强关键零部件、节能环保技术领域的合作。

——加强与周边国家在冶金、化工领域合作,深化钢铁冶炼、轧制工艺和节能降耗等领域与日韩俄合作,培育具有国际竞争力的产业集群;加强与周边国家在中下游化工原料、精细化工领域的合作,提升产品附加值。

(2)积极发展培育战略性新兴产业。依托东北地区在信息、生物医药、新材料、节能环保等领域的优势，加强与东北亚国家的国际合作，培育战略性新兴产业新优势。

——发挥东北地区沿海经济带的区位优势，加强与日韩信息产业的合作，重点开展新一代信息技术、移动通信技术等领域技术合作。

——依托东北地区丰富的生物资源，加强与周边国家在生物医药、基因工程、生物芯片等领域的技术合作；加强与日韩在信息光电、纳米、碳纤维等新材料领域的技术合作，加快成果转化，促进产业融合。

——加大与周边国家在节能环保、清洁能源、清洁生产等方面的合作，建设一批节能环保示范基地。

（3）加快发展生产性服务业。东北制造业转型升级的关键在于生产性服务业。加强与东北亚国家在现代物流、软件外包、金融等生产性服务业领域的合作，提升合作层次。

——适应全国金融业市场开放的大趋势，加强与日韩等国的金融机构合作，争取中央支持日韩等国金融机构在东北地区设立分支机构；推进人民币与日元、韩元、卢布直接交易结算，支持人民币跨境支付。

——适应"一带一路"东北大通道建设，在边境口岸城市建设国际物流园区，构建面向东北亚国家的多式联运物流体系；支持引进第三方物流，积极开展物流国际合作。

——稳定扩大软件和服务外包，扩大对日本、韩国的离岸业务，积极打造软件与服务外包产业集群。

3. 加快推动东北亚经贸合作与"一带一路"对接

（1）以基础设施互联互通为目标，加快打造"一带一路"东北亚大通道。基础设施互联互通是产业合作的重要基础。例如，围绕中蒙俄经济走廊建设，构筑东向出海、南联内陆的通道；建设面向东北亚开放的基础设施网络，推进"图们江开发开放"与"东北亚经济圈"建设；加快实现东北亚口岸通关协调合作，提升东北亚地区多式联运水平。

（2）建设东北亚产业合作示范园区。一是以跨境经济合作区为依托，加快形成"一带一路"东北亚经贸合作的大平台。例如，以制造业合作为重点推进图们江跨境经济合作区建设；合作建立中俄、中蒙等跨境装配制造和物流集散基地。二是加快打造若干个第三方市场合作示范区。例如，推动中日、中韩与俄罗斯、蒙古等共建以能源为主题的合作示范区。

（3）形成与东北亚国家智能制造合作的政策支持。加强东北亚智能制造产业项下的深度合作，尽快在研发、人员培训、标准化合作等领域实现突破，并推动实施制造业项下的关键零部件零关税及相关技术人员自由出入境政策。

三、要加快构建东北亚旅游、教育合作圈

推进东北亚区域经济一体化，加快构建东北亚经济圈，需要立足本地区经济社会发展的实际情况，坚持人文交流优先的原则，以构建东北亚旅游、教育合作圈为突破口。

1. 东北亚地区旅游、教育合作前景广阔

（1）东北亚地区旅游合作格局正在形成。东北亚地区各国山水相连，自然资源丰富，不仅各自拥有独特的旅游资源，而且拥有形成共同旅游大市场和区域合作的优势。随着全球旅游业的快速发展，东北亚地区已经成为国际旅游市场格局中的重要一极。有数据显示，2000—2010 年，东北亚地区国际旅游年均增长率达到 7.7%，有超过 1 亿人在区域内跨境旅游[1]。近年来，随着东北亚各国加强旅游合作，区域国际旅游快速增长。据统计，2018 年，全球国际旅游收入实际增长 4%，达到 1.448 万亿美元，而东北亚地区是增长最为强劲的区域之一，增速达到 9%[2]。

（2）东北亚各国教育资源互补性。一方面，我国拥有巨大的留学市场，赴东北亚国家留学人数呈现增长势头。改革开放 40 多年来，我国出国留学人员累计达到 585.71 万人。2018 年，我国出国留学人员达到 66.21 万人，其中自费留学人数接近 60 万人，占比达到 90.1%[3]。这反映出我国出

---

1. 东北亚各国期待建立无障碍旅游区［EB/OL］. 新华网，2012-09-09.

2. 中东地区 2018 年国际旅游收入增长 3%［EB/OL］. 商务部网站，2019-06-10.

3. 2018 年度我国出国留学人员情况统计［EB/OL］. 教育部网站，2019-03-27.

国留学市场化程度相当高。近年来，赴日本和韩国留学呈现较快增长的趋势。根据《2018 年亚洲录取报告》显示，我国赴日本留学生增加了 8.9%，赴韩国留学生增长了 5.6%[1]。另一方面，我国成为东北亚国家的主要留学目的地。据统计，2018 年来华留学人数接近 50 万人。其中，韩国来华留学生最多，超过 5 万人；俄罗斯留学生接近 2 万人；日本留学生达到 1.4 万人；蒙古国留学生超过 1 万人[2]。

（3）以旅游、教育领域合作为突破口推进东北亚区域经济一体化。加强东北四省区与东北亚国家在旅游、教育文化等领域的交流合作，广泛吸引各国高校、科研机构、企业的参与，推动与东北亚各国的多层次交流，实现与东北亚国家人文交流合作的重要突破。

2. 加快构建东北亚旅游合作圈

（1）加快建立东北亚旅游合作圈的现实性日益增强。东北亚地区旅游资源丰富，潜力巨大，但各国在发展旅游业方面均有不同程度的短板。例如，俄罗斯的自然旅游资源丰富，但旅游资源的开发不足；韩国国土面积小，旅游资源优势不明显，但其旅游产业发展迅速；日本人文旅游资源丰富，传统文化和旅游形象鲜明，但国土面积不大，难以开发多样化的旅游产品；我国东北地区有着丰富的旅游资源与人文历史资源，但旅游产业发展相对滞后。可以说，构建东北亚旅游合作圈是区域内旅游发展的重要方向。2012 年以来，东北亚各国都比较重视区域旅游发展，在联合国开发计划署"大图们倡议"秘书处和东北亚地区各国的共同推动下，东北亚旅游论坛已经在珲春连续举办了八届，就推进东北亚区域旅游合作达成了许多共识。例如，2016 年 7 月，中俄蒙旅游部长会议共同发布《首届中俄蒙三国旅游部长会议联合宣言》，三方决定制定三国旅游中长期合作规划及年度合作计划，支持成立中俄蒙"万里茶道"国际旅游联盟。当前，加快构建"一带一路"东北亚旅游合作圈，在旅游标准制定、人员跨境流动、

---

1. 我国赴日本和韩国的留学生人数分别增加了 8.9% 和 5.6%［N］. 广州日报，2018-08-22.
2. 2018 年来华留学统计［EB/OL］. 教育部网站，2019-04-12.

跨境旅游线路设计、基础设施互联互通等领域实现重要突破，并以旅游合作带动人文交流，可以为东北亚地区增强政治互信、安全互信提供重要条件。

（2）以旅游合作圈提升开放合作水平。构建开放性的区域旅游经济合作网络，借助"一带一路"基础设施互联互通建设，促进区域内旅游交通设施便利化；加强东北亚区域旅游合作，充分发挥各地区位优势和旅游资源优势，共同打造边境、跨境、境外旅游合作区；在我国丝绸之路沿线旅游枢纽城市和港口城市，建设一批丝路国际旅游港。

（3）推动东北亚旅游基础设施对接，实现旅游便利化。东北亚各国需要加快构建便于区域旅游一体化的基础设施体系，彻底打通旅游交通障碍，加快推进东北亚各国旅游基础设施互联互通；各国共同简化旅游签证与通关手续，提高旅游通关效率，提升旅游服务便利化；各国在旅游标准对接、人员跨境流动、跨境旅游线路设计等领域争取尽快实现重要突破。

（4）建立东北亚地区旅游合作与交流机制。以平等互利为原则，在"大图们倡议"框架下加快建立东北亚地区旅游合作圈多边合作机制，构建东北亚旅游共同体，为东北亚区域旅游合作创造良好的政策环境；共同开发跨国旅游产品与线路，培育具有东北亚特色的国际旅游产品，推动东北亚地区旅游资源开发和区域一体化。

专栏2.4 以珲春为中心的国际旅游线路

珲春地处图们江三角洲中心区域，以其独特的地理区位优势和丰富的自然资源引起了世界各国的广泛关注，被称之为东北亚金三角。周边分布着朝、俄两国十余个港口群。现已开通了珲春—朝鲜庆源、珲春—朝鲜罗先、珲春—俄罗斯符拉迪沃斯托克、珲春—俄罗斯哈桑、珲春—俄罗斯扎鲁比诺—韩国束草、珲春—俄罗斯符拉迪沃斯托克—朝鲜罗先、珲春—俄罗斯哈桑—韩国束草等多条旅游线路，形成了辐射东北亚主要国家的四条边境旅游线路、三条跨国旅游线路和一条自驾旅游线路等八大旅游产品体系，是吉林省乃至全中国旅游产品线路最为丰富的边境旅游城市。

资料来源："大图们倡议"第五届东北亚旅游论坛在珲春举行［EB/OL］.吉林省旅游局信息中心，2016-09-15.

3.加快构建东北亚教育合作圈

（1）东北亚各国教育合作有较好的基础。早在 2001 年 11 月，中国、俄罗斯、日本、韩国和蒙古五国的 34 所大学就发起设立了"东北亚大学校长论坛"，旨在推进本区域高等教育合作。以广东的教育开放为例，教育越开放，与港澳台及世界教育的互动与合作就越强，就越有力促进本地区教育与经济的互动发展[1]。同样，在东北亚地区，如果东北地区的教育越开放，与东北亚各国的互动与合作就有可能越强，也就越能促进本地区的经济发展。

（2）以扩大东北地区教育市场开放促进与东北亚国家间的教育合作。从东北亚地区教育发展的实际情况看，区域教育发展不平衡的突出矛盾在于教育市场开放滞后。可以考虑在东北地区设立教育改革试验区，率先面向东北亚国家扩大教育开放；转变教育发展方式，加强高水平创新型人才培养，高度重视职业技术教育发展；创新办学机制，推动我国与日本、韩国、俄罗斯、朝鲜、蒙古在本地区联合办学，探索实行自由办学的教育特区政策。

（3）完善东北亚地区教育合作机制。创新合作模式，建立东北亚地区多层次的教育合作机制。例如，建立东北亚大学联盟，加强东北亚各国高校合作与交流，共享优质教育资源；探索建立东北亚教育合作基金，支持开展多样化的教育合作项目；建立东北亚地区老师互访、学生互换等交流机制，扩大本地区教师、学生的国际视野。

四、推动构建东北亚数字贸易网络

"十四五"时期，适应数字贸易快速发展的大趋势，突出自身特色，把探索建设东北亚数字自贸区作为促进东北亚经济一体化的重要途径，并由此形成东北开放发展的新优势。

1.钟明华，等.教育现代化的伟大实践——广东教育发展 30 年［M］.广州：广东人民出版社，2008.

1. 数字贸易时代的到来

（1）全球数字经济快速发展。以互联网、云计算、大数据等为代表的数字经济快速发展，标志着新一轮科技革命兴起。数字经济不仅对生产、生活方式变革产生巨大影响，而且将通过加强竞争、降低交易成本、提升效率等，对服务贸易发展产生深刻影响。当前，数字经济引领全球新一轮产业变革趋势明显，数字经济已成为全球经济增长的重要动力。过去 15 年间，数字经济的增速是全球生产总值增速的 2.5 倍；到 2025 年，全球数字经济规模将达到 23 万亿美元，占全球生产总值比重将达到 24.3%[1]。

（2）数字贸易基础设施不断完善。数字贸易的发展以互联网为基础，交易主体包括企业用户和个人用户。2005—2018 年，全球互联网用户数量由 10.2 亿人增长至 39 亿人，年均增长 10.8%；占人口的比重由 15.8% 提高至 51.2%，提升 35.4 个百分点。不同发展程度国家的互联网用户数量都有明显提升。与 2005 年相比，发展中国家互联网用户数量增长了 6 倍，渗透率提升 35.4 个百分点；发达国家互联网用户增长了 67%，渗透率提升 29.6 个百分点 [2]。

（3）数字贸易的快速兴起。在数字经济与技术快速发展、互联网用户不断增加的背景下，全球数字贸易快速兴起。以网络零售交易额为例，2013—2018 年，全球网络零售交易额由 1.08 万亿美元增长至 2.84 万亿美元，年均增长 21.4%；占全球总零售额的比重由 5.1% 增长到 11.9%。初步预测，未来 3 年全球网络零售交易额仍将保持 20% 左右的年均增速，到 2021 年将达到 4.88 万亿美元，是目前的 1.7 倍，占全球总零售额的比重将提高至 17.5%[3]。相关机构预测，今后 10—15 年时间，全球货物贸易将呈 2% 左右的增长、服务贸易呈 15% 左右的增长，而数字贸易增速则高达 25%[4]。

---

1. 顾学明 . 大力发展服务贸易提升全球价值链地位［N］. 经济参考报，2018-09-12.

2. 数据来源：互联网世界统计。

3. 商务部电子商务和信息化司 . 中国电子商务报告 2018［R］. 2019-05.

4. 黄奇帆 . 在长三角地区协同推进建设开放新高地［N］. 经济日报，2018-12-22.

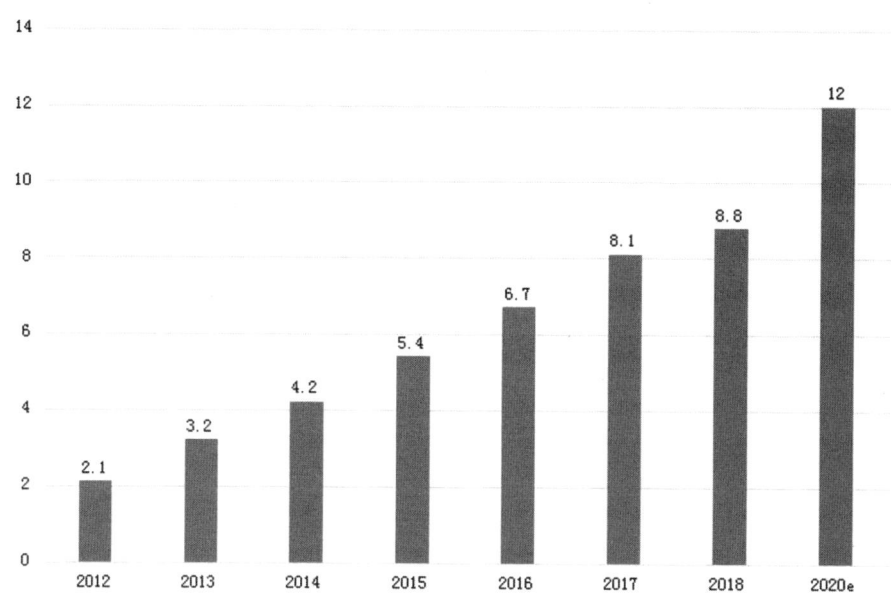

图 2.7 2012—2020 年我国跨境电商交易规模（单位：万亿元）

数据来源：艾媒咨询。注：2020 年为预计数。

2. 我国数字贸易快速发展

（1）我国数字贸易规模持续扩大。近年来，依托巨大的网络用户规模优势及数字经济发展优势，我国跨境电商实现了高速发展。2012—2018 年，我国跨境电商交易额由 2.1 万亿元增长至 8.8 万亿元，年均增长 27%，远高于我国货物及服务贸易平均增速。预计未来几年，我国跨境电商交易额仍将保持 20% 以上的增速，到 2020 年将达到 12 万亿元。

（2）我国的数字贸易具有比较优势。根据麦肯锡的分析，尽管目前我国的服务贸易仍存在较大逆差，但在数字领域的服务贸易连续五年保持100 亿—150 亿美元的顺差。从全球数字竞争力排名来看，2018 年我国数字竞争力指数 81.42 分，排名全球第二，较上一年提升了 7 个名次[1]。

（3）我国拥有巨大的数字贸易发展潜力。以互联网用户规模为例。2008—2018 年，我国网民规模由 2.98 亿人增长到 8.29 亿人，互联网渗透率

1.腾讯研究院，中国人民大学统计学院.国家数字竞争力指数研究报告（2019）[EB/OL].新浪财经，
  2019–05–15.

由 22.6% 提高至 59.6%，年均提高 3.7 个百分点，我国成为全球增长速度最快的互联网用户市场[1]。

3. 探索建设东北亚数字自贸区

（1）以数字贸易形成东北开放发展的新优势。当前，以跨境电商为重点的数字经济成为我国推进"一带一路"为重点的对外开放重要平台。东北各地都要看到数字经济快速发展给东北发展带来的新机遇，借鉴"一带一路"建设加快发展数字贸易。例如，近年来，随着大连、沈阳相继获批全国跨境电子商务综合试验区，辽宁省加快打造跨境数字贸易港。2019年，东北地区首个"买全球、卖全球"的东北亚数字贸易平台落户沈抚新区。

（2）建设东北亚数字自贸区。建议东北借助"一带一路"建设，以数字贸易为重点，加快建立东北亚数字贸易网络：一是东北各地率先对东北亚国家实施数字旅游、数字医疗、数字健康、数字教育、数字基础设施项下的自由贸易政策；二是借鉴阿里巴巴与马来西亚共建"数字自贸区"的经验，探索与东北亚国家合作建立"东北亚数字自贸区"，在区内实行自由贸易政策和相关的投资制度安排。

第四节　中日韩经贸合作新趋势下的东北振兴

目前，随着东北亚地区局势日趋稳定，中日韩经贸合作的意愿和动力明显增强，深化中日韩经贸合作成为大趋势。"十四五"时期的东北振兴，需要紧紧抓住中日韩自贸区进程加快带来的新机遇。

1.中国互联网络信息中心.第43次中国互联网络发展状况统计报告［R］.2019-02-28.

一、争做推进中日韩自贸区的排头兵

2019 年中日韩领导人成都峰会再次明确提出要加快中日韩自贸协定谈判，这为早日形成中日韩自贸区奠定了重要基础。东北地区作为面向日韩开放的最前沿，需要发挥在推进中日韩自贸区建设中的排头兵作用。

1. 中日韩自贸区建设为东北地区参与东北亚区域经济合作提供新的市场空间

（1）中日韩自贸区建设为东北振兴带来新机遇。当前，面对逆经济全球化思潮冲击的新变局，中日韩携手维护全球多边贸易体制和推进自由贸易进程的现实性、迫切性、重要性都明显上升。2019 年中日韩领导人成都峰会上三国领导人一致认为，以规则为基础的多边贸易体制具有重要作用，将致力于维护自由贸易和多边主义，强化现有国际规则，确保公平竞争以培育良好营商环境；将探索新的合作领域和模式，共同促进经济全球化和自由贸易，为全球经济带来更大稳定和确定性。中日韩三国经济总量占东北亚经济总量的 90% 以上，如果中日韩自贸区谈判能够尽快取得突破，将释放东北亚地区的巨大合作潜力和发展红利。由此，将为东北振兴创造新的市场空间，带来新的发展动力。

专栏2.5　中日韩领导人会议的沿革

自 1999 年起，中日韩三国领导人原则上每年在出席东亚领导人系列会议期间举行会晤。中国国务院总理出席了历次会晤。2003 年，温家宝总理出席第五次领导人会晤，与日韩领导人共同签署并发表了《中日韩推进三国合作联合宣言》，这是三国领导人首次就三国合作发表共同文件，初步明确了三国合作的原则和领域，并决定成立三方委员会总体协调三国合作，标志着三国合作进入新阶段。2004 年，第六次领导人会晤通过《中日韩三国合作行动战略》，为全面推进各领域合作做出了具体规划。

2005 年，第七次领导人会晤因日本时任首相小泉纯一郎坚持参拜靖国神社而被迫推迟。2007 年 1 月，第七次中日韩领导人会晤在菲律宾宿务恢复举行，会议发表《联合新闻声明》。11 月，第八次中日韩领导人会晤在新加坡举行，原则上同意在三国不定期轮流召开三国领导人会议。

2008 年，首次 10+3 框架外的中日韩领导人会议上，三国领导人签署的《三国伙伴关系联合声明》指出，三国合作的原则是公开透明、互信共利、尊重差异，目标是建立面向未来、全方位合作的伙伴关系，致力于本地区的和平、繁荣与可持续发展。会议通过了《国际金融和经济问题的联合声明》《三国灾害管理联合声明》和《推动中日韩三国合作行动计划》。

2009年4月，在泰国东亚领导人系列会议期间，温家宝总理主持了中日韩领导人简短会晤。10月10日，第二次中日韩领导人会议在北京举行，温家宝总理主持了会议。三国领导人回顾了三国合作历程，总结了三国合作经验，指明了未来发展方向。会议发表的《中日韩合作十周年联合声明》指出，相互尊重、平等互利、开放透明、尊重彼此文化差异是三国合作的基础和保障，也是三国合作应该遵循的原则。三国将秉承正视历史、面向未来的精神，推动三国关系朝着睦邻互信、全面合作、互惠互利、共同发展的方向前进。会议通过了《中日韩可持续发展联合声明》。

2010年5月29日至30日，第三次中日韩领导人会议在韩国济州岛举行，发表了《2020中日韩合作展望》《中日韩加强科技与创新合作联合声明》和《中日韩标准化合作联合声明》，同意继续深化三国经贸财金合作，推动可持续发展，加强社会人文交流，保持在国际与地区问题上的沟通与协调。10月29日，温家宝总理在越南河内东亚领导人系列会议期间再次出席了中日韩领导人会晤。

2011年5月21日至22日，第四次中日韩领导人会议在日本东京举行。会议发表了领导人宣言以及灾害管理、核安全、可再生能源和能效合作三个文件。11月19日，温家宝总理在印度尼西亚巴厘岛东亚领导人系列会议期间出席了中日韩领导人会晤。

2012年5月13日至14日，第五次中日韩领导人会议在北京举行。会议发表了《关于提升全方位合作伙伴关系的联合宣言》《关于加强农业合作的联合声明》和《关于森林可持续经营、荒漠化防治和野生动物保护合作的联合声明》。三方宣布将于年内启动三国自贸协定谈判，并于会后签署了《中日韩关于促进、便利和保护投资的协定》。

2019年12月24日，第八次中日韩领导人会议在四川省成都市举行，国务院总理李克强、日本首相安倍晋三与韩国总统文在寅共同出席了本次会议，并于会后发表了《中日韩合作未来十年展望》，通过了"中日韩+X"早期收获项目清单等成果文件。

中日韩合作20年来，三国已成为彼此重要的经贸伙伴，三国贸易额从1300亿美元增至7200亿美元，经济总量在全球占比从17%提升至24%。

资料来源：根据公开资料整理。

（2）日韩对中国的经济依赖日益增强。自1999年亚洲金融危机后启动中日韩合作以来，变化最大的是中国的快速发展。从经济规模来看，1999年，中国的国内生产总值总量刚突破1万亿美元，刚超过韩国，只有日本的不到四分之一。到 2010 年，按照世界银行的口径，中国国内生产总值总量首次超过日本，成为全球第二大经济体。到 2018 年，中国国内生产总值总量达到 13.6 万亿美元，是日本的 2.7 倍、韩国的 8.9 倍。从对外贸易来看，1999—2018 年，中国在日本对外贸易中的比重由 3.5% 提升到 21.4%，在韩国对外贸易中的比重由 2.1% 提升到 23.6%[1]，成为日本和韩国的第一大贸易伙伴。

（3）以东北地区为前沿加快推进中日韩自贸进程。适应我国经济转型升级的大趋势，率先在东北推开服务业市场开放和服务贸易开放，建议把服务贸易作为中日韩自贸区建设早期收获的重点，在知识产权、文化旅游、电子商务、金融服务、研发、工业设计和数据处理等领域率先实现自由贸易的重要突破，逐步推进服务标准的对接与服务市场的融合。

2. 率先在东北地区实施服务业项下的自由贸易政策

（1）适应我国消费结构升级大趋势，积极开展旅游、教育、文化娱乐等产业项下的自由贸易。例如，借鉴 APEC 商务旅行卡的成熟模式，设立中日韩岛屿旅游卡发展计划，在人员免签、免税购物、景点设计等方面实现更大便利；积极推动建立动漫游戏、影视文学等多个主题的跨境产业园，合作开展文化娱乐产品的研发、设计、推广等；鼓励中日教育合作交流，定期委派教师互访教学，扩大互派留学生规模等，探索中日教育合作新机制、新路径。

（2）适应人口老龄化趋势，积极推进医疗健康养老产业项下的自由贸易。应对中日韩共同面临的人口老龄化问题，大健康领域的合作是三国务实开展合作的一个突破口。在大健康领域，我国有巨大的市场需求，企业有投资欲望，但缺少与需求相适应的管理、技术、产品、服务等，这方面日韩可以发挥优势。适应三国人口老龄化趋势，采取综合政策措施，积极促进健康老龄化。建议建立中日大健康产业联盟，依托我国数字经济优势与日本完善的介护服务体系及护理机器人的技术优势，合力发展智慧医疗

---

1. 沈建光 . 构建中日韩经贸合作"新三角"［N］. 证券日报，2020-01-04.

健康；积极促进中国与日本医疗健康服务标准、监管规则的对接，提升我国医疗健康产业发展质量。强化中日韩医疗健康职业教育合作。进一步扩大医疗健康职业教育双向市场开放，鼓励有条件的中日韩科研机构、高校与社会力量合作举办健康服务类职业教育机构；依托日韩方资金、技术优势，支持日本、韩国资本采用公益信托投资、公益教育基金、协议投资等形式参与健康产业的职业教育。

（3）适应可持续发展大趋势，深化绿色产业和环境治理领域合作。我国是东北亚地区最大的清洁能源消费市场。2018 年，我国天然气、水电、核电、风电等清洁能源消费量占能源消费总量的 22.1%，同比提高了 1.3 个百分点；我国新增 3200 万吨油当量的可再生能源消费量，是全球最大的贡献国，并且首次超过 OECD 国家（2600 万吨油当量）[1]。2019 年中日韩领导人成都峰会上发布的《中日韩未来十年展望》强调，"我们三国认识到采取切实可行行动应对气候变化的紧迫性，重申致力于全面落实《联合国气候变化框架公约》和《巴黎协定》"[2]。当前，我国城乡居民对良好的生态环境的需求全面快速增长，蕴含着巨大绿色消费和投资潜力。预计到 2030 年，我国能源消费中非化石能源占比将达到 20%；到 2040 年，我国在能源供应方面投资将累计达到 6.1 万亿美元。日本、韩国在环境治理、新能源利用等领域有着丰富的技术和经验，中国则在市场、资金等方面独具优势。中日韩三国若能实现优势互补、深化合作，不仅将加快释放中日经贸合作新红利，也将对国际社会产生巨大的正面效应。例如，共同推进亚洲超级电网项目建设，率先在电动汽车、智能电网等领域开展合作，并在环境治理问题上加强区域合作、城市合作和信息交流，参照《巴黎气候变化协定》，共同推动环境治理。

二、建设中日韩经济合作园区

落实第八次中日韩领导人成都峰会精神，以建设中日韩经济合作园区

---

1. 全球能源消费和碳排放量去年创新高［N］.中国石化报，2019-08-07.
2. 中日韩合作未来十年展望［EB/OL］.新华网，2019-12-24.

为重点，率先在东北地区加快市场向日韩开放，形成一个自由、公平、非歧视、透明、可预期和稳定的贸易投资环境。

1. 把园区作为中日韩三国产业合作的重点之一

过去很长一段时间，日本与韩国在我国主要投资组装加工基地，对华出口零部件商品以中低端为主。随着我国成为世界第一制造业大国和全球最大的消费市场之一，日韩开始充分利用我国中高级人才，将部分高端产业转移到我国。近年来，中日韩三国都在强调加强经贸合作，但中日韩自贸区已经提出 18 年之久，至今未能落实。也就是说，中日韩三国经贸合作的潜在优势尚未完全发挥出来。从实际情况看，日本与韩国有技术资金优势，我国有 14 亿人的大市场优势，三国未来不仅可以在技术、产业方面合作，也可以通过园区合作实现优势互补。例如，在园区的建设与管理、园区产业的选择等方面都有比较大的合作空间。

2. 建设中日韩现代产业园区

（1）以国家级经济技术开发区为载体建设中日韩现代产业园。采取综合举措，吸引日本、韩国高端技术、高新技术产业向我国东北地区转移，率先在东北地区选择若干国家级开发区设立中日韩现代产业园，引导中日韩资企业入园，产业园内运行中日韩政府间合作示范项目，开展贸易投资便利化政策"先行先试"，逐步形成中日韩产业合作创新模式。

（2）鼓励东北地区与日韩共建地方产业合作园。鼓励东北四省区与日韩共建高质量的地方产业合作园区和产业孵化基地，重点加快电子信息产业、医药制造、汽车制造等优势产业合作；产业合作园区加强与日韩技术合作，促进技术成果转化和产业化；广泛吸引国内外资本，并为入园企业提供融资服务。

（3）设立中日韩产业经贸合作论坛。支持东北地区政府与日韩地方政府合作设立中日韩产业经贸合作论坛，吸引三国政府官员、企业家、专家学者等共同讨论三国产业经贸合作的重大问题，形成常态化举办机制，并争取上升为国家级经贸合作论坛。

3.打造中日韩自贸区地方经贸合作示范区

（1）支持东北有条件的地区申建中日韩自贸区地方经贸合作示范区。建议东北地区在现有国内自由贸易试验区的基础上，积极申建中日韩自贸区地方经贸合作示范区，并创新示范区的开放政策、运营管理模式、体制机制等；示范区广泛吸引日韩知名企业投资，培育一批集中日韩技术、品牌等优势于一体的先进制造业企业和现代服务业企业。

（2）研究制定《东北中韩自贸区地方经贸合作示范区建设行动计划》。东北四省区政府共同研究制定符合区域发展实际的《东北中韩自贸区地方经贸合作示范区建设三年行动计划》，主要包括建立政府间的沟通机制、基础设施互联互通、日韩投资贸易便利化机制、金融服务体系以及人文交流合作等内容。

（3）在经贸合作示范区举办日韩消费品进口博览会。扩大日韩日用消费品、医养健康、养老护理、美容服装等方面的优质消费品进口；在示范区内设立日韩商品展销区。

三、推动实施中日韩制造业项下自由贸易

突出东北老工业基地的优势，强化与日韩先进制造业的经贸合作，以实施中日韩制造业项下自由贸易政策为重点务实推进中日韩自贸区进程。

1.全球制造业转型升级的大趋势为东北制造业带来重要机遇

（1）我国经济转型升级与第四次工业革命直接融合，需要快速促进互联网、大数据、人工智能与制造业的深度融合。以"大智云移物"为代表的新一轮信息科技革命带动新能源、新材料、智能制造等新兴工业科技不断涌现，这些新兴科技推进产业不断融合创新，带来全球产业格局的重大调整。这是东北制造业面临的新趋势。

（2）我国数字经济快速发展，为传统制造业转型升级、新型制造业发展提供了技术支撑。例如，近年来我国数字经济已在多个领域实现重大创新，成为全球数字经济引领者。十年前，我国电商交易额不到全球总额的1%，如今占比已超过40%，超过英、美、日、法、德等五国总

和[1]。新一轮科技革命不断催生新产业涌现，相当一部分新兴产业是与高端服务业直接相关的制造业。这是东北制造业发展面临的现实机遇。

（3）制造业服务化将推动制造业创新发展，这为发挥东北制造业的人才优势提供了重要机遇。随着科技进步，产业与产业之间、行业与行业之间的界限越来越模糊，工业革命将新技术与传统产业结合创造出新的产业和工作岗位，企业将不再是单一的产品提供者，而是以产品为中心向服务增值延伸，成为集成服务提供商。这表明，未来工业发展与其说是制造业的竞争，不如说是制造业背后的研发及相关服务的竞争。制造业与现代服务业融合互动，应成为东北制造业转型发展的方向。

2. 以制造业为重点深化中日韩经贸合作的需求明显增强

（1）我国是东北亚区域最大的高端制造业投资国。从发展趋势看，大数据、云计算、物联网、互联网技术等新经济深度融入传统制造业，为我国制造业变革带来重要动力。数据显示，2017年我国每1万名制造业工人只有97部机器人，与韩国710台/万人、日本308台/万人相差巨大。从市场规模来看，预计到2020年，我国工业机器人存量将达到95万台，是2016年的2.8倍，年均增长29.3%，占全球的比重达到31.1%。届时，这一存量将是欧洲的1.6倍，是美洲的2.1倍，是日本的3倍[2]。此外，我国正在加快推进制造业服务化进程。到2020年，如果生产性服务业占国内生产总值的比重增加10个百分点，将带来1.8万亿美元的新增投资空间。我国进一步扩大开放，将明显推动中日韩自贸区的谈判进程。

（2）中日韩加强制造业领域合作的意愿增强。从中日韩三国的情况看，日韩占据产业链中上游，我国处在中间偏下，尤其是在制造业领域。在这个背景下，以产业链深度融合为重点的新型伙伴关系成为中日韩经贸合作的重点。2019年中日韩领导人成都峰会上三国领导人达成共识，三方将"推进科技创新合作，通过现有机制应对地区和全球问题，鼓励在数字

---

1. 麦肯锡：中国电商全球占比42% 2030年数字化将创造45%总收入［EB/OL］.新浪财经，2017-12-04.

2. 迟福林.抓住新机遇，推进东北亚区域经济一体化进程［EB/OL］.中国改革论坛网，2018-05-04.

经济和电信领域开展合作"[1]。在新形势下，中日韩三国在人工智能、大数据、物联网等新兴领域的互利合作空间广阔。

（3）以深化生产性服务业合作推进智能制造产业的深度合作。日本是制造业强国，在许多领域拥有尖端技术。韩国在许多制造业领域也有很强的竞争力，产业升级积累了比较丰富的经验。适应全球数字经济引领产业变革大趋势，三国需要深化相互间的市场开放，消除贸易投资壁垒，进一步扩大和深化三方合作，提升各自的产业竞争力，带动促进东亚地区和全球的产业链、价值链的进一步发展。从东北的实际情况看，制造业转型升级的关键在于生产性服务业。在这个特定背景下，建议以东北为重点，与日韩开展合作，推进生产性服务业与智能制造融合发展，鼓励日韩智能制造企业到东北地区投资。

3. 以东北地区为前沿务实推进中日韩制造业项下自由贸易

（1）优化升级中日韩制造业产业链。例如，由日本提供配件，韩国供应中间材料，最后在中国制造，由此减少三国间的竞争，形成完整的区域价值链，实现产业链的整体升级。

（2）建立中日韩制造业产业联盟。加快实施制造业项下的生产器械、技术服务等自由贸易政策及技术人员自由流动政策。

（3）开展中日韩制造业项下的深度合作。支持东北地区的企业在研发、技术人员培训、技术标准化合作等领域与日韩开展合作，并加快实施制造业项下的关键零部件零关税及相关技术人员自由出入境政策。

（4）推进与日韩制造业项下的自由贸易与投资便利化。利用我国在高端装备制造领域的优势，吸引日韩企业积极参与我国东北相关产业集聚区、工业园区、经贸合作区等合作园区建设，在合作区内实行自由贸易政策和相关制度安排。

1.中日韩合作未来十年展望［EB/OL］.新华网，2019-12-24.

第三章

东北振兴新动力

以市场决定资源配置为目标
深化东北市场化改革

东北地区是我国资源比较丰富的区域，东北振兴，并不缺少资源。问题在于，如何通过深化市场化改革激发市场活力，实现资源配置效益最大化。东北的高水平开放，要形成倒逼市场化改革的新势头，使市场在资源配置中起决定性作用。

第一节　东北要加快形成市场决定资源配置新格局

东北农业资源、自然资源、人才资源都比较丰富，但由于市场化改革滞后，东北资源优势没有充分发挥出来。"十四五"时期，东北打造对外开放新前沿，需要以深化市场化改革为重点，加快形成东北地区统一大市场，降低资源要素流动的壁垒，显著提升东北地区要素配置效率。

一、东北是我国资源丰富的地区

东北地区不仅是我国的老工业基地，也是我国重要的粮食生产基地。从资源禀赋看，东北地区不仅自然资源丰富，而且教育资源和人才资源也都比较丰富。

1. 东北农业资源丰富，是我国重要的农产品生产基地

（1）拥有世界最肥沃的黑土地资源。黑土地土壤肥沃，有机质含量比较高，是肥力最高的土壤，非常适合粮食生产。目前，全世界仅有三处黑土带，分别是美国的密西西比河流域、乌克兰和中国东北。东北的松嫩平原有面积达 20 多万平方公里的黑土带，是目前亚洲唯一的大面积黑土带。也正是因为这广阔的黑土地，使东北成为我国重要的粮食生产基地。例如，2018 年黑龙江粮食总产量达到 750.7 亿公斤，占全国粮食总产量的九分之一，居全国之首；商品粮占全国六分之一，全省绿色（有机）食品认

证面积占全国五分之一[1]。

（2）农业机械化程度比较高。由于东北以平原为主，比较适合农业机械化耕种。与全国其他粮食生产相比，东北地区的农业机械化程度较高。例如，2017年黑龙江省主要农作物综合机械化水平已达到96.8%，位居全国第一。目前，在田间作业环节上机耕水平已超过99.2%，机播、机收机械化程度已分别超过97.5%和88.5%[2]；辽宁玉米和水稻两种主要粮食作物的综合机械化水平分别达到83%和90.5%[3]；吉林农作物耕种收综合机械化水平达到86%，其中水稻和玉米耕种收综合机械化水平分别达到90.5%和86.7%[4]。

（3）农业科技水平较高。与全国其他地区相比，东北地区农业科技水平较高，优质种子的使用率居全国前列。以黑龙江为例，2018年，黑龙江省农业科技贡献率达到66.7%，高于全国平均水平9个百分点；同时农作物良种覆盖率达到98%，良种在农业增产中的贡献率达到45%，高于全国平均水平2个百分点[5]。

2. 东北工业基础较好，工业资源丰富

（1）共和国工业的摇篮，形成了完备的工业体系。新中国成立后，在苏联的援建下，东北在钢铁、化工、汽车、造船、重型机械、飞机制造等领域建设了一大批重大工业项目，逐步建成了比较齐全的工业体系，被誉为"共和国工业摇篮"。以辽宁为例，有数据显示，"一五"期间，全国17%的原煤、27%的发电、60%的钢产自辽宁，我国第一炉钢、第一架飞机、第一艘巨轮等工业领域多个"第一"都出自辽宁[6]，沈阳铁西区曾被称为"东方鲁尔"。

（2）工业资源比较丰富。东北之所以能够成为"共和国工业摇篮"，除

1. 黑龙江农业科技70年：审定和推广2440个主要农作物新品种［EB/OL］. 东北网，2019-06-28.
2. 黑龙江省农业机械化水平达96.8%［N］. 黑龙江日报，2018-04-13.
3. 东北三省不断提升农业机械化水平　发展现代农业［EB/OL］. 中国网，2018-10-09.
4. 吉林省加快推进粮食生产全程机械化示范省建设［N］. 吉林日报，2018-02-24.
5. 黑龙江农业科技70年：审定和推广2440个主要农作物新品种［EB/OL］. 东北网，2019-06-28.
6. 辽宁省委书记：把发展经济着力点放在实体经济上［EB/OL］. 中国新闻网，2019-06-25.

了国家支持外，与东北自身资源条件有很大的关系，如石油、煤矿、森林等资源相当丰富。据不完全统计，东北整个地区的资源储量占到全国的四分之一，其中，石油资源占据了全国的一半左右，如大庆油田、吉林油田等。另外，煤炭作为工业的助燃剂，1949年，东北三省原煤产量占到全国的一半，"一五"期间，东北三省原煤产量占到全国的四分之一。

3. 东北拥有丰富的人才资源

（1）东北人才资源丰富。尽管目前东北人才外流严重，但东北并不缺人才。总的来看，东北地区人才资源仍较为丰富。据统计，2018年，东北四省区中，辽宁和吉林两省每十万人口高等教育平均在校生人数分别达到2866人和3131人，不仅高于全国平均水平，而且高于浙江、广东、山东等沿海地区。从就业人口受教育程度看，辽宁和内蒙古大专以上学历（含大专、本科和研究生）占比分别达到20.8%和21.5%，高于18.2%的全国平均水平。

表3.1　2018年部分地区每十万人口各级学校平均在校生数比较（单位：人）

地区	学前教育	小学	初中阶段	高中阶段	高等教育
全国	3350	7438	3347	2828	2658
内蒙古	2439	5306	2517	2449	1984
辽宁	2091	4474	2255	2195	2866
吉林	1543	4424	2431	2076	3131
黑龙江	1378	3481	2462	2079	2405
江苏	3183	6980	2812	2323	3143
浙江	3419	6374	2854	2581	2370
安徽	3313	7304	3344	3065	2245
山东	3074	7255	3455	2723	2588
湖南	3283	7609	3505	2891	2610
广东	4021	8849	3335	2917	2542

数据来源：国家统计局．中国统计年鉴2019 [M]．北京：中国统计出版社，2019.

表3.2　2017年东北地区就业人口受教育程度构成（单位：%）

地区	未上过学	小学	初中	普通高中	大学专科	大学本科	研究生
全国	2.3	16.9	43.4	12.8	9.4	8.0	0.8
黑龙江	0.8	15.2	51.1	11.8	8.3	8.0	0.6
吉林	0.7	16.4	46.9	13.7	8.4	8.3	0.5
辽宁	0.4	11.2	51.3	9.9	10.0	9.9	0.9
内蒙古	2.0	16.0	43.7	12.6	11.9	8.9	0.5

数据来源：国家统计局人口和就业统计司，人力资源和社会保障部规划财务司.中国劳动统计年鉴2018 [M].中国统计出版社，2018.

（2）东北人才主要集中在体制内。与东北市场化改革滞后相关联，东北人才主要集中在政府部门、事业单位和国有企业。有研究显示，东北地区73.5%的人才集中在国有及国有控股企业；74.31%的专业技术人才集中在事业单位，企业仅占25.69%；就业人口中研究生以上学历的人才20.48%集中在政府机关，62.7%集中在事业单位，企业仅占6.22%[1]。

二、以市场决定资源配置释放资源要素活力

"十四五"东北振兴，资源要素市场化改革要先行，要特别注重释放东北资源要素活力。这就需要充分发挥市场在资源要素配置中的决定性作用，尽快在资源要素市场化改革中取得新突破。

1. 适应国家粮食安全战略实现农村土地要素市场化改革的新突破

释放农村土地资源的巨大潜力，做大"东北粮仓"，对东北地区农村土地制度改革提出新的要求。第一，防止黑土地流失，重要的途径是赋予农民完整的土地物权，可以考虑采取将土地承包权界定为永业权，经营权界定为租业权，在有效激励土地改良中长期投资的同时，推进家庭农场建设。第二，农村土地三权分置改革与人口城镇化有机结合，探索让农民带着土地财产权进城，建立成员进入、退出机制。第三，探索农村房屋和宅

1.岳春华.东北地区人才资源开发与管理的对策研究［J］.东北亚论坛，2008（4）：60.

基地交易对象突破现行法律限制的多种方案，可以考虑允许集体经济组织之外的本县、本省、全国农民和市民购买农村宅基地、农民房屋、集体建设用地等。第四，率先打破城乡土地双轨制与城市一级土地市场政府垄断，建立两种所有制土地"同地同价同权利"的制度，形成公开、公正、公平的统一交易平台和交易规则。第五，建立城乡统一的土地市场交易平台，只要符合相关法律，遵守交易规则，无论政府、农民集体、国有土地用地单位等，都可以在统一的土地交易市场从事土地交易。

2. 适应城市群发展推进要素跨行政区、跨城乡的有序流动

东北地区有效参与东北亚经济合作，打造东北亚战略枢纽，很大程度上取决于城市群的发展。从东北现实看，目前初步形成了哈长城市群和辽中南城市群。以哈长城市群为例，目前以长春、哈尔滨两座城市为中心的"1小时经济圈"不断扩大，为哈长城市群发挥辐射带动核心作用拓展了新的空间，未来要建成在东北亚区域具有核心竞争力和重要影响力的城市群。以辽中南城市群为例，未来的发展定位是站在东北振兴大方位、立足全国发展大格局、面向东北亚开放大环境，建设成为国内一流、国际先进的城市群。黑龙江、吉林、辽宁、内蒙古四省区要建成向北开放的重要窗口和东北亚区域合作的中心枢纽，对资源要素的一体化配置提出新的要求。"十四五"要打破东北各省区间的行政壁垒和市场壁垒，推动资源要素跨区域、跨城乡自由流动，由此最大程度地释放资源要素的活力。同时，将各地资源要素充分融合，有效集聚与整合创新要素，包括交通、土地、人才、环境等资源，使这些资源更加高效地利用起来。

3. 以提高科技成果转化率为目标深化科研要素市场化改革

华为等企业的案例表明，企业在科技创新中可以发挥重要的主体作用。当前，各国围绕5G、人工智能、区块链等数字技术竞争日趋激烈，我国科技创新有效性与科技成果转化率偏低的矛盾突出。例如，2018年辽宁省科技进步对经济增长贡献率达55.5%，与发达国家70%左右的水平有较大差距。科技成果转化率偏低有协调机制的原因，更有科技服务业市场化改革滞后的原因。"十四五"，东北地区要尽快打破科技领域人才、资金等

要素流动的体制障碍，进一步下放创新主体对人才资金使用的自主权，建立以人为中心的科技创新激励机制。

三、以市场决定资源配置为目标建设高标准市场经济

市场决定资源配置是市场经济的一般规律。"十四五"，东北深化市场化改革，要把市场决定资源配置作为建设高标准市场经济的重要目标。

1. 以落实竞争中性原则打造更高水平开放型经济新体制

（1）竞争中性原则反映了高水平开放的大趋势。竞争中性原则最初是由澳大利亚 1996 年提出，其精髓是要形成公平竞争的市场环境，即政府采取的所有行动，对国企与其他企业之间的市场竞争的影响都应该是中性的。目前，竞争中性原则已经成为《全面与进步跨太平洋伙伴关系协定》（简称 CPTPP）、《美加墨贸易协定》（简称 USMCA）、《欧盟运行条约》等国际重要多边（区域）经贸协定的重要章节。通过上述多边（区域）经贸协定的形式，全球已经有 40 多个国家适用竞争中性原则。

专栏 3.1　"竞争中性"的内涵

竞争中性原则的要义是，政府采取的所有行动，对国企与其他企业之间的市场竞争的影响都应该是中性的；也就是说，政府的行为不给任何实际的或潜在的市场参与者尤其是国企带来任何"不当的竞争优势"（undue competitive advantage）。竞争中性原则最初是澳大利亚 1996 年提出的，当时的表述是"政府的商业企业不应仅因其为政府所有而享有对其私营部门竞争对手的净竞争优势"。2011 年开始，OECD（Capobianco and Christiansen，2011）发表一系列报告推广该原则，并给出了更具体的界定。OECD 提出了竞争中性原则的八个"构件"，其内容大致可概括为四个方面：

（1）在国企承担公共服务或公共政策职能的情况下，对其成本要给予公平、透明的补偿。过度补偿相当于补贴，会给国企带来不当竞争优势。当然，补偿不足或者没有规则和透明度，也会影响国企的正常运营，弱化公司治理，并为低效率的企业提供借口。为保证公平和透明，国企的商业活动与公共服务、公共政策职能应当尽可能分开，至少在会计上要分开核算。

（2）在税收、监管、政府采购等方面平等对待国企和其他企业。

（3）在国企债务融资方面，保证国企不受益于国家的显性或隐性担保。应该

特别指出的是，国有金融机构容许那些不能偿还到期债务、本应破产的国企继续存在，相当于一种隐形担保，对它们的债务豁免相当于补贴。

（4）在国企股权融资方面，国家作为股东要求国企提供与市场投资回报率相当的国有资本回报率。

资料来源：国企改革已符"竞争中性"原则 还要提倡"所有制中立"［EB/OL］. 第一财经网，2018-10-15.

（2）落实竞争中性原则有利于促进产业开放和投资贸易便利化。当今世界，高水平开放的国家和地区，在处理政府与市场关系中大都坚持竞争中性原则。在坚持竞争中性原则的前提下，才能形成内外资一视同仁的制度安排，从而有利于吸引包括外资在内的各类资本到本地集聚发展。

——落实竞争中性原则有利于促进产业开放。由于并不对外资采取歧视性的措施，内外资可以实现公平竞争，因此，落实竞争中性原则的国家和地区市场开放度实际上会更高。

——落实竞争中性原则是全球自由贸易的大趋势。当前，美国、澳大利亚与韩国、以色列、智利等18个国家通过签署双边FTA都强调或蕴含了竞争中性原则。2017年，适用竞争中性原则国家的国内生产总值比重达到全球经济总量的58%以上[1]。

——落实竞争中性原则是未来世界贸易组织改革的重要方向。例如，经济合作与发展组织（简称OECD）及联合国贸易和发展会议（简称UNCTAD）也先后以官方文章、调研报告等形式发布了共9份文件，致力于推进竞争中性原则在全球的应用。2018年，美国、欧盟和日本也通过《美日欧联合声明》针对国有企业竞争中性原则对世界贸易组织提出了改革意见[2]。

（3）东北打造更高水平开放型经济新体制重在落实竞争中性原则。

——打造更高水平开放型经济新体制成为改革的重要目标。中共十九届四中全会明确提出，建设更高水平开放型经济新体制。东北作为我国对外开放新前沿，更需要加快体制变革进程，在实施更大范围、更宽领域、

---

1. 巴曙松. 从政府主导产业政策到政府中性竞争政策［N］. 第一财经，2019-08-02.
2. 郑伟，管健. WTO改革的形势、焦点与对策［J］. 武大国际法评论，2019（1）：75-92.

更深层次的全面开放上率先取得突破。

——竞争中性原则已经成为我国经济体制改革的重要方向。2019年3月26日，国务院总理李克强主持召开国务院常务会议强调，按照竞争中性原则，加快清理修改相关法规制度，对妨碍公平竞争、束缚民营企业发展、有违内外资一视同仁的政策措施应改尽改、应废尽废。[1] 近两年，按照竞争中性原则，推动公平竞争审查制度在国家、省、市、县四级政府全覆盖，对涉企规章、规范性文件和其他政策措施进行公平竞争审查，逐步成为经济体制改革的重要实践。

——东北应当在落实竞争中性原则上走在全国的前列。第一，从国际看，随着竞争中性原则被发达国家普遍接受，有关竞争中性原则的内容逐步成为全球新一轮经贸规则的基本方向与重要内容。第二，从国内看，加快确立竞争中性原则，形成公开市场、公平竞争的市场环境，是缓解短期经济下行压力、有效激发市场活力的重要举措。第三，从东北自身看，打造更高水平开放型经济新体制重在落实竞争中性原则，对接高水平的国际经贸规则，以吸引国际国内各类企业到本地集聚发展。

2. 建设高标准市场经济，补齐民营经济发展短板

（1）民营经济发展滞后是东北振兴的突出短板。一方面，东北的民营经济比重低，对经济增长的贡献率低。例如，目前东北三省民营经济占地区生产总值比重超过50%，低于全国60%以上的平均水平；一方面，东北民营经济的实力不强。例如，全国工商联发布的"2019中国民营企业五百强"榜单中，辽宁、吉林、黑龙江分别有11、2、1家，远低于浙江的92家、江苏的83家、山东的61家以及广东的60家[2]。

（2）民营经济发展滞后导致经济转型升级难。东北地区产业过度依赖于国有经济主导的资源和传统重工业。以辽宁为例，2000年，辽宁规模以上重工业占工业总产值比例为85.2%，高于浙江的45.9%、山东的67.1%；

---

1. 李克强主持召开国务院常务会议［EB/OL］. 新华网，2019-03-26.

2. 全国工商联经济部《2019 中国民营企业 500 强调研分析报告》［R］. 2019-08.

到 2017 年为 86.2%，高于浙江的 62.2%、山东的 52.3%[1]。民营经济发展不足，导致经济活力不足，新兴产业发展不力，区域经济抗风险能力差，在全国经济发展中的相对地位下降。

专栏 3.2　东北地区在全国经济发展中相对地位的下降

　　根据最新数据显示，2019 年辽宁地区生产总值总量为 2.49 万亿元，吉林地区生产总值总量为 1.17 万亿元，黑龙江地区生产总值总量为 1.36 万亿元，东北三省生产总值总和为 5.02 万亿元，而同年全国国内生产总值总量为 99.09 万亿元，东北三省生产总值总和占全国的比重仅为 5.1%。

　　东北曾经是我国引以为傲的"共和国长子"。1990 年东北三省生产总值总和占全国的比重高达 11.7%，但 2004 年比重下降至 9%，2017 年比重下降至 6.7%，2018 年比重下降至 6.2%，2019 年再次下降至 5.1%，比重已经跌破 6%。

资料来源：根据国家和辽宁省、吉林省、黑龙江省统计局网站公布数据整理。

（3）以建设高标准市场经济激发民营经济活力。多年来，东北市场化改革滞后于全国，突出的矛盾在于民营经济没有真正发展起来。在高水平开放中形成东北振兴的新动力，重要的目标在于建设高标准市场经济，推动民营经济的快速发展。

3. 加快推进东北服务业市场开放

（1）东北服务业主导的产业结构正在形成。从国际经验看，工业化后期形成服务业主导的产业结构是一个经济规律。工业化后期，比工业、农业具有更高附加值的现代服务业发展是产业结构演进的大方向。在这个特定时期，服务业占比一般都在 60% 以上。近年来，东北产业结构服务化与全国趋势基本一致。2018 年，东北四省区的第三产业占比均已远超第二产业占比，服务业逐步成为主导产业。

表3.3　2018 年东北地区第二、三产业占比及增速（单位：%）

地区	第二产业占比	第三产业占比	第二产业增速	第三产业增速	工业增速
全国	40.7	52.2	5.8	7.6	6.1

---

1. 数据来源：根据各省历年统计年鉴数据整理。

地区	第二产业占比	第三产业占比	第二产业增速	第三产业增速	工业增速
内蒙古	39.4	50.5	5.1	6.0	7.1
辽宁	39.6	52.4	7.4	4.8	9.8
吉林	42.5	49.8	4.0	5.5	5.0
黑龙江	24.6	57.1	2.1	6.4	3.0

数据来源：《中国统计年鉴 2019》，各省区《2018 年国民经济和社会发展统计公报》。其中，各省区工业增速为规上工业企业增加值比上年增长速度。

（2）服务业成为拉动东北经济增长的重要引擎。2018 年，除辽宁之外，东北各省区第三产业增速均高于第二产业。从服务业发展结构来看，2017 年，东北的生产性服务业如批发和零售业、交通运输、仓储和邮政业占比高于全国平均水平；东北的生活性服务业如住宿和餐饮业占比高于全国平均水平。

表3.4 2017 年东北地区服务业分行业占地区生产总值比重情况（单位：％）

地区	批发和零售业占比	交通运输、仓储和邮政业占比	住宿和餐饮业占比	金融业占比	房地产业占比	其他服务业占比
全国	9.5	4.5	1.8	8.0	6.6	21.8
内蒙古	11.28	6.52	4.55	6.83	2.85	17.78
辽宁	12.82	5.60	2.04	8.39	4.84	18.03
吉林	8.09	4.04	2.51	4.75	3.52	22.51
黑龙江	11.68	5.04	3.56	5.86	4.13	24.31

数据来源：国家统计局.中国统计年鉴 2018［M］.中国统计出版社，2018.

（3）"十四五"推进服务业市场开放，东北服务业增速仍可能远快于制造业。2019 年，我国国内生产总值增速为 6.1%，工业增加值增速为 5.7%，服务业增加值增速为 6.9%[1]。随着服务业市场开放步伐的加快，"十四五"我

1.国家统计局相关负责人解读 2019 年主要经济数据：稳增长政策显效 高质量成色十足［EB/OL］.中国经济网，2020-01-19.

国服务业增加值有望提升到 8%—9% 的年均增长速度。从东北的情况看，由于服务业发展基数低，服务业增速应当不低于全国平均增速。

（4）"十四五"推进服务业市场开放，东北服务业比重可能达到 55% 左右。按照东北振兴"十三五"规划既定目标，东北要在 2020 年服务业比重达 47.4%。从目前的情况看，东北各省区均已提前完成。在服务业市场开放的条件下，东北"十四五"的服务业在地区生产总值中的占比有望提升到 55% 左右。

第二节 落实竞争中性原则

适应高水平开放加快落实竞争中性原则，充分激发市场主体活力，形成市场决定资源配置新格局，争取到 2025 年基本建成更高水平开放型经济新体制。

一、以落实竞争中性原则破解东北结构性、体制性矛盾

落实竞争中性原则，有利于东北处理好政府与市场关系，破解开放程度低、国有企业改革进程缓慢、非公经济发展不足、开放创新能力不足等结构性、体制性矛盾。

1. 有利于解决东北对外开放水平低的矛盾

当前，东北对外开放水平比较低。例如，从工业企业出口交货值份额看，辽宁、黑龙江、吉林分别由 2000 年的 4.2%、1.0%、0.6% 逐渐下降到 2018 年的 2.3%、0.2%、0.2%。2018 年，东北地区的对外贸易依存度为 18.78%，低于全国平均水平 15 个百分点，低于东部地区 34 个百分点；东北地区生产总值占全国比重约 6.2%，但其进出口总额仅占全国的

3.5%[1]。落实竞争中性原则，有利于东北尽快形成与国际接轨的外贸管理新体制，在东北亚经济一体化进程中扩大货物贸易和服务贸易，在培育外向型经济、提升对外开放程度上取得新的突破。

2. 有利于解决东北国有企业改革滞后的矛盾

（1）有利于东北以国际规则倒逼国有企业改革。竞争中性原则要求政府采取的所有行动，对国有企业与其他企业之间的市场竞争的影响都应该是中性的。这就倒逼国有企业成为真正的市场竞争主体，而不是在政府各种优惠政策的庇护下生存。

（2）有利于东北建立"管资本"为主的国有资产管理新体制。竞争中性原则要求政府的行为不给任何实际的或潜在的市场参与者尤其是国企带来任何"不当的竞争优势"。同时，更不应直接干预企业正常商业行为。这就倒逼政府的国有资产管理职能由"管人管事管物"到"管资本"的转型。

（3）有利于东北加快混合所有制改革。竞争中性原则的落实，是一个给国有企业"断奶"的过程。要求国有企业形成预算硬约束，真正发展成为具有自生能力和自主创新能力的企业。这就倒逼国有企业加快混合所有制改革，形成有效的企业治理。

3. 有利于解决东北非公经济发展缓慢的矛盾

（1）竞争中性原则的落实，是非公经济发展的最大红利。东北尽快落实竞争中性原则，率先清理歧视非公经济的法律法规，从制度上保障国企、民企和外企公平竞争，将为非公经济发展创造出巨大的市场空间。

（2）以落实竞争中性原则吸引外商投资。例如，从 2015—2018 年合计实际利用外商直接投资额占全国的份额来看，黑龙江、辽宁、吉林分别为2.6%、2.0%、0.5%，在 31 个省份中分别位列第十六、十八、二十四名，处于中下水平。[2]东北更需要把落实竞争中性原则作为改善外商投资环境的重大举措。

（3）以落实竞争中性原则扩大社会资本投资。由于大量的财政资源和

1.2.国家统计局 . 中国统计年鉴 2019［M］. 北京：中国统计出版社，2019.

政策资源不再向国有企业倾斜，社会资本将有条件获得更为宽松和有利的成长空间。

二、加快形成国企民企外资一视同仁制度安排

从破解东北非公经济发展不足的结构性、体制性矛盾出发，落实竞争中性原则，关键在于对接国际高水平开放经贸规则，从制度上保障国企民企外资一视同仁、平等对待。

1. 把落实竞争中性原则作为深化简政放权改革的重大任务

（1）竞争中性原则要求政府平等对待各类所有制企业。竞争中性原则要求政府在重大商业活动中，不能凭借公共部门所有者的身份为国有企业提供其他所有制企业所得不到的政策优惠和各类补贴。要求政府不能利用立法或财政权力，使国有企业获得优于其他私人部门竞争者的完全竞争优势。当然，对于非竞争性领域的公共部门，对于非营利、非商业活动，则不适用竞争中性原则。

（2）政府应当成为市场经济游戏规则的公正裁判者。包括税收中性、监管中性、债务和补贴中性、公共采购中性等，都要求政府构建公平的竞争环境，消除公有企业在资源配置和政策优惠上的市场扭曲。

（3）简政放权改革要把落实竞争中性原则摆在突出位置。从东北的现实出发，要着眼于使政府成为市场环境创造的主体，更加注重通过改变由于行政性垄断与产业干预政策导致的所有制歧视。东北各地要尽快废除不同所有制企业在信贷融资条件、获得政府补贴、并购与破产风险、违法违规受处罚、遭遇流动性困难或债务危机时获救助等方面的差别性待遇。

2. 借助竞争中性原则深化国企改革

（1）形成国企改革的竞争中性效果评价体系。把国企与其他所有制是否平等竞争，是否形成国企的自生能力作为评判国企改革的重要标准，竞争性领域国有企业应当在政府"断奶"的情况下，真正成为依法自主经营、自负盈亏、自担风险、自我约束、自我发展的独立市场主体。

（2）以落实竞争中性原则倒逼破除行政垄断。东北的部分国有企业靠

行政垄断导致的额外的竞争优势，需要通过引入竞争中性原则加以克服。要把破除行政垄断作为国有企业改革的重要环节，使国有企业在公平竞争的前提下形成自身的核心竞争力。

（3）建立商业类国有企业竞争中性审查制度。鼓励东北各省区探索形成相应审查机制，重点消除商业类国有企业在市场准入、税收金融、债务和补贴、法规和监管等方面的特殊优惠政策。

3. 实现国企民企外资权利平等、机会平等、规则平等

按照竞争中性原则推进政府经济管理职能的变革，真正实现国企民企外资一视同仁、平等对待，保障各类所有制企业依法平等使用生产要素、公开公平公正参与市场竞争、同等受到法律保护。第一，落实透明原则，在国企承担公共服务或者公共政策职能的时候，对其成本的补贴必须是公开的、透明的。第二，落实非歧视性原则，政府在税收、监管、政府采购等方面平等对待国企和其他企业。第三，实现债务融资平等，在竞争性领域国企债务融资方面，保证国企不会受益于国家的显性或隐性担保。第四，形成竞争性领域国有企业预算"硬约束"，在国企股权融资方面，国家作为股东要求国企提供与市场回报率相当的国有资本回报率。

三、着力强化竞争政策基础性地位

公开市场、公平竞争，是更高水平开放型经济新体制的重要标志。从打造东北对外开放新前沿的现实需求出发，以强化竞争政策基础性地位统领市场化改革，走出一条加快市场化改革的新路子。

1. 东北在市场化改革上补短板的关键在于确立竞争政策的基础性地位

（1）深化市场化改革重在确立竞争政策的基础性地位。多年来，东北市场化改革滞后于全国，主要的特征是经济管理和经济政策带有计划经济时代的浓厚色彩，国有企业与非公经济难以实现公平竞争。只有确立竞争政策的基础性地位，东北才能真正走向"市场机制有效、微观主体有活力、宏观调控有度"的现代市场经济体制。

（2）以确立竞争政策的基础性地位为重点深化供给侧结构性改革。近

年来，东北在"去产能、去库存、去杠杆、降成本、补短板"等方面取得重要进展，但由于竞争政策的基础性地位尚未确立，非公经济发展的活力远未激发出来。为此，要更加注重通过强化竞争政策基础性地位形成多种所有制经济发展的新格局，由此实现"加强优质供给，减少无效供给"的目标。

（3）以确立竞争政策的基础性地位促进开放创新。不可否认，东北的一些国有企业产生了不少的创新成果，但国有企业不是唯一的创新主体。实现创新驱动，更要注重通过公平市场竞争，形成多元创新主体，使非公经济领域的企业成为创新主体。

2. 以强化竞争政策基础性地位建设高标准市场经济

（1）适应高水平开放建设高标准市场经济。竞争政策在经济政策中基础性地位的确立，是高标准市场经济的基本要求。东北在推进高水平开放的今天，处理好政府与市场关系，关键在于强化竞争政策基础性地位。

（2）经济政策要与制度性开放相适应。制度是各类行为的规范。所谓"制度性开放"，其重点是公开市场、公平竞争，对标国际规则，建立并完善以公开、规范为主要标志的开放型经济体系。

（3）经济政策要与结构性开放相适应。结构是各种要素相互关联的方式。所谓"结构性开放"，其重点是开放领域与范围的扩大，即从一般制造业领域向以金融等为重点的服务业领域的开放。

3. 推进以公平竞争为导向的产业政策转型

（1）以扶持为主的产业政策未达到预期效果。2003 年实施东北振兴战略以来，无论是中央还是东北地方政府，出台了更加密集的扶持性产业政策，但 2011 年东北经济增速仍出现断崖式。一些国有企业陷入"输血就活，不输血就死"的恶性循环。

（2）推进以公平竞争为导向的产业政策转型。从东北的现实情况看，经济相对于全国出现衰落，主要矛盾在于体制僵化、国有经济独大、缺乏市场竞争和市场活力，难以实现优胜劣汰。为此，东北振兴不是不要产业政策，而是产业政策要符合市场经济规律，要以公平竞争为导向。

（3）实现经济政策由产业政策为主向竞争政策为基础的转变。建议东北各省区尽快出台产业政策转型的实施方案，全面清理和取消与公平竞争相违背的产业政策，制定和实施适用于国内外市场统一的企业公平竞争规则。

——按照"非禁即准"的原则，清理与法律法规相抵触、制约各类市场主体进入各行业的规定和程序，严禁和惩处各类违法实行优惠政策的行为。全面实施普惠化的产业政策，提高民营企业、外资企业等使用资金、土地等要素以及政策资源的可得性，实现补贴政策的普惠化与非专项。

——全面实施功能性的产业政策，加大基础研发、人力资本、信息等投入，加快构建实体经济、技术创新、人力资源协同发展的产业体系，形成创新驱动的基本格局。

——减少选择性补贴、投资补助等举措，将产业政策严格限定在具有重大外溢效应或关键核心技术的领域，更多采用普惠性减税、政府采购、消费者补贴等手段，维护市场公平竞争。

——辽宁和黑龙江两个自由贸易试验区，要率先取消与自由贸易相违背的产业政策，为整个东北产业政策转型提供示范。

四、落实公平竞争审查制度

落实竞争中性原则，最具有实质性意义的举措是加快建立公平竞争审查制度，推动统一开放、竞争有序的市场体系建设。新一轮东北振兴，要把建立公平竞争审查制度作为确保市场机制高效运行的关键环节。

1. 提升公平竞争审查的专业性、权威性

（1）把公平竞争审查作为市场监管机构的重要职能。东北各省区应赋予市场监管机构对经济政策的审查权，形成强有力的工作机制，重点强化反行政垄断职能，实现反行政垄断制度化、常态化。

（2）建立政策制定机构和市场监管机构双重审查机制。一方面，依据相关法律对政策制定机关进行审查，确保各级政府出台的政策措施符合公平竞争理念，将公平竞争理念贯彻于财税、金融、产业等各类经济政策之

中，改善政府经济管理职能；一方面，充分发挥市场监管机构在反垄断和反不正当竞争中的重要作用，以增进市场的开放度和竞争度。

（3）推进公平竞争审查制度化、法治化进程。对接国际通行规则完善审查范围、审查标准和操作程序，强化法治思维和法治方式，建立以法治、制度、规则、信用为核心的高标准市场经济。

2. 强化重点领域的公平竞争审查

（1）强化内外资企业公平竞争审查。东北各地要尽快取消"超国民待遇""次国民待遇"等差异化做法，按照内外资一致的要求实行普惠性政策体制安排；重点加强对内外资企业在准入条件、政策待遇、资源要素获取、产权保护等重点环节的公平竞争审查。

（2）强化国有企业与民营企业公平竞争审查。把消除竞争性国有企业与民营企业的政策待遇不平等作为建立公平竞争审查机制的重要目标，重点强化在产权保护、行业准入、银行贷款、上市融资、产业政策支持等领域的公平竞争审查，倒逼以"管资本"为主的国有资产管理体制改革。

（3）强化政府采购中的公平竞争审查。加快推进"管采分离"改革，将政府采购行为纳入市场监管领域，由市场监管机构进行审查。同时，强化对政府采购成本收益的评估与审核，破解目前政府采购"重招标、轻验收"等问题。

3. 完善公平竞争审查第三方评估机制

公平竞争审查在多方面涉及政府行为的审查，需要确保审查的客观性和专业性。这就需要更多采用第三方评估。为此，应当鼓励支持政策制定部门在公平竞争审查工作中引入第三方评估，注重社会性机构与社会化智库参与评估。公平竞争审查向社会公开，建立健全投诉举报机制，及时回应社会关切，强化社会监督约束。

第三节　加快形成激发民营经济活力的制度安排

以高水平开放形成东北改革发展新布局，不仅在于为吸引外资创造良好的体制环境，还在于通过建设高标准的市场经济，充分激发民营经济活力，发挥民营经济在东北振兴中的独特作用。

一、让民营经济成为东北振兴的重要力量

改革实践证明，东北振兴，国有经济"独木难支"，国有经济"唱独角戏"没有前途。东北振兴，民营经济要成为生力军、主力军。

1. 让民营经济成为东北振兴的生力军、主力军

（1）国有经济主导、重工业主导的经济结构难以为继。例如，2008 年以来，我国已经分三批界定了 69 个资源枯竭城市及地区，其中包括东北 24 个城市与地区，占全国的 34.8%。近年来的实践表明，东北资源型产业、传统重工业为主的产业结构抗风险能力相当薄弱。由于煤炭、石油等资源不可再生，东北不少地区资源已大幅萎缩或临近枯竭，后续增长难以持续。

（2）发展民营经济从根本上解决经济转型升级的问题。根据国家信息中心 2016 年在东北地区的调查，发现"僵尸企业"的问题在东北尤为突出。仅在辽宁省无资产、无生产、无偿债能力的"三无僵尸国企"就高达 830 余家[1]。总的来看，"十四五"是东北经济转型升级的关键时期，东北的经济转型升级，核心问题是推进国有经济主导、重工业主导的经济结构转

---

1. "共和国长子"告急　这块骨头怎么啃？［EB/OL］.凤凰周刊网，2016-12-28.

型升级，需要稳住存量、做大增量，出路在于以发展民营经济为重点的体制结构转型。

（3）以发展民营经济形成增量改革的新格局。目前，与全国平均水平相比，东北地区民营经济占比至少还有 10 个百分点的增长空间。"十四五"以高水平开放倒逼建设高标准市场经济，大幅度提升东北的市场化水平，民营经济有望成为经济转型升级的生力军、主力军。

2. 让民营经济成为推动创新发展的重要力量

（1）民营经济是推动创新发展的重要力量。由于体制机制灵活、对市场需求反应灵敏等诸多优势，民营经济在我国创新发展中扮演着不可替代的"将"角色。例如，华为、腾讯、阿里巴巴、京东等，都是从中小民营企业发展起来的。以华为为例，1987 年从 2 万元起家，短短 30 年中，产品和解决方案已经应用于全球 170 多个国家，服务全球运营商五十强中的 45 家及全球三分之一以上的人口[1]。

（2）以发展民营经济为重点提升高新技术产业比重。东北地区曾经是"共和国长子"，技术水平曾经遥遥领先于全国。今天尽管仍有高精尖的技术，但从总体上看，高技术产业发展已经滞后于全国。以高新技术企业工业总产值份额为例，2017 年辽宁、吉林、黑龙江分别为 1.9%、0.8%、0.7%，在 31 个省份中分别位列第十八、二十三、二十四名。

（3）以发展民营经济为重点发展独角兽企业。从全球来看，独角兽企业多产生于民营中小企业，是引领经济转型升级的急先锋。以发展水平相对比较高的沈阳为例，独角兽企业已经落后于全国。根据《2019 胡润全球独角兽榜》，截至 2019 年 6 月 30 日，中国有 206 家独角兽企业，主要分布在北京 82 家，上海 47 家，杭州 19 家，深圳 18 家，南京 12 家，而沈阳没有一家入榜。

---

1. 每家"牛企"都自带创新基因［N］. 南方日报，2016-04-26.

二、设立民营经济促进机构

当前，民营经济在东北振兴中的全局性地位全面增强。"十四五"时期，东北培育民营经济，激发民营经济活力，要对重症下猛药，治沉疴，要精准施策。

1. 充分估计东北民营经济发展面临的政策体制困境

（1）民营经济发展是一个全国性政策体制难题。进入 21 世纪以来，我国曾经出台了促进非公经济发展新旧"三十六条"，中共十八大以来，各级政府相继频繁出台民营经济促进办法和条例。但由于民营经济尚未获得应有的法律地位和法律保障，在实践中许多好的政策难以落实。

（2）东北民营经济面临的政策体制问题更大。与全国相比，东北的计划经济和官本位意识色彩更为突出。民营经济发展的问题还与寻租腐败问题结合在一起。

（3）东北发展民营经济要下猛药。从东北的现实情况看，需要总结全国民营经济发展的经验教训，切实把民营经济发展摆在全局性位置，不仅要强化对民营企业合法权益的保护，还要集中解决相关政策落实不到位的问题。

2. 从政府层面组建权威性的民营经济促进机构

（1）东北促进民营经济发展需要持续发力，久久为功。从实践看，民营经济发展涉及工商、税务、商务、金融、国资等多个部门的配合，是一项系统工程。而且民营经济的治理不能靠运动式的方法，需要靠长期坚持才能取得成效。

（2）借鉴发达国家中小企业促进机构管理经验。为促进中小企业发展，不少发达国家形成了政府层面的中小企业管理机构。如美国、日本、韩国，形成了政府层面综合管理型的中小企业促进机构，主要特点是设立专门机构对中小企业进行统筹管理，形成强有力的职责履行体制。

（3）在省级层面组建民营经济发展促进局。建议东北各地借鉴国际经验，组建权威、统一的民营经济发展促进机构，形成强有力的组织管理体系，负责民营经济促进各类法律法规条例的督办落实，整合各方资源，厘清管理权属，协调各方解决制约民营经济发展瓶颈问题。

专栏3.3　部分发达国家政府中小企业促进机构设置经验借鉴

1. 美国：设立专门负责小企业事务的小企业管理署

小企业管理署是独立的联邦工作机构，为部级单位，局长及地区的负责人全部由总统直接任命。作为美国小企业政策的核心实施者，其主要职能是向联邦政府提政策建议，为小企业创造商业机会和良好的经营环境以及向特殊小企业提供帮助等。下设大区办公室，通过当地机构推动社会各界为小企业服务。与其他政府机构的分工明确，如商务部主要负责促进小企业出口等。

2. 日本：设立专门负责中小企业管理的中小企业厅

中小企业厅是隶属经济产业省的独立机构，主要职能是负责制定中小企业政策，为中小企业创造良好的经营环境，推动中小企业创业和创新，支持中小企业拓展海外市场，支持中小企业人才的培育，为中小企业创造公正的市场环境，建立为区域和社会贡献的体制等。在经济产业省下设的各大区经济产业局中设立中小企业管理部门，负责指导和推动各大区政府及民间机构实施政策。各都道府县（相当于我国的省级行政区划）设立负责中小企业的部门，落实国家中小企业政策，并制定本地区政策，地方政府发挥的作用越来越大。

3. 德国：联邦经济部第二局负责中小企业政策

教育部、研究开发技术部也对中小企业政策承担一定责任，手工业归联邦经济部管理。在很多州的部门内部都拥有管理中小企业的部门。德国商工会议所、手工业会议所等全国性组织负责管理商业和工业部门的中小企业，并提供短期免费经营咨询服务。很多自助组织的社会团体也向中小企业提供专业服务，如中小企业经营者保护协会（USD）向中小企业经营者传授现代经营手法。德国经济合理化建议委员会（RKW）俗称德国生产力本部，为中小企业提供经营管理和生产管理等咨询服务，政府每年为其提供近80%的项目补贴。

资料来源：张玉台，侯云春，马淑萍. 促进中小企业发展的国际经验值得借鉴［J］. 中国发展观察，2011（10）：50-54.

3. 实施民营经济促进计划

（1）强化促进民营经济的改革。东北各省要切实保障落实全国统一的市场准入负面清单，放宽对民营经济的市场准入，促进国有资本与民营资本融合发展。

（2）健全民营企业公共服务体系。建立东北涉企政策"一站式"综合服务机构，形成完备的工作体系，为民营企业提供综合服务，强化对民营企业的合法权益保护。

（3）争取 2025 年民营经济发展接近或达到全国平均水平。经过 5 年左右的努力，实现东北民营经济占地区生产总值比重达到 60%，民营经济容纳 70% 以上的城镇劳动就业，东北地区在全国民营企业五百强中上榜企业超过 20 家。

三、实质性减轻民营经济税费负担

近年来，减税降费成为世界各国参与经济全球化的重要趋势。在经济下行压力增大的条件下，我国把减税降费作为稳定经济增长的重要举措。东北推进高水平开放，应当实施更大规模的减税降费政策，切实减轻民营经济负担。

1. 东北要特别注重为民营企业减税降费

（1）全国范围内为民营企业减税降费是个大趋势。近年来，为了适应经济发展需要，从中央到地方，减税力度不断加大。据统计，2016—2019 年，我国年减税额由 5736 亿元增长至 2.3 万亿元[1]。其中，2019 年前三季度，包括民营企业和个体经济在内的民营经济纳税人新增减税 9644 亿元，占新增减税总额的 64%，受益最大[2]。

专栏 3.4　我国增值税税率降至低于 OECD 国家平均水平

2019 年，我国实施了史无前例、规模空前的减税降费，涉及增值税、个人所得税、小微企业减税及降低社会保险缴费率等多个方面。据经济合作组织（OECD）的统计，2019 年 OECD 成员国家的平均增值税率为 19%，其中有 12 个成员国的平均增值税率高于 22%。我国 2019 年的增值税改革税率已经降至 13%、9% 及 6% 三档，明显低于世界许多国家的平均水平。据测算，仅增值税降税率这一项全年减税就超过 1 万亿元。

资料来源：李旭红. 中国减税降费与世界税改趋势［N］. 第一财经日报，2020-01-13（A12）.

（2）东北为民营企业减税降费压力比全国大。一方面，经济转型期东北各级政府的财政收入增长缓慢，同时又更需要推动大规模的减税降费；

---

1. 2019 年中国减税降费将超过 2.3 万亿元［EB/OL］. 中国新闻网，2020-02-10.
2. 中国力推减税降费　前三季度民营经济纳税人减税近万亿［EB/OL］. 中国新闻网，2019-11-01.

另一方面，东北的民营企业承担着比国有企业更重的税费负担，不少行政部门向民营企业收取各种行政事业性收费、评估费、产品检测费、罚款、基金项目和各种摊派等。按照一些东北企业的统计估算，民营企业平均税负大约是国有企业的 2 倍。

（3）减税降费才能赢得区域经济发展的主动权。近年来我国区域经济竞争日益激烈，尤其是"十四五"时期，可以预见减税降费将成为我国各区域经济竞争的重要政策取向，并将为多数地方政府采用。在营商环境存在历史欠账的情况下，东北更需要采取大幅度的减税降费政策，以吸引外部投资进入。

2. 建立民营企业减轻税负的长效机制

（1）东北地区为民营企业减轻税负力度加大。从东北的情况看，各地落实中央减税降费政策，不断加大减税降费力度。例如，2019 年，辽宁省累计新增减税降费 695.8 亿元，其中新增减税 523.9 亿元，新增社保费降费 171.9 亿元[1]；内蒙古自治区预计 2019 年为纳税人减税降负约 411 亿元[2]；黑龙江省 2019 年上半年民营经济减征税费 44.57 亿元（不含个人所得税），减免面达 76.1%，均高于国有经济、集体经济和外资经济，是减税降费政策的绝对受益主体[3]。

（2）借助东北振兴专项转移支付加大减税力度。受经济形势影响，2019 年，我国东部、中部、西部、东北地区财政收入增幅分别为 3.5%、4.6%、2.8%、-2.1%[4]。在东北地区财政收入下降的条件下，要充分发挥东北振兴专项转移支付的作用，对民营经济进行精准降税，重点为小微企业减负。

（3）以"简税制、低税率"为导向深化税收体制改革。当前，我国在以间接税为主的税制结构中，企业无论有无利润，都要承担间接税的支

1. 关于辽宁省 2019 年预算执行情况和 2020 年预算草案的报告 [N]. 辽宁日报，2020-02-14.
2. 多快好省惠民生 2019 年内蒙古预计减轻纳税人负担 411 亿元 [N]. 内蒙古商报，2019-12-04.
3. 民营经济乐享减税降费红利 上半年减征税费 44.57 亿元 [EB/OL]. 黑龙江日报客户端，2019-08-22.
4. 2019 年财政收支情况网上新闻发布会文字实录 [EB/OL]. 财政部网站，2020-02-10.

出。尽管有很大一块可以转嫁给消费者，但企业预付税款，对企业形成了流动性压力。这是企业税收制度成本过高的重要原因。而在以直接税为主的税制结构中，企业的预付税款明显减少。从国际比较看，我国90%以上的税收是向企业征收的。而欧洲企业承担的税负是45%，个人承担的税负是55%；美国企业承担的税负只有30%，个人承担的税负是70%[1]。在新一轮高水平开放中，东北地区可以沿着扩大直接税比重的方向加快调整税收结构，以确保减税的可持续性。为此建议在东北自贸试验区先行探索，打造一个"简税制、低税率、宽税基、严征管"的税收体制。

（4）着力降低行政成本。考虑到东北财政的可持续性，与减税相配套，要同步深化行政体制改革。例如：第一，把降低财政供养人数作为深化党政机构改革的重要目标。第二，在省市县对职能相近的党政机关探索合并设立或合署办公，尤其是市县要加大党政机关合并设立或合署办公力度，机构限额统一计算。第三，以法定机构为方向，加快推进事业单位去行政化改革。推行"养事不养人"，更多采取政府购买公共服务的办法，实质性减少财政供养人数。第四，加快形成各级政府量入为出、以预算控制机构编制的新机制。

3.着力减轻民营企业社保支出

（1）东北民营企业背负更大养老金负担。东北民企养老保险缴费率高于全国其他地方，使得很多民企不愿意来东北投资。有专家指出，在深圳投资职工养老保险缴费率只有百分之六七，广东平均13%左右，而到黑龙江投资，养老保险缴费率最高时达到22%，现在降到了20%。如果办一家万人企业，年人均工资6万元，到黑龙江投资比在广东投资，仅养老金一项就要多缴纳6000万元左右。

（2）降低企业养老保险单位缴费比例。从东北的现实情况看，与税费改革相配套，大幅度降低企业养老金交付比例，才能真正形成减税政策的政策叠加效应。要加快企业养老金改革，争取到2025年，使东北的企业养

老金负担降至全国平均水平。

（3）加大部分国有资产划归养老基金的改革力度。当前，东北地区进入老龄化社会的速度高于全国。例如，2017 年全国 65 周岁及以上人口占比为 11.4%，辽宁 65 周岁及以上人口占比为 14.35%，吉林为 12.38%，黑龙江为 12%[1]。可以考虑借鉴山东省划转省属国有企业 30% 的国有资产充实省社保基金的做法。考虑到东北地区的老龄化程度和企业养老金支出负担更重，建议东北将国有资产划拨社保基金的比例提高至 30%—50%。

四、加快解决民营经济融资难、融资贵的问题

促进民营经济发展，东北需要加快金融领域的改革创新，促进金融资本流向民营企业。"十四五"，要疏通货币政策传导机制，调整优化金融资源的配置结构，有效解决民营和中小微企业融资难、融资贵问题。

1. 东北加快民营经济发展需要解决融资瓶颈问题

（1）融资问题制约东北民营经济发展。民营经济融资难在全国各地普遍存在，但东北面临的形势更为严峻。国家统计局发布的数据显示，2015—2017 年，东北的民间投资累计增速始终在全国四大区域板块中表现最差，2015 年与 2016 年更是全国唯一的民间投资负增长地区，增速分别为 -9.5% 和 -24.4%[2]。据统计，2018 年度全国社会融资规模增量中，东北地区仅占全国增量的 3.5%[3]。

（2）东北民营企业普遍面临融资难、融资贵。与国有企业相比，东北多数民营企业规模小、抵押金少、信用等级低，加上这些年投资环境差，信用环境差，国有商业银行的"慎贷""惜贷"现象严重。一些民营企业融资担保手续繁、周期长；一些民营企业综合借贷成本较高，需要利息上浮 20% 以上才能获得信贷资金；一些民营企业，难以达到金融机构信用贷款评级要求，或难以提供符合金融机构规定抵押物而无法得到贷款。

---

1. 辽宁进入深度老龄化 人口连续 8 年负增长［N］. 华夏时报，2019-03-24.
2. 付一夫：马云大手笔投资东北 背后有何经济真相？［EB/OL］. 金融界网站，2019-07-18.
3. 2018 年地区社会融资规模增量统计表［EB/OL］. 中国人民银行网站，2019-02-02.

（3）东北民营经济的融资方式单一。东北多数民营企业只靠银行贷款，以间接融资为主，难以通过股票、债券等直接融资方式筹集发展资金。例如，从 2017 年 A 股 IPO 的企业户数来看，广东、浙江、江苏分别为98 家、87 家和 65 家，而东北只有 4 家[1]。2017 年内地企业赴港上市 50 家，仅有吉林 2 家，黑龙江、辽宁为零[2]。

2. 做大做强民营经济融资担保

（1）注重发展政策性融资担保。2018 年以来，我国不少省市强化了政府对民营经济的融资担保，并以此为重点形成了区域民营经济融资计划。政策性融资担保，已经成为我国新阶段解决民营经济融资难、融资贵的重要渠道。

（2）做大做强东北再担保。东北再担保是全国首家、唯一一家中央财政出资的、跨省的区域性再担保机构。组建 10 年来，累计为中小企业和政府重点项目提供融资担保 1700 亿元，扶持中小微企业超过 4.8 万家，带动企业增加收入 3000 亿元，增加地方财税收入 200 亿元，创造就业岗位 26万个[3]。

（3）发展中小微企业政策性融资担保基金。鼓励和支持东北各省市针对中小微企业的金融服务需求，由财政出资，吸引社会资本参与，组建各种形式的政策性融资担保基金，通过提供担保的方式来分散风险，撬动商业银行或其他金融机构向小微企业和民营企业发放贷款。

（4）鼓励发展民营中小银行。从普惠式金融改革实践看，"草根企业"最好由"草根银行"提供融资。"草根银行"可以凭借"熟人社会"弥补大银行信息成本高的问题。为此，要大力支持在东北地区设立中小民营银行、金融超市、村镇银行、消费金融公司等机构。

---

1. 从经济增速倒数到跟上大部队　这几年辽宁经历了什么［N］.新京报，2019-07-02.

2. 梁启东：东北的民营企业为什么做不大？［EB/OL］.东北新闻网，2019-04-13.

3. 再担增信用　融通兴东北［N］.吉林日报，2018-12-27.

专栏 3.5　2018 年以来上海、广州、深圳解决民营经济融资难的做法

1.上海：三个百亿缓解融资难。 上海明确提出"三个 100 亿"：要成立 100 亿元上市公司纾困基金；为优质中小民营企业提供信用贷款和担保贷款 100 亿元；逐步将中小微企业政策性融资担保基金规模扩大至 100 亿元。上海徐汇区宣布投入不少于 1 亿元作为政策性融资担保风险代偿金，通过政策性融资担保基金、企业融资平台等，每年为区内中小微企业提供 10 亿元贷款额度的政策性融资担保，每年为区内中小微企业提供 20 亿元贷款额度的利息补贴和担保费补贴。

2.广州："民营经济十条"降低融资成本。 要求同等条件下民营企业信用贷款准入标准不高于其他企业；鼓励银行机构为小微企业提供无还本续贷，支持各地设立小微企业转贷基金，降低"过桥融资"成本；要求银行建立可操作的授信尽职免责"正面清单"和容错纠错制度，提高民营企业授信业务考核权重。广东省首单信用风险缓释凭证（CRMW）顺利挂网预配售。工行广州分行承诺未来 3 年为全市民营企业提供不低于 1000 亿元融资，并将通过场外股票质押等方式提供融资，缓解企业大股东股票质押困境。

3.深圳：4 个千亿计划助民企渡过融资难关。 深圳市国资委宣布成立两只总规模 170 亿元的纾困私募基金，驰援上市公司。深圳市政府发布 4 个"千亿元计划"，确保全市企业年减负降成本 1000 亿元以上；实现新增银行信贷规模 1000 亿元以上；实现民营企业新增发债 1000 亿元以上；设立总规模 1000 亿元的深圳市民营企业平稳发展基金。

资料来源：上海市委市政府关于全面提升民营经济活力大力促进民营经济健康发展的若干意见 [EB/OL].上海市委市政府网站，2018-11-07；徐汇出台 20 条政策支持民营经济发展 [EB/OL].上观新闻，2018-11-28；省委办公厅、省政府办公厅印发《关于促进民营经济高质量发展的若干政策措施》[EB/OL].南方日报网络版，2018-11-08；工行广州分行三年 1000 亿元融资助力民企发展 [EB/OL].人民网广东频道，2018-11-01；深圳成立两只上市公司纾困私募基金 总规模为 170 亿元 [EB/OL].第一财经网，2018-11-22；深圳市人民政府印发关于以更大力度支持民营经济发展若干措施的通知 [EB/OL].深圳市人民政府网站，2018-12-11.

3.发展多种形式的民营经济直接融资

（1）注重利用多层次资本市场融资。通过股票市场、债券市场等多种形式的直接融资拓宽民营企业和中小微企业融资渠道，是我国金融改革的大势所趋。东北发展民营经济，鼓励更多的企业通过股权融资，切实降低企业负债率。

（2）大力发展创业投资基金。鼓励设立"科创贷"平台，组建风险基

金，重点搭建支持科技型新民营企业创新发展的平台，孵化更多东北民营经济上市公司，进入中小板、创业板、科创板融资。

（3）推动更多科技类企业上市融资。打造科技类上市公司孵化器，开发个性化、差异化、定制化的金融产品和服务，推动有核心知识产权的科技型中小微企业在股票市场融资。

4.争取建立东北民营金融改革创新试验区

（1）设立金融改革创新试验区已成为我国推动区域高质量发展的重要趋势。例如，2017年6月，我国批准了在浙江、江西、广东、贵州和新疆五省（区）八地（市）建设绿色金融试验区。这些地区正在通过开展绿色金融政策制度的先行先试，探索生态环境保护领域在全国复制推广制度创新。

（2）设立东北民营金融改革创新试验区。第一，打造东北振兴新前沿，已经成为国家对外开放战略。第二，未来在东北亚区域金融中心建设中，东北要形成自身的区域特色。第三，东北迫切需要以民营金融改革创新助推区域经济结构调整，实现高质量发展。第四，东北民营经济融资难、融资贵的矛盾和问题更为突出，东北在此方面先行探索，更有条件为我国解决金融领域结构性制度性问题提供可复制的经验。

第四节　推动服务业市场全面开放

以高水平开放形成东北振兴的新动力，需要适应经济进入工业化中后期，以及世界范围内新科技革命的新趋势，在推动制造业市场开放的同时，突出服务业市场开放，使服务业成为引领经济转型升级的重要引擎。

一、以服务业市场开放释放东北振兴新动能

"十四五"东北振兴，既需要遵循产业发展规律，又需要把握东北亚区域开放新趋势，把服务业市场开放作为建设更高水平开放型经济新体制的重大任务，加快形成服务业主导的产业结构。

1. 以服务业市场开放促进生产性服务业发展

（1）以生产性服务业推动东北产业变革。当前的东北制造是在过去"工业2.0"时代形成的，主要特征是工业的规模扩张。今天全球进入"工业3.0""工业4.0"时代，制造业发展高度依赖于生产性服务业，并由此已经开始走向服务化、智能化。以德国为例，研发、设计、物流、销售等生产性服务业占服务业的比重高达70%以上。

（2）"十四五"东北要争取生产性服务业比重达到60%左右。东北在新一轮科技革命中把握先机，主要取决于能否有效提升研发、设计、物流、销售等生产性服务业的发展水平。在这个背景下，建议东北地区通过扩大开放，大幅提高生产性服务业的比重，争取到2025年，生产性服务业比重达到60%左右，在实现工业与服务业的深度融合，推动制造业的全球化、信息化、服务化上取得重要突破。

（3）全面推动生产性服务业市场开放。第一，进一步放开生产性服务业领域的市场准入，取消环保、技术、知识产权等隐性壁垒。第二，打破研发、金融、物流等领域的市场垄断与行政垄断，大幅减少前置审批和资质认定项目。第三，鼓励社会资本与民营企业参与应用型技术研发机构市场化改革，支持与科研院所、高等院校等联合建立应用型技术研发机构。第四，深化科技要素市场化改革，加快实施技术成果转化、转让奖励制度，提升科技成果转化率。第五，更加注重依托我国5G等技术优势实现制造业与数字经济融合，尽快形成智能制造标准体系，打造标准化的制造业云协作平台、大数据处理平台等公共服务产品，充分利用PPP模式吸引社会资本参与5G基础设施投资改造，在数据产权及数据的交易、使用、管理等方面形成制度化安排。

2.以服务业市场开放促进生活性服务业发展

（1）适应服务型消费全面快速增长扩大生活性服务业供给。当前，我国进入消费新时代，消费结构正由物质消费为主向服务型消费为主转型升级。预计到2020年底，城镇居民服务型消费需求占比将达到50%。从全国趋势看，扩大生活性服务业供给，满足广大社会成员美好生活需求，已成为推进高质量发展的重要条件。

（2）东北发展生活性服务业潜力巨大。当前，东北的消费结构升级与全国基本同步，同时，由于老龄化程度更高，养老、大健康产业等服务型消费需求增长更快。以黑龙江省为例，60周岁以上老年人有700多万人，除老年人照护、健康医疗消费、老年人家政服务、老年人日用品等这些刚性需求外，随着生活水平的提高，绿色有机适老食品、老年营养品、候鸟旅居养老、金融服务、精神文化、家庭无障碍和适老化改造消费等，已经成为近年来快速增长的新领域。据专家测算，黑龙江省每年养老服务市场需求3000亿元左右[1]。就养老服务业一个领域，"十四五"时期，东北四省区产生的市场需求规模至少在1.2万亿元以上。

（3）推进生活性服务业市场全面开放。第一，实质性打破对社会资本的限制，鼓励支持社会资本进入教育、医疗、健康、文化等高端服务业领域。第二，对于养老服务、职业教育、专业培训、健康保健、家政服务等非基本公共服务，全面降低市场准入、引入竞争机制。第三，推进教育、文化、医疗、健康等生活性服务业有序对外开放，支持具备条件的生活性服务业企业"走出去"开拓国际市场。

3.以服务业市场开放促进服务贸易发展

（1）服务业市场开放是高水平开放的重要标志。经济服务化是当前经济全球化的重要趋势，对外开放由工业领域为主转向服务业领域为主是经济全球化的时代特征。欧美日等开放水平高的国家，服务业领域的开放度更高，并能够在全球范围内配置服务业资源。东北发展现代服务业，不能

1.黑龙江养老服务市场年需求约3000亿 投资机遇难得［EB/OL］.东北网，2018-06-07.

"闭门造车"，需要以开放创新的形式获得国际竞争力。

（2）以服务业市场开放推动服务贸易进程。服务贸易与服务业市场开放高度融合，是双边多边自由贸易区建设的重要趋势。据统计，2018 年，辽宁服务贸易进出口额占对外贸易总额的比重为 15.4%[1]，吉林为 21.2%[2]，而内蒙古仅为 8.7%[3]。东北地区要把握东北亚经济一体化的新机遇，尤其是在中日韩自贸区建设中把握开放的主动权，需要更加重视推进服务业市场开放，扩大服务贸易。

（3）进一步提升东北服务贸易开放水平。"十四五"，适应我国开放结构由货物贸易为主向服务贸易为重点转型的大趋势，通过服务贸易的快速发展，使东北的外贸发展水平、对外开放程度达到并超过全国平均水平。

二、服务业领域对外资和社会资本同步开放

我国进入工业化后期，东北无论是产业结构升级，还是消费结构升级，都依赖于服务业市场的开放程度。为此，要把服务业市场全面开放作为构建更高水平开放型经济新体制的重要目标。

1. "十四五"基本实现服务业市场全面开放

（1）推动服务业市场向社会资本全面开放。按照"非禁即准"的要求，凡是法律、行政法规未明令禁止进入的服务业领域，应全部向社会资本开放，不再对社会资本设置歧视性障碍，大幅减少前置审批和资质认定项目，鼓励引导社会资本参与发展服务业，并在打破服务业市场垄断方面实现实质性破题。

（2）加快推进服务业对外开放进程。大幅缩减外资准入负面清单限制性条目，未来几年，建议东北率先实现研发设计、运输、保险、法律等重点生产性服务业领域全面对外开放；按照《外商投资法》的相关规定，完善外商投资服务体系，争取到 2025 年，对接国际高标准开放水平，实现教

---

1. 擦亮"辽宁服务"金字招牌［N］.国际商报，2019-06-03.
2. 吉林省推进服务贸易创新发展［N］.国际商报，2019-06-10.
3. 根据《内蒙古自治区年鉴》（2019 卷）数据计算.

育、医疗、养老、旅游等服务业全面开放，取消对外资股比限制及经营范围限制。

（3）清理并大幅削减服务业领域边境内壁垒。建议在东北各自贸试验区率先引入日韩等在医疗药品、旅游娱乐、体育养老等重点生活性服务业的管理标准，并实现资格互认；全面推广跨境服务贸易负面清单，允许负面清单外的境外企业在我国提供相关服务，逐步在人员流动、资格互认、市场监管等领域实现与国际接轨。

2.形成服务业领域投资贸易自由化的制度安排

（1）破除服务业市场壁垒。东北各地要彻底打破服务业市场分割和地区封锁，凡是法律法规没有明令禁入的服务业领域，都应该向异地社会资本开放，建立统一开放、竞争有序的服务市场体系；允许本地区服务业企业、服务产品自由进入全国各地市场，凡是对本地企业开放的服务业领域，应全部向外地企业开放；促进各类生产要素在全国范围自由流动，提高资源配置效率和公平性。

（2）建立公平竞争的市场规则。放宽服务业投资准入标准，最大限度减少对服务业企业的经营服务、一般投资项目和资质资格的限制；实现包括市场准入、准入后和经营过程中民企、外资和国企享受同等待遇。

（3）全面清理制约服务业市场公平竞争的政策法规。清理妨碍各类市场主体公平竞争的相关规定和做法，清理各种对服务行业的歧视性政策规定，清理各地服务业审批过程中涉及的经营性服务业收费，制定新的收费标准，全面降低对服务业企业的行政事业性收费。

3.把探索服务业监管规则与国际接轨作为东北自贸试验区的重大任务

（1）按照竞争中性原则形成服务业领域监管规则。黑龙江、辽宁自贸试验区要适应服务贸易发展的大趋势，要特别注重加强探索服务业领域监管规则与国际高水平开放规则相衔接，助推服务贸易开放进程。要在推进中日韩服务贸易进程中发挥重要作用，建议进一步缩减自贸试验区服务贸易负面清单，加快形成内外资统一的服务业市场监管体系。

（2）实现内外资企业的平等竞争。实现外商投资自由化、便利化。在现有市场准入负面清单外的领域，全面取消对外资的股比限制，清理与内资准入资格不一致的歧视性规定，实现内外资企业的同等待遇。系统梳理各行业法规与政策中的外商投资限制，形成统一的外商投资指引目录，进一步完善外商投资的服务体系与信息披露机制，为外商投资提供更加公开、透明的投资环境。

（3）实现国有企业与民营企业平等待遇。第一，取消对民间资本单独设置的附加条件和歧视性条款。第二，全面清理政府对国有企业竞争性领域与环节的补贴、税收支持政策与信贷隐性担保。第三，以公益性为导向优化国有资本配置，实现竞争性领域的全面放开。第四，限制国有企业同时兼营垄断业务和竞争性业务，避免其借助垄断环节阻止其他市场主体进入竞争性业务领域。

三、破除服务业领域的行政管制和行政垄断

东北全面推进服务业市场全面开放，"重头戏"是处理好服务业发展中的政府与市场关系，建立服务业领域有效的监管规则和监管制度，实现服务业领域"放得开""管得好"。

1. 打破服务业领域的行政管制和行政垄断

（1）打破服务业领域的行政管制和行政垄断是推进高水平开放的重大任务。当前，我国工业部门尤其是制造业80%以上已高度市场化，但服务业50%左右仍被行政垄断和市场垄断。从国际上看，世界贸易组织《服务贸易总协定》要求各成员逐步开放服务市场，即在非歧视原则基础上，通过分阶段谈判，逐步开放本国服务市场，以促进服务及服务提供者间的竞争，减少服务贸易及投资的扭曲，其承诺涉及商业服务、金融、电信、分销、旅游、教育、运输、医疗与保健、建筑、环境、娱乐等服务业。从国内看，2019年，上海自贸区开始探索进一步放宽服务业外资市场准入限制，涉及的行业包括投资、文化娱乐、旅游、出版、拍卖、卫生、商贸等服务行业。其中推动出版业对外开放、推动艺术品拍卖市场健康规范发展，提出在自贸区等范围先行先试。东北打造对外开放新前沿，应当在打破服务

业领域行政管制和行政垄断上有更大的突破。

（2）推动服务业领域国有资本的战略性调整。将东北服务业领域的部分国有资本从一般竞争性领域中退出来，为社会资本和外资进入留下更大的空间。与此同时，将服务业领域的一部分国有资本主要配置在公共服务领域，使国有资本能够更多满足全社会日益增长的公共需求，在公共服务领域做出更大贡献。

（3）垄断行业竞争环节对社会资本、外资全面放开。例如，推进资本市场的国有股减持，在非自然垄断环节退出一部分国有资本，给社会资本进入这些领域腾出空间；全面实现自然垄断和竞争环节切实分开，在自然垄断部分强调国有资本主导，在竞争性环节对社会资本放开；完善基础领域的准入制度，对垄断行业要逐步放松或解除管制，广泛引入市场竞争机制，鼓励社会资本参与基础领域的公平竞争。

（4）垄断行业中的自然垄断环节吸纳社会资本、外资广泛参与。例如，通过 BOT、TOT 等多种形式鼓励社会资本参与投资；对银行、保险、航空等行业，加快向社会资本放开；对能够完全市场化的自然垄断行业和企业，则能退出的全部退出，暂时不能退出或退出条件不具备的企业，要进行混合所有制改革。

（5）城市公用事业健全特许经营制度，积极引导社会资本和外资参与。例如，实现城市公用事业政事分开、政企分开、事企分开，建立完善的市场竞争机制、企业经营机制和政府监管机制；打破垄断经营，引入市场竞争机制，提高城市建设运营效率；充分利用资本市场，彻底改变城市公用事业由政府投资的单一模式，允许各类资本参与投资城市公用事业；利用已有的经营性公用事业资产，以特许经营方式向社会资本、资本市场进行多元化融资，积极引导社会资本参与，有效缓解公用事业建设资金短缺的状况，并有效地提高服务供给能力。

2.尽快将反行政垄断纳入市场监管范畴

多年来，我国服务业领域难以对社会资本放开，关键问题在于服务业领域的行政垄断没有真正被纳入到反垄断的范围。例如，现行《反垄断法》

中规定"行政机关不得滥用行政权力排除限制竞争",但在实施中,法律缺乏执行力,对行政部门实施的排除限制竞争行为缺乏震慑。行政垄断是《反垄断法》在修订过程中重点关注的环节[1]。中共十八届三中全会要求,要实行以政企分开、政资分开、特许经营、市场监管为主要内容的改革,根据不同行业的特点形成不同的反行政垄断措施,在放开竞争性业务、推进公共资源配置市场化方面取得重要突破。建议从实际出发,东北各自贸试验区建设中,明确界定行政垄断的范围,提出反行政垄断相关内容,在推动制度型开放上先行先试。

3.适应服务业市场开放建立行政垄断审查机制

由东北各地市场监管机构统一实施,形成服务业领域反行政垄断的审查机制。第一,对不同所有制的服务业企业实行统一的市场监管标准和监管规则,实质性增强反行政垄断的有效性。第二,与国际接轨,尽快建立既适用于内资又适用于外资的法治化、规范化的反行政垄断体制。第三,对国有垄断行业、城市公用事业、公共服务领域等相关行业监管内容进行清理、修改,废除各类导致行政垄断的行政法规。第四,实行服务业领域市场准入的负面清单管理,并不断减少负面清单长度。

4.实现服务业和工业发展的政策平等

(1)实现服务业与工业用地政策平等。东北各地要加大现代服务业用地供给,大幅降低服务业用地价格,采取过渡式办法逐步缩小服务业与工业用地价格差距,争取在2025年以前基本实现服务业用地与工业用地"同地同价"。

(2)实现服务业体制内外的人才政策待遇平等。东北要率先打破体制内外的政策不平等:第一,全面放开体制外人才职称评定门槛,打破户籍、地域、身份、档案、人事关系等制约。第二,尽快出台实施细则,逐步提升非公有制机构和公益性社会组织各类人才的社会保障水平。第三,鼓励中高级人才利用知识产权入股创办企业或到企业兼职,鼓励中高级人才通

1.反垄断法修订草案:有关行政垄断是需要重点关注的环节〔EB/OL〕.澎湃新闻,2020-01-02.

过提前退休、保留社保待遇等方式"下海"创新创业。

（3）实现政府采购服务平等对待各类所有制企业。打破体制内外不平等，需要东北首先在政府采购中平等对待各类市场主体；除明令禁止社会资本参与政府采购的项目外，其他领域政府采购项目均向社会资本开放；参与政府采购的项目，对各类所有制企业一视同仁，实行同等待遇。

第四章

东北振兴新动力

以开放创新推动东北制造业转型升级

东北作为我国的老工业基地，制造业是东北"最大的本钱"，振兴东北，关键是振兴制造业。"十四五"要适应全球"工业4.0"发展的大趋势，把推进制造业融入全球产业链作为东北振兴的重头戏，加快形成以开放创新促进中高端制造业发展的新格局。

第一节　在融入全球产业链中实现东北制造业转型升级

适应全球新一轮工业革命与技术革命融合的大趋势，立足东北地区制造业转型升级的现实需求，在融入全球产业链中提高制造业的核心竞争力，打造东北产业竞争新优势，努力将东北地区打造成为实施《中国制造2025》的先行区。

一、开放程度低掣肘东北制造业转型升级

由于对外开放水平相对滞后，东北地区制造业的优势远未发挥出来，制造业转型升级面临严峻挑战，由此也加大了东北地区经济增长的压力。

1. 制造业竞争力不足

（1）工业企业创新能力下降。根据《中国区域创新能力评价报告2019》显示，近年来东北地区创新能力排名持续下降，转型发展压力比较大。从研发经费投入来看，2018年，东北四省区研发经费投入占地区生产总值的比重平均为1.04%，其中内蒙古为0.75%、辽宁为1.82%、吉林为0.76%、黑龙江为0.83%，不仅低于全国2.19%的平均水平，与东部沿海省份的差距更大。从专利授权量来看，2018年，东北四省区每万人专利授权量为5.54件，其中内蒙古为3.8件、辽宁为8.06件、吉林为5.13件、黑龙江为5.15件，

都明显远低于全国17.54件/万人的平均水平，与东部沿海省份的差距更大。

表4.1　2018年东北三省一区创新水平与相关省份比较

地区	R&D经费占地区生产总值的比重（%）	每万人专利授权量（件/万人）
全国	2.19	17.54
内蒙古	0.75	3.80
辽宁	1.82	8.06
吉林	0.76	5.13
黑龙江	0.83	5.15
东北四省区平均	1.04	5.54
上海	4.16	38.15
江苏	2.70	38.13
浙江	2.57	49.68
广东	2.78	42.14

数据来源：R&D经费占地区生产总值的比重来源于《2018年全国科技经费投入统计公报》；每万人专利授权量根据各省区2018年统计公报相关数据计算得到。

（2）工业企业规模与效益较低。经济发展的一般规律表明，工业生产的专业化分工和社会大生产可以为制造业带来集群效应，从而降低生产成本、节约资源，获得规模效益。受发展过度依赖于资源优势、配套服务供给不足等影响，东北制造业生产专业化程度较低、产业发展较为分散，尚未形成真正的产业集群，规模效益没有得到充分发挥。据统计，2018年东北四省区规模以上工业企业拥有资产总额为99214.3亿元，营业收入为65700亿元，利润总额为4173.7亿元，平均用工人数总共为460.2万人，占全国的比重分别为8.7%、6.3%、6.3%和5.8%。从规模以上工业规模比较来看，整个东北地区工业规模远不如江浙、广东等沿海省份。另有数据显示，2011—2018年，东北四省区规模以上工业企业利润总额年均下降0.98%，呈现持续下降的趋势，同期全国规模以上工业企业利润总额年均增长0.72%，同期东部沿海省份年均增长更快。

表 4.2 2018 年东北地区规模以上工业企业主要经济指标与相关省份比较

	资产总额（亿元）	营业收入（亿元）	利润总额（亿元）	平均用工人数（万人）
全国	1134382.2	1049490.5	66351.4	7942.3
内蒙古	30626.9	14351.0	1409.4	83.1
辽宁	35637.8	27820.5	1460.3	183.2
吉林	17968.0	14206.0	817.0	106.9
黑龙江	14981.6	9322.7	487.0	87.0
东北地区	99214.3	65700.2	4173.7	460.2
江苏	119590.9	132155.4	8491.9	926.1
浙江	77666.7	71445.8	4452.1	652.7
广东	124284.2	138022.0	8309.7	1282.6

数据来源：《中国统计年鉴 2019》。

表 4.3 2011—2018 年东北地区规模以上工业企业利润总额情况与相关省份比较（单位：亿元，%）

年份	全国	内蒙古	辽宁	吉林	黑龙江	江苏	浙江	广东
2011	61396.30	2210.94	2511.21	1175.97	1446.65	7074.44	3320.45	5872.23
2012	61910.10	1931.69	2435.69	1215.04	1338.56	7250.20	3112.65	5464.90
2013	68378.90	1682.55	2461.58	1230.10	1150.21	7834.06	3385.87	5854.93
2014	68154.90	1299.32	2107.63	1445.89	1007.08	9057.17	3729.13	7014.99
2015	66187.10	1048.55	1069.66	1208.47	465.09	9686.84	3839.99	7723.16
2016	71921.40	1344.41	575.39	1268.49	295.54	10574.40	4469.42	8383.04
2017	74916.30	1451.74	1063.25	1028.03	416.70	10052.54	4605.41	8864.36
2018	66351.40	1409.40	1460.30	817.00	487.00	8491.90	4452.10	8309.70
年均增速	0.72	−0.96	−0.98	−0.92	−1.00	2.59	6.79	10.36

数据来源：根据 2012—2019 年《中国统计年鉴》数据计算所得。

2. 制造业结构不合理

（1）轻重工业结构不合理。东北地区有着良好的工业基础，工业不仅比重大，而且门类比较齐全。总的来看，东北地区呈现"以重工业为主、轻工业为辅"的产业结构，是我国传统的重工业基地。以辽宁省为例，2018 年规模以上工业企业工业总产值轻工业占比为 13.4%，重工业占比为86.6%，而且近几年来轻重工业失衡呈现继续扩大的趋势。在这个背景下，东北地区高新技术产业发展严重滞后。有数据显示，东北地区制造业总产值中，劳动密集型与资本密集型产业所占的比重高达 93%，而技术密集型产业产值仅占 7%，远低于全国 14% 的平均水平[1]。

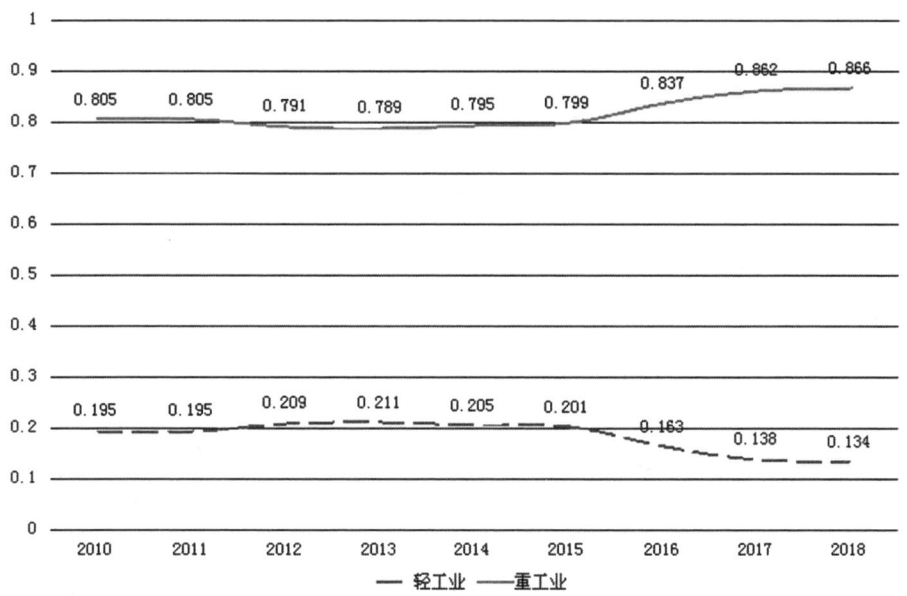

图 4.1　2010—2018 年辽宁省规模以上工业企业工业总产值中轻重工业占比（单位：%）

数据来源：《辽宁统计年鉴 2019》。

（2）产业链条较短，产品附加值较低。目前，东北地区绝大多数制造业企业从事加工和组装，主要以原材料和初中级等低附加值产品为主，产业链条较短，精深加工滞后。此外，制造业技术配套体系也不完善。东北

---

1. 刘畅，柴秋星.“一带一路”背景下东北地区制造业价值链攀升研究［J］. 对外经贸，2019（2）：63.

制造业不断向市场输入大量原材料等低附加值产品的同时，不断进口高附加值必需品的"低出高进"贸易过程，不仅压缩了东北制造业利润空间，也进一步削弱了企业科技创新能力。

表4.4　2017年东北地区产业结构与部分省份比较（单位：%）

	全国	内蒙古	辽宁	吉林	黑龙江	江苏	浙江
第一产业占比	7.6	10.1	8.0	7.7	18.3	4.5	3.5
第二产业占比	40.5	39.4	39.6	42.5	24.6	44.5	41.8
第三产业占比	51.9	50.5	52.4	49.8	57.1	51.0	54.7
其中：批发和零售业占比	9.5	11.28	12.82	8.09	11.68	9.40	12.01
交通运输、仓储和邮政业占比	4.5	6.52	5.60	4.04	5.04	3.61	3.74
住宿和餐饮业占比	1.8	4.55	2.04	2.51	3.56	1.64	2.35
金融业占比	8.0	6.83	8.39	4.75	5.86	7.90	6.82
房地产业占比	6.6	2.85	4.84	3.52	4.13	5.84	6.22
其他服务业占比	21.8	17.78	18.03	22.51	24.31	21.56	21.92

数据来源：国家统计局.中国统计年鉴2018[M].中国统计出版社，2018.

3.制造业市场化程度低

（1）民营制造业企业发展相对滞后。东北作为国家老工业基地，由于市场化改革较慢，民营经济发展相对滞后。全国工商联发布的2019年民营企业制造业五百强中，东北四省区共有民营制造业企业20家，其中，辽宁12家、内蒙古6家、吉林1家、黑龙江1家，占比仅为4%；而居榜首的浙江省达到94家，占总企业数量的18.8%。

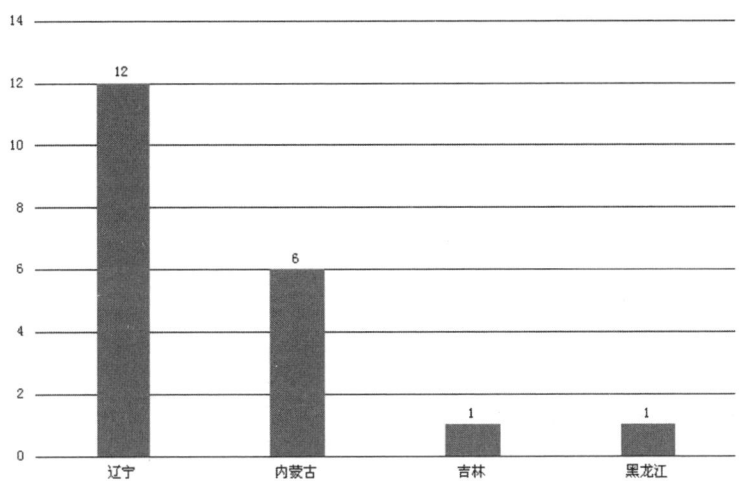

图 4.2　2019 年中国民企制造业五百强中东北地区入围企业数量（单位：家）

数据来源：全国工商联 . 2019 年中国民营企业 500 强报告［R］, 2019.08.

（2）制造业对外开放程度低。与整体对外开放水平相同，东北制造业对外开放程度也较低。2016 年，东北三省区工业出口交货值仅占当年工业销售产值的 3.69%，其中，除辽宁省工业对外贸易水平与全国平均水平基本接近，黑龙江、吉林和内蒙古三省区的工业对外贸易水平均明显低于全国平均水平。

表 4.5　2016 年东北地区工业贸易结构与相关省份比较（单位：亿元）

地区	工业销售产值（当年价格）	出口交货值	比重（%）
全国	1151950.07	117842.74	10.23%
内蒙古	19884.38	154.83	0.78%
辽宁	21035.9	2102.26	9.99%
吉林	23412.38	402.09	1.72%
黑龙江	11103.56	126.55	1.14%
东北地区合计	75436.22	2785.73	3.69%
江苏	155820.09	23299.5	14.95%
浙江	66628.47	11540.13	17.32%
广东	129840.69	32240.68	24.83%

数据来源：国家统计局 . 2017 中国工业统计年鉴［M］. 中国统计出版社，2018.

二、在融入全球供应链、产业链、价值链中实现制造业转型升级

适应全球产业链调整的大趋势，抓住第四次工业革命的历史机遇，借助"一带一路"建设，主动将东北制造业融入全球产业链，并由此加快推进东北制造业转型升级。

1. 全球产业链的调整与高端制造业竞争的加剧

（1）中国制造的外部环境发生深刻变化。我国成为全球第一制造业大国的重要历史背景是发达国家的去工业化。过去 10 多年，发达国家工业的加工制造环节向成本更低的新兴经济体转移的趋势十分明显。但 2008 年国际金融危机以来，主要发达国家又开始再工业化进程，由此使得我国工业化中后期面临重大挑战。

（2）主要发达国家再工业化进程不可逆转。当前，主要发达国家试图夺回制造业优势的势头非常明显。特朗普政府明确提出"美国优先"，重振美国制造业。为此，美国近年来调整税收政策，鼓励企业家把制造业工作岗位重新带回美国，并试图通过出台产业和税收激励措施来鼓励制造业回流。2013 年，欧盟就明确提出欧洲须进行"再工业化"以重振欧洲经济，主打高端制造业，并提出将工业占欧盟地区生产总值的比重由 15.6% 提升至 2020 年 20% 的总体目标[1]。

（3）我国制造业总体上还处于全球价值链的中低端。无论是在传统重工业领域，还是在战略性新兴产业领域，东北地区在产业定位上还普遍以加工、装备为主，商业竞争模式主要是依靠低成本的价格竞争为主，研发、设计、金融等环节的盈利能力明显不足，缺乏服务理念的商业模式创新。

2. 以第四次工业革命提升制造业发展质量

（1）推进"中国速度"向"中国质量"转变。过去我国制造业增长十分迅猛，在不到 40 年的时间内建立起了全球最为完善的工业体系。在新的全球化时代，我国需要着力在质量提升和效率提升上做文章。2018 年，我

---

1. 孙彦红. 欧盟借"再工业化"找出路［N］. 人民日报，2013-10-16.

国单位劳动力创造的国内生产总值为 29732 美元，如果按中等偏上国家平均水平（34488 美元）的标准，我国有 16% 的提升空间；如果按全球平均水平（36392 美元）标准，我国还有接近 22.4% 的提升空间。[1] 因此，在我国进入工业化后期后，面对第四次工业革命的大趋势，工业体系建设、工业发展速度、工业产品规模等已经不是发展的重点，提升工业化质量，推进从"中国速度"向"中国质量"的转变，成为我国新时代发展的重点。

（2）推进"中国制造"向"中国智造"转变。随着我国人口红利的消失、人工费用的增长，传统制造业依靠人力发展的道路已经越走越窄。与此同时，以工业机器人为代表的智能装备，正为传统的装备制造以及物流等相关行业的生产方式带来革命性的产业变革。未来 5 年是我国制造业转型升级的关键时期，推进"中国制造"向"中国智造"已刻不容缓。据波士顿咨询公司研究，我国制造业累计产品销售成本约 85 万亿元，与互联网嫁接之后，工业总体生产效率将产生 4 万亿—6 万亿元的提升潜力[2]。不仅如此，销售中间环节的剔除及产销的及时交互，将有效强化企业对市场的快速反应，加快产品更新迭代的步伐，从而更广泛、更深入地激活企业的自我创新能力。我国要抓住第四次工业革命的历史性机遇，加快推进制造业的智能化改造，向"智造大国"迈进。

（3）推进"中国产品"向"中国品牌"转变。中国产品已经遍布全球，成为各国消费者的重要选择，但我国品牌与国际经济总量、产品规模不相适应的矛盾突出。"有产品缺品牌"成为制约我国国际竞争力的重要因素。据经济合作与发展组织统计，知名品牌仅为全球商标总量的 3%，却占据了全球 40% 的市场份额和 50% 的销售额[3]。中国品牌与发达国家还有比较大的差距。据最新公布的 2019 全球最佳品牌前 10 名榜单，美国占据 7 家，韩国、日本和德国各 1 家，中国无一企业入选；前 100 名中只有华为一家，

1. 国家统计局 . 国际统计年鉴 2019［M］. 北京：中国统计出版社，2019.

2. 张锐 . 工业互联网将我国制造业导入智能化时代［N］. 上海证券报，2017-11-03.

3. 张厚明 . "中国制造"走"品牌强国"道路［J］. 瞭望新闻周刊，2016（6）.

排名第74位[1]。为此，需要抓住第四次工业革命给我国带来的弯道超车的重要机遇，加快推进从"中国产品"向"中国品牌"的转变，争取到2025年"世界品牌五百强"中我国入围品牌由2018年的38个上升到100个，其中制造业品牌超过50个。

3. 在融入全球产业链中推进东北制造业转型升级

（1）建立东北制造业的全球产业链。实施跨国公司战略，建立跨国生产和营销网络，形成东北企业在全球范围内进行市场整合和配置资源要素的能力，提升东北企业的国际化经营能力。一是使东北制造在推动东北亚基础设施互联互通中发挥重要作用，把东北制造业作为东北亚区域合作的重要产业，打造东北亚制造业合作平台；二是借助"一带一路"建设开展国际产能合作的机遇，加快东北富余产能"走出去"，并建立跨国生产营销网络，提升东北制造业国际化经营能力；三是加大东北制造业企业引资引技，不断增强装备制造业、汽车制造业等领域的优势。

（2）以"互联网＋制造业"推动东北制造业转型升级。近几年来，工业机器人、3D打印机、无人机和其他人工智能等新装备、新技术加快应用，大数据、云计算、物联网等应用范围不断扩大，推动传统制造业转型升级。这些新的业态，以消费者为中心，不断响应市场需求变化，综合了技术创新、管理方式创新、组织结构创新等各个方面，为需求定制化、高端化提供了新型供给的可能性和经济性。例如，新型材料技术的突破，带动了包括化工、机械、电子、建筑、航空、医疗、能源等大批产业的发展；大数据应用技术的突破，带来了包括制造、零售、金融、教育等几乎所有产业的历史性变革等。

为此建议：一是东北地区要把软件研发制造、高端智能装备制造、航空航天、新材料、新能源、节能环保、新一代信息技术等领域作为制造业转型升级的主攻方向，加强与制造业强国与国内发达地区的合作，明显提升制造业发展的核心竞争力；二是要充分利用新技术、新工艺，加快对制

---

1. Interbrand 全球品牌 100 强榜单：华为成中国唯一上榜品牌［EB/OL］. 新浪财经，2019-10-17.

造业生产和组装环节的设计化、智能化、服务化、精细化进行改造，提升其附加值。

（3）加强区域内合作，形成东北制造业发展的合力。利用制造业转型升级的机遇，加快改变东北地区产业同构的现象，加强产业合作，避免相互之间的恶性竞争。一是在东北沿线经济带合力打造制造业产品进出口基地，搭建制造业合作平台，明确各自分工；二是对于资源枯竭型城市加快产业结构调整，积极承接产业转移，重点发展外向型产业；三是加强黑龙江、吉林、辽宁与内蒙古间的产业配套与资源整合，加快形成东北制造业的集聚效应。

三、积极引进国际国内先进技术和管理经验发展"工业 4.0"

随着全球进入"工业 4.0"时代，制造业转型升级越来越依赖于互联网、大数据等信息技术手段。东北地区要打造"中国制造 2025"的先行区，需要加强与国际国内发达地区的技术合作，有效提高制造业的核心竞争力。

1. "工业 4.0"时代的到来

如果说"工业 1.0"（1760—1860 年）是蒸汽机时代，"工业 2.0"（1860—1950 年）是电气化时代，那么，在互联网与大数据技术的推动下，"工业 3.0"与"工业 4.0"正在同步到来。所谓"工业 3.0"，主要特征是"互联网＋新能源"，由此推动人类社会逐步告别传统石化能源时代，进入新能源时代；所谓"工业 4.0"，主要特征是"互联网＋制造业"，由此推动制造业进入数字化时代。全球进入新工业时代，为工业发展带来新机遇的同时，也正在颠覆、侵蚀传统工业的基础。2015 年以来，石油、煤炭、有色金属等价格的断崖式下跌，使得资源依赖性的国家和地区陷入困境。例如，2016 年新年伊始，石油价格就跌破了 2008 年国际金融危机以来的最低点。总的来看，在新工业时代，生产要素软化的特征十分突出，与"工业 2.0"时代有很大不同。一个国家是不是工业强国，并不取决于有多大的生产能力，而是更加依赖于是否具有强大的工业服务能力。

2. 我国数字经济快速发展的大趋势

（1）数字经济规模不断提升。"工业4.0"时代的一个突出特点就是依托互联网等信息技术手段推动数字经济快速发展。正是在这个大背景下，我国抓住了第四次工业革命的历史性机遇，实现数字经济的高速发展，从而推动我国进入数字经济时代。据统计，2008—2018年，我国数字经济规模由4.8万亿元人民币增加至31.3万亿元人民币，增加了约5.5倍；占GDP比重由15.2%提升至31.3%，提高了15.1个百分点。预计到2030年，数字经济占GDP比重将超过50%，我国将全面步入数字经济时代。[1]

（2）数字经济呈现快速增长态势。数字经济增速远高于同期GDP增速及三次产业增速。2009—2018年，我国数字经济年均实际增长19%，比同期GDP年均增速高11个百分点，比一、二、三产业年均实际增速分别高出15、10.8、10.6个百分点。

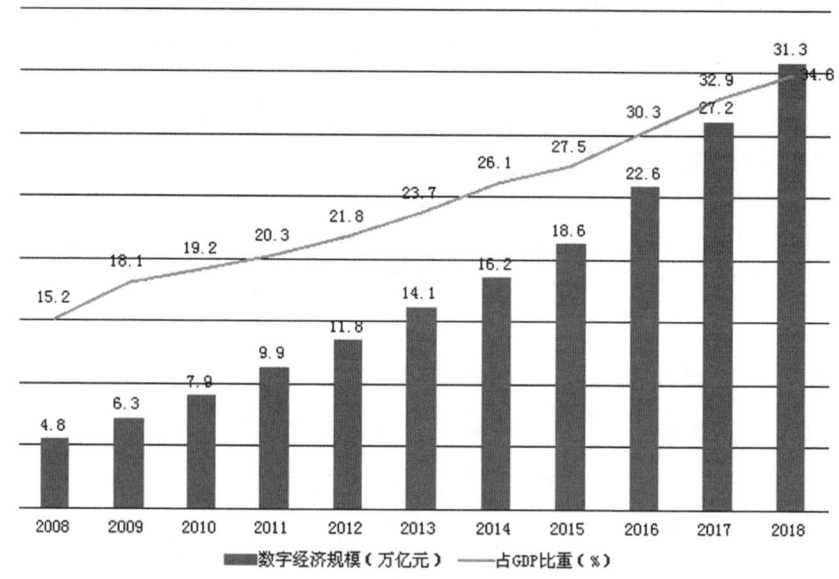

图4.3　2008—2018年我国数字经济规模及占比

数据来源：国家统计局.中国统计年鉴2019［M］.中国统计出版社，2019；中国数字经济发展与就业白皮书（2018年）［R］，2018-04；中国信息通信研究院.中国数字经济发展与就业白皮书（2019年）［R］，2019-04.

1.数字经济成产业升级重大突破口2020年占GDP比重35%［N］.经济参考报，2017-07-17.

表4.6　数字经济与国内生产总值及三次产业增速对比（单位：%）

年份	数字经济增速	国内生产总值增速	第一产业增速	第二产业增速	第三产业增速
2009	31.4	9.4	4	10.3	9.6
2010	18.5	10.6	4.3	12.7	9.7
2011	17.2	9.5	4.2	10.7	9.5
2012	16.8	7.9	4.5	8.4	8
2013	17.3	7.8	3.8	8	8.3
2014	14.1	7.3	4.1	7.4	7.8
2015	14.7	6.9	3.9	6.2	8.2
2016	18.9	6.7	3.3	6.1	7.8
2017	20.3	6.8	3.9	5.9	7.9
2018	20.9	6.6	3.5	5.8	7.6
2009—2018	19.0	8.0	4.0	8.2	8.4

数据来源：国家统计局.中国统计年鉴2019［M］.中国统计出版社，2019；中国数字经济发展与就业白皮书（2018年）［R］，2018-04；中国信息通信研究院.中国数字经济发展与就业白皮书（2019年）［R］，2019-04.

（3）数字经济显著提升我国在全球产业中的竞争力。以互联网企业为例。有统计显示，1995年全球互联网企业前15名没有一家中国企业。2015年，虽然美国互联网企业仍占据主导地位，但中国企业已增加至4家，市值占比22%，而且仍在快速增长。截至2017年12月，网易、新浪等互联网企业也已跻身全球前15名。此外，一大批极具发展潜力的中小互联网企业快速发展。根据《2019胡润全球独角兽榜》，截至2019年6月30日，全球有494家独角兽企业，其中，中国独角兽企业以206家的数量超过美国的203家。全球前三大独角兽均来自中国，蚂蚁金服以1万亿人民币估值居首，字节跳动、滴滴出行分别位列第二、第三。

表 4.7　全球前 15 大互联网企业变动

1995 年			2015 年		
企业	国别	市值 （亿人民币）	企业	国别	市值 （亿人民币）
Netscape	美国	5415	Apple	美国	763567
Apple	美国	3918	Google	美国	373437
Axel Springer	德国	2317	Alibaba	中国	232755
RentPath	美国	1555	Facebook	美国	226009
Web.com	美国	982	Amazon	美国	199139
PSINet	美国	742	Tecent	中国	190110
Netcom On-Line	美国	399	eBay	美国	72549
IAC/Interactive	美国	326	Baidu	中国	71581
Copart	美国	325	Priceline	美国	62645
Wavo Corporation	美国	203	Salesforce	美国	49173
iSTAR Internet	加拿大	174	JD.COM	中国	47711
Firefox Communications	美国	158	Yahoo!	美国	40808
Storage Computer	美国	95	Netflix	美国	37700
Live Microsystems	美国	86	LinkedIn	美国	24718
iLive	美国	57	Twitter	美国	23965

数据来源：中国信息通信研究院．互联网发展趋势报告（2017）［R］，2017-01.

3. 以数字经济为重点加强与制造业强国和国内发达地区的技术合作

（1）东北地区数字经济呈现加速发展的势头。从我国数字经济发展的实践看，数字经济发展与地区经济发展水平具有较强的相关性。从总量上来看，2018 年，东北地区数字经济规模为 1.6 万亿元，占地区生产总值的比重为 28.2%，高于西北地区的 1.26 亿元（占地区生产总值比重为 25.6%），但明显低于长三角、珠三角和京津冀地区。从增速来看，2018 年，东北地区数字经济增速为 11.3%，尽管在五个区域中增速最低，但明显快于经济增长速度。数字经济快速发展将有效推动地区经济发展和产业结构升级。相关研究表明，数字化的程度每提高 10%，人均国内生产总值增长 0.5%—0.62%[1]。

表4.8 2018 年东北与其他区域数字经济发展比较

	长三角	珠三角	京津冀	东北	西北
数字经济总量（万亿元）	8.63	4.31	3.46	1.6	1.26
增速（%）	18.3%	17.6%	14.2%	11.3%	16.7%
占国内生产总值比重（%）	40.9%	44.3%	40.7%	28.2%	25.6%

数据来源：中国信息通信研究院.中国数字经济发展与就业白皮书（2019 年）[R]，2019-04.

（2）以数字经济为重点推动东北制造业转型升级。东北制造业拥有较强的比较优势，尤其是在装备制造业方面，更是优势明显，其成套装备产品研发、制造能力居国内领先水平，重型装备产品在国内具有不可替代的地位。同时，东北拥有众多的核心生产技术，如沈阳机床的数控机床、东软集团的数字医疗设备、哈电集团的大型发电设备等，都达到了国际先进或国内领先水平。在数字经济时代，以"大智云移物"为代表的新一轮信息科技革命带动新能源、新材料、智能制造等新兴工业科技不断涌现。这些新兴科技推进制造业不断融合创新，为东北制造业转型升级提供重大机遇。未来 5 年，依托东北制造业比较优势与数字经济快速发展的重大机遇，促进移动互联网、云计算、大数据等数字技术与传统制造业深度融合，不断提升东北制造业数字化、智能化水平，将成为新一轮东北振兴的重大任务与关键举措。

（3）通过加强国际合作，引进先进技术与管理经验。东北地区需要扩大与制造业强国的技术合作，以市场换技术、以资源换管理，提升重大技术装备自主化，加强核心技术与关键零部件研发，加快制造业转型升级。比如，创新中德（沈阳）高端装备制造产业园等中外产业合作园区的合作

1.中国数字经济步入全球头阵[N].人民日报（海外版），2017-06-19.

机制，参照"工业 4.0"战略淘汰落后产能，推进传统制造业向智能制造转型，加快构建"德国研发、东北制造、全球销售"的运营模式。

（4）借鉴国内发达地区的经验，加快构建制造业区域合作平台。例如，借鉴广东深汕特别合作区的体制飞地经验，通过引入市场机制，探索设立"辽沪特别合作区""吉浙特别合作区""黑苏特别合作区"等，共同打造制造业对外开放新平台。此外，还要推进沿边重点开发开放试验区创新发展。比如，按照自贸区标准推进黑龙江绥芬河—东宁重点开发开放试验区等沿边重点开发开放试验区建设，加快探索跨境经济合作区的运营模式、管理体制与多层次跨境协调机制。

第二节　推进生产性服务业领域的国际合作

全球新一轮工业革命突出的特点是生产型制造向服务型制造的升级。总的趋势是：服务型制造越是发达，就越能够处于国际领先地位。欧美发达国家之所以能够在"工业 3.0""工业 4.0"上处于领先地位，并始终能够获得制造业产业链上的高额利润，主要在于制造业摆脱了简单的加工制造环节，抢占了高技术和高附加值的研发、设计等生产性服务业的制高点。"十四五"，加快东北地区制造业转型升级，关键取决于生产性服务业的发展。

一、以加快发展生产性服务业为重点推进东北制造业转型升级

随着我国进入工业化后期，制造业转型升级对生产性服务业的依赖性全面增强。"十四五"，东北地区要抓住全球新一轮工业革命的历史机遇，以加快发展生产性服务业为重点，形成制造业转型发展的新格局。

1. 工业转型升级对生产性服务业的依赖性增强

从世界经济的发展经验看，工业转型升级伴随着制造业与生产性服务业的互动发展，一般经历三个阶段：第一阶段是工业化前期，生产性服务业如信息、研发、设计、销售、物流等从制造业中剥离出来并独立发展，此时制造业仍为主导产业。第二阶段是工业化中后期，生产性服务业又开始嵌入制造业，从而对制造业进行改造，此时制造业主导开始向服务业主导转型，使得生产性服务业的重要性逐步凸显。第三阶段是后工业化时期，生产性服务业与制造业深度融合互动，使得生产性服务业在整个制造业中获得了主导地位。

表4.9 工业化过程中生产性服务业与制造业互动的三个阶段

经济发展阶段	互动阶段	互动地位	主要形式		主要内容		
			产业视角	价值链视角	纵向分类	横向分类	专业程度分类
工业化前期	剥离独立阶段	制造业主导	生产性服务业从制造业中剥离并独立发展	生产性服务业服务制造业价值链的上游和下游的某个非核心环节	非嵌入	物流服务、人力服务	标准性、普适性服务
工业化中、后期	交叉互动阶段	制造业主导向生产性服务业主导转化	生产性服务业嵌入制造业	生产性服务业服务制造业价值链的某个或多个核心环节	嵌入	资本服务	专业性、特殊性服务
后工业化时期	融合互动阶段	生产性服务业主导	二者融合	服务经济为主体，制造业企业仅控制价值链核心环节	嵌入	信息服务、知识技术服务	定制性、创新性服务

资料来源：周静. 生产性服务业与制造业互动的阶段性特征及其效应［J］. 改革，2014（11）：45-53.

2. 走向"中国智造"关键是发展生产性服务业

（1）在"工业3.0"和"工业4.0"的进程中，突出的特点是生产性服务业引领转型。数据显示，2010年发达国家生产性服务业占服务业的比重普遍在 60%—70% 之间[1]。高端制造业发展比较好的国家，如美国和德国，信息、设计、研发、物流、销售等生产性服务业占服务业的比重已经高达 70% 以上，占 GDP 比重大多在 43% 左右。由于我国生产性服务业发展水平低，在全球制造业产业链布局中，微笑曲线两端的设计和研发以及物流与销售主要被欧美等发达国家控制，我国只能做低端的加工制造环节，这是制约我国制造业转型升级的主要矛盾。

（2）"工业 3.0"依赖于生产性服务业。当前，我国迫切需要通过"工业 3.0"化解日益严峻的环境污染、生态破坏、资源能源日趋匮乏等严峻挑战。尤其是解决雾霾困境，需要依托新能源，对发电、汽车、钢铁等传统产业进行系统性重构。以太阳能光伏向家庭普及为例，重要的并不是太阳能光伏本身的制造环节，而在于服务环节。能否通过以高新技术服务为重点的现代服务业发展，加强研发和销售并降低交易成本，使家庭多余的发电能够及时销售出去，成为太阳能光伏向家庭普及的核心难题。

（3）"工业 4.0"依赖于生产性服务业。以德国的智能制造为代表，当今世界的工业强国都在抢占"工业 4.0"的高地。美国的"制造业回归"并非建立在传统"工业 2.0"的基础上，而是建立在"工业 4.0"的基础上。在这个背景下，我国制造业却面临着劳动力和土地等成本的上升、传统比较优势逐渐丧失的挑战。如何搭建"工业 4.0"的基础，重塑制造业的国际竞争优势，成为我国新时期工业转型升级不可回避的重大问题。实现"工业 4.0"，重要的是发展以大数据为重点的信息服务业。在生产制造过程中，设计、开发、生产有关的所有数据通过传感器采集并进行分析，形成可自动操作的智能生产系统，使信息技术向生产环节渗透，用智能装备和先进技术改造传统工艺设备，促进生产方式由大规模同质粗放生产向智能化、数字化、精细化、柔性化生产的转变。

3. 把提高生产性服务业占比作为"十四五"东北地区的约束性目标

（1）生产性服务业发展滞后是东北制造业转型升级的突出短板。客观

1.周洲.中国服务业占比或超工业［N］.国际商报，2012-12-13.

地看，制约东北发展的主要是结构性问题，就是产品结构、产业结构、技术结构与经济发展进入新常态以后的需求有很多不适应。2016 年，东北三省生产性服务业占服务业的比重为 35%—40%，低于全国平均水平 5—10个百分点，低于德国 30—35 个百分点[1]。生产性服务业发展严重滞后，不能与制造业形成有效互动，严重制约着东北地区制造业转型升级。

（2）明显提升东北地区生产性服务业占比。"工业 3.0""4.0 工业"和"工业 2.0"的本质区别就在于信息化和服务化。"十四五"，东北地区要在新一轮科技革命中把握先机，主要取决于能否有效提升研发、设计、物流、销售等生产性服务业的发展水平。2014 年，国务院就出台了《关于加快发展生产性服务业促进产业结构调整升级的指导意见》，对研发设计、第三方物流、融资租赁、信息技术服务、节能环保服务、检验检测认证、电子商务、商务咨询、服务外包、售后服务、人力资源服务和品牌建设等多个领域的生产性服务业发展进行了重点布局。考虑到东北制造业转型升级的客观需求，建议"十四五"东北四省区明确把提高生产性服务业占比作为约束性目标，争取到 2025 年，生产性服务业比重从 2016 年的 35%—40%，能够提高 20 个百分点，达到 60% 左右。所以，实现制造业与生产性服务业的深度融合，推动制造业的全球化、信息化、服务化，将为东北制造走向东北创造增添新的动力。

二、以市场开放为重点促进在生产性服务业领域的合作

生产性服务业的发展程度关系到东北制造业转型升级的进程。立足东北的实际，需要以扩大生产性服务业对外开放为重点，加强与发达国家、国内发达地区在生产性服务领域的合作，推动生产性服务业向专业化和价值链高端延伸。

1. 对社会资本放开生产性服务业领域的市场准入

（1）鼓励社会资本以多种形式到东北发展生产性服务业。东北四省区

1.迟福林 . 以制造业转型升级为重点 加快东北振兴进程［N］.辽宁日报，2017-12-08.

要形成发展生产性服务业的基本共识，凡是法律、行政法规未明令禁止进入的生产性服务业领域，应全部向国内社会资本开放，不再对社会资本设置歧视性障碍，大幅减少前置审批和资质认定项目，鼓励社会资本参与发展生产性服务业。

（2）鼓励社会资本参与本地区应用型技术研发机构市场化改革。一是支持企业与东北地区科研院所、高等院校等联合建立应用型技术研发机构，并给予财税、金融等政策支持；二是鼓励东北地区国有技术研发机构的科研基础设施和科技项目信息资料向社会开放，提供研发实验等技术服务；三是实施技术成果转化、转让奖励制度，鼓励东北地区企业研发人员以技术成果入股企业并参与收益分配，充分调动研发人员的积极性。

（3）鼓励社会资本参与东北地区国家服务业综合改革试点。一是在东北地区选择具备条件的城市和国家服务业综合改革试点区域，鼓励对城镇低效用地改造发展生产性服务业；二是鼓励社会资本参与东北地区国家服务业综合改革试点，更多依靠社会资本发展研发设计、商务服务、市场营销、售后服务等生产性服务业，提升东北地区生产性服务业的综合竞争力。

2. 吸引外资在东北地区设立生产性服务业企业

（1）加快推进服务业对外开放。以辽宁和黑龙江自贸试验区为重点，大幅缩减外资准入负面清单中对服务业的限制性条目，争取近1—2年率先实现教育、医疗、养老等服务业全面开放，取消对外资股比限制及经营范围限制；按照《外商投资法》的相关规定，完善外商投资服务体系，争取"十四五"期间，东北地区在研发设计、运输、法律、保险等重点领域全面对接国际高标准开放水平。

（2）对外商投资实行准入前国民待遇加负面清单的管理模式。全面落实《外商投资法》，凡国家法律法规未明令禁入的服务业领域，全部向外资开放，并实行内外资、内外地企业同等待遇；有序开放建筑设计、会计审计、商贸物流、电子商务等生产性服务业领域外资准入限制。

3. 鼓励东北地区生产性服务业企业"走出去"

（1）建立境外投资的公共信息平台。借助"一带一路"建设，以东北亚、中东欧国家为重点，通过公共信息平台，定期公开发布我国企业对外直接投资东道国的市场需求、法律法规、宏观政策、投融资制度、风险因素等信息；加强与当地政府相关部门的沟通协调，改善驻外企业的经营环境；建立投资风险预警机制，在投资国发生政策变化、政局变动和突发事件时，及时发出预警。

（2）建立境外投资贸易服务机构。以"一带一路"沿线国家和地区为重点，支持东北地区金融、航空、物流等生产性服务业企业"走出去"；鼓励东北地区企业到境外设立研发中心和营销中心，培育一批未来具有全球竞争力的生产性服务业龙头企业作为种子企业；尽快出台服务业企业境外投资扶持措施，加快服务业的人才培训和各项软硬件设施的建设，努力培养符合国际要求的高素质服务业人才。

（3）简化境外投资审批程序。按照市场决定和企业自主决策原则，东北各省区要全面清理"走出去"行政审批事项，缩小审批范围和减少审批环节，建立"一站式审批"，提高生产性服务业境外投资的便利化程度。

三、形成以生产性服务业促进制造业转型升级的新格局

"十四五"，要确立以生产性服务业引领制造业走向中高端的制造业转型升级战略，搭建制造业走向中高端的服务平台，推动传统产业改造，形成引领制造业向价值链高端提升的新动力。

1. 以生产性服务业引领制造业走向中高端

（1）以生产性服务业改造传统产业。针对东北地区传统农业、制造业主要处于"微笑曲线"中间低端加工制造环节的现状，重点发展"微笑曲线"两端的高附加值产业链：更加注重通过前端的研发设计、市场研究、咨询服务提升传统产业技术含量和劳动生产率；更加注重通过后端的第三方物流、供应链管理优化、销售服务对接市场，推动传统产业进入大规模定制化新时代；到2025年，显著提升东北地区制造业发展整体素质和产品附加值，扭转企业利润低下的局面。

（2）发展面向"工业3.0"的生产性服务业。重点加强研发、设计等

生产性服务业，集中攻关可再生能源生产技术、可再生能源采集和传输技术、分布式能源储存技术、信息以及能源的共享技术和能源热插拔技术等核心技术；强化新能源制造、应用技术的自主创新能力，形成具有自主知识产权的国际品牌；围绕新型能源供给体系与现代网络通信技术相结合延伸高端产业链。到 2025 年，围绕"工业 3.0"相关产业，基本形成新能源与互联网融合技术体系和服务体系；在东北有比较优势的装备制造、汽车制造等领域形成新的国际竞争优势，初步形成"绿色制造"的新格局。

（3）发展面向"工业 4.0"的生产性服务业。着眼于推动大数据、云计算、物联网、移动互联网与制造业的有机融合，建立与国际接轨的专业化生产性服务业体系。做大做强工业互联网，推动东北地区互联网企业与制造业企业的联合与互动。加强东北地区信息资源整合，打破传统工业企业"信息碎片化""信息孤岛"的局面，形成大数据、云计算、物联网、移动互联网与制造业融合的新优势。以机器人产业为重点布局智能装备制造业，推动智能可穿戴设备在健康产业的广泛应用，积极布局智能制造业发展。到 2025 年，在"工业 4.0"领域形成一批具有核心技术、自主知识产权和知名品牌、具有国际竞争力的智能制造业企业。

专栏 4.1　从生产型制造到服务型制造的五个发展阶段

1. 微弱服务阶段：在这个阶段，企业还属于传统制造业，只是单纯的产品生产者与售卖者，业务中心是产品生产和销售产品，而忽视了对服务的提供，服务在企业业务中的比重微乎其微。

2. 服务附加阶段：在这个阶段，企业的核心业务仍然是产品的生产和销售，服务作为产品的一种附加品来提供给消费者。更像是一种辅助产品营销的手段，生产者一般不向消费者收取服务费用，因此服务仅仅是企业产品竞争的辅助和延伸。

3. 服务增值阶段：在这个阶段，企业将有形物品和一系列无形的服务捆绑在一起共同提供给消费者。服务的内涵由简单维修维护、运输、安装等到复杂的过程支持、信贷保险等。此时服务可以像产品一样被定价，并和产品一起销售给客户。服务改变了过去对产品的依附和辅助的形态，成为使产品增值和价值创新的重要手段。

4. 整体解决方案阶段：在这个阶段，产品的生产与销售已不再是企业的核心竞争力，产品只是作为服务的一部分为消费者提供整体解决方案。虽然服务依旧依托产品而存在，但产品此时成了服务的附加品，而服务本身成为获得客户的核心竞争力，在这个过程中客户的参与成为产品生产过程的必要因素。此时企业的制造模式已进入了服务型制造模式。

5. 单独提供服务阶段：在这个阶段，企业关注的是消费者的使用体验，为消费者提供独立于产品的服务，实现专业化的生产。以敏捷的、柔性的、高效的、低成本的生产方式迅速适应市场需求的变化，创造更多价值，取得竞争优势。

资料来源：黎文科，张啸，姜瀚，刘文娟.服务型制造——制造企业竞争优势的新源泉［EB/OL］.东方财富网，2012-08-24.

2. 以"互联网＋生产性服务业"把握新工业革命先机

（1）"互联网＋"是新工业革命时代提升生产性服务业的有力手段。无论是"工业 3.0"还是"工业 4.0"，都离不开"互联网＋"。2018 年，波士顿咨询公司发布"2018 年全球最具创新力企业五十强"，前三强分别是苹果、谷歌和微软三家数字技术原创企业，三个企业的突出特点是形成了以研发、设计为龙头的核心竞争优势，并且都是"互联网＋"的领军企业。目前，我国越来越多的企业依靠"互联网＋"做强了生产性服务业。我国的阿里巴巴、腾讯、华为跻身 2018 全球最具创新力企业五十强，同样是运用"互联网＋"做强了生产性服务业。

（2）以"互联网＋"推动东北生产性服务业快速发展。在全球制造业产业链布局中，"微笑曲线"两端的设计和研发、物流与销售等环节主要由欧美等发达国家控制，我国绝大多数企业只能从事低端的加工制造环节，东北地区这一特点更为突出。数字经济是生产性服务业的重要组成部分，为传统产业的数字化改造提供了先进技术、装备、网络和平台等不可或缺的重要条件。未来 5 年，东北地区的制造业企业要充分运用以大数据、云计算等为重点的数字技术，加快形成可自律的智能研发生产系统。

（3）把发展"互联网＋生产性服务业"作为东北地区落实《中国制造2025》的重点。2015 年，《中国制造 2025》提出了"三步走"的战略目标。尤其是第一步，力争用 10 年时间，迈入制造强国行列，需要培育核心优势，形成具有领先优势的制造业板块。未来 5 年，"互联网＋生产性服务业"是我国最具发展潜力、对整个工业转型升级带动作用最大的领域。东北地区要抓住这个时间窗口期，加快布局智能制造业。

专栏 4.2 《中国制造 2025》头十年应把握"互联网 + 制造业"的优势

《中国制造 2025》"三步走"战略的实施，需要放在全球新工业革命的背景下考虑。从"三步走"的基本格局看，大约通过 3 个 10 年，需要在完成"工业 3.0""工业 4.0"的基础上赶超发达国家。目前，美国、德国、日本等制造业强国进入"工业 3.0""工业 4.0"的进程加快，并保持领先地位。尽管工业整体素质不高，但与前两轮工业革命有很大的不同，我国是"工业 2.0""工业 3.0""工业 4.0"并存。尽管近年来"工业 3.0""工业 4.0"发轫于西方，但我国的起步并不晚。与德国和日本相比，我国有制造业体系齐全、人口与市场规模庞大等突出优势。尤其是在"互联网 + 制造业"上，例如，美国有亚马逊，我国有阿里巴巴；美国有 iPhone，我国有小米。无论是机器人、3D 打印、智能穿戴等新技术，还是在企业商业模式和产业业态创新上，我国都有案例，这与"工业 2.0"时代从零起步有很大的不同。

资料来源：迟福林 . 转型闯关——"十三五"：结构性改革历史挑战 [M] . 中国工人出版社，2016.

3. 加快布局智能制造业

（1）以机器人产业为重点布局智能装备制造业。未来 5 年，加快推进机器人产业发展，将成为东北制造业转型升级的重大任务。把打造机器人全产业链作为东北地区智能研发与智能制造的重点，鼓励东北大学、哈工大等高校、科研院所与企业合作加强基础研究，形成核心技术，推动机器人产业链的上下游一体化。

（2）布局 3D 打印机为重点的智能制造业发展。3D 打印技术是 21 世纪最具有颠覆性的高科技技术。3D 打印技术不仅能够适应定制化的生产，还具有高度的灵活性，是未来产业发展的重要方向。东北地区要尽快形成 3D 打印产业的发展目标和技术路线，设立 3D 打印产业发展基金，开展 3D 打印相关软件、工艺、材料、装备、应用、标准及产业化的系统性、整体性攻关，推进建设 3D 打印制造技术与其他先进制造技术融合的新型数字化制造体系。

第三节 实现制造业开放创新的新突破

科技是第一生产力，科技创新是制造业转型升级最重要的驱动力。在全球经贸、科技合作越发紧密的今天，关起门来搞创新、搞研发的时代已经过去了。对于东北地区的科技企业来说，仅仅依靠内部的资源进行高成本的创新活动，已经难以适应快速发展的市场需求以及日益激烈的企业竞争。这就需要把开放创新作为制造业转型升级的战略选择，使开放成为企业技术创新的重要源泉。

一、适应"工业4.0"时代推动开放创新

创新由封闭转向开放，创新无国界，是当今世界科技创新发展的重要趋势。进入"工业4.0"时代，东北地区推进制造业转型升级，关键取决于开放创新的突破。未来5年，把形成开放创新的新格局作为东北制造业对外开放的重要目标，东北地区就有条件在制造业领域实现创新发展。

1. 开放创新是一个大趋势

（1）创新由封闭转向开放。与以往的创新有很大的不同，第四次工业革命背景下的创新已经跨越国界，成为一个全球现象，已经不再是一个国家内部的"闭门造车"。第四次工业革命正在开启创新2.0时代，主要特征是开放式创新[1]。所谓封闭式创新，就是一个国家和一个企业仅仅利用内部的组织资源实现创新。所谓开放式创新，就是一个国家和一个企业不仅利

---

1. "开放式创新（open innovation）"一词最初进入公众视野，源自美国加州大学伯克利分校哈斯商学院加伍德公司创新中心主任亨利·切萨布鲁夫（Henry Chesbrough）教授于2003年出版的专著《开放式创新》。"开放式创新"是指：为了促进组织内部的创新，有意图且积极地活用内部和外部的技术及创意等资源的流动，其结果是增加将组织内创新扩展至组织外的市场机会。

用内部组织资源，而且充分利用外部组织资源实现创新。

表 4.10　封闭式创新和开放式创新的比较

要素	封闭式创新	开放式创新
人才	自己公司拥有最优秀的人才	自己公司不一定拥有最优秀的人才，可以不局限于公司内外与优秀人才进行合作
研究开发	为从研发获得收益，自己公司包揽从研发到销售的一切	能从外部研发创造附加值。另一方面，内部研发也可以享受一部分成果
市场化	能将创新快速投入市场的企业处于优势地位	相比市场化，构筑商业模式更为优先
想法	能将最好的创意进行最多产品化的话，就可以建立优势地位	关键在于能否有效活用公司内外部的创意
知识产权	严格保护自己公司的知识产权	与其他公司之间积极进行知识产权的授权/引进交易

资料来源：亨利·切萨布鲁夫.开放式创新：进行技术创新并从中赢利的新规则［M］.金马，译.北京：清华大学出版社，2005.

（2）创新越来越表现为整合和利用全球创新资源。开放创新是"让全世界聪明人聚集起来"提供解决方案，从而实现较高的经济效益。以海尔为例，海尔收购通用电气的家电业务的交易在美国时间 2016 年 6 月 6 日正式完成，最终金额定为 55.8 亿美元[1]。海尔在资源整合上进一步实现了开放创新。在收购 GE 家电后效益显现，海尔实现营收和净利润双增长。

（3）通过开放创新成为全球企业创新中心。近 14 亿人的大市场给我国企业开放创新提供了巨大空间。以阿里巴巴为例，马云提出，阿里巴巴未来 20 年的目标是打造世界第五大经济体，为世界解决 1 亿人就业机会，服务跨国界的 20 亿人，为 1000 万家企业创造赢利的平台。2017 年 10 月 11 日，阿里宣布成立"达摩院"，投入 1000 亿人民币，启动冲刺人类未来的技术远征。当天，3 位中国"两院"院士、5 位美国科学院院士的科技界泰斗宣

1.海尔完成通用家电收购交易最终定价 55.8 亿美元［N］.每日经济新闻，2016-06-09.

布加入[1]。在第四次工业革命进程中，如果开放创新能够取得实质性进展，我国就有望在打造全球企业创新中心上有新的突破。

2. 以开放创新利用全球创新资源

（1）科技开放是发达国家利用全球创新资源的重要途径。由于国情不同，科技发展水平也不同，发达国家科技计划开放程度也不同。总的来看，这些国家的科技开放程度主要有三个层次：一是完全对外开放。例如，哈萨克斯坦的科技计划对外国政府、机构或个人给予国民待遇，允许其申请承担国家科技计划相关项目。二是有限开放。例如，美国、日本、德国等国家，对国外机构参与本国科技计划项目存在部分限制，像美国除涉及军事安全、敏感技术及对国计民生产生重大影响的计划不对外，大部分科技计划对外开放，利用全球科技资源。三是完全不开放。例如，新加坡、丹麦等国家的科技计划项目完全不对外开放。从我国的实践看，我国在个别科技计划中比较早地对外国专家开放，例如"863"计划、"973"计划和国家科技支撑计划。问题在于，现有科技计划开放限制条件较多，其作用尚未得到充分发挥。这就需要加大科技计划开放力度，最大程度地吸引拥有全球先进技术的外资研发机构、研发人员参与我国科技计划的实施，缩短我国相关技术领域的研发周期。

表 4.11　主要国家科技计划对外开放情况

开放程度	开放限制	开放国家
完全开放		哈萨克斯坦
有限开放	允许独立申请，但有协议限制条件	墨西哥、泰国
	要求本国有合作者	美国、韩国、以色列、挪威
	要求境内机构与个人，成果利用有限制	日本、德国、奥地利、瑞士等
	要求境内机构与个人，资金利用、商品化有限制	意大利

---

1. 港媒关注阿里巴巴云栖大会成立"达摩院"专注前沿创新研究［EB/OL］. 参考消息网，2017-10-12.

开放程度	开放限制	开放国家
有限开放	只对特定国家开放	法国、捷克
	个别计划开放，且成果利用有限制	加拿大、澳大利亚、希腊、西班牙等
	专项国际科技合作计划或科学研究中心	如印尼国际合作研究计划（RUTI）、印度与法国、俄罗斯等国共同出资建立的科学中心
	只允许合作形式参与	俄罗斯、英国、荷兰、新西兰、瑞典、埃及等
完全不开放		新加坡、丹麦、乌克兰等

资料来源：张换兆.关于深化和扩大我国科技计划开放的思考［J］.高科技与产业化，2011（3）：18-21.

（2）借鉴国际经验，实行分类开放。例如，对于涉及国家安全、敏感领域的科技计划，如航空航天、军事工业等，完全不能开放；对于基础研究领域的科技计划，逐步扩大开放范围；对于能源、环保等领域的科技计划，逐步加大开放力度，加快取消相关限制。

（3）加大东北地区科技计划开放力度。最大程度地吸引拥有全球先进技术的外资研发机构、研发人员参与东北地区企业科技计划的实施，缩短东北地区相关技术领域的研发周期。

（4）制定并完善东北地区科技计划对外开放管理制度。东北各省区要尽快制定科技计划对外开放的指导意见和实施细则，优化外资机构和人员参与本地区科技计划的准入条件、经费使用、科研成果转化、知识产权等管理。

3. 主动开展高水平的科技国际合作

（1）加强与欧美国家的技术合作。国际科技合作是创新发展的加速器。当前，欧美发达国家在一些重要领域或行业仍掌握着核心关键技术。未来很长一段时间，与欧美发达国家的科技合作仍是我国国际科技合作的重点。建议东北地区在信息技术、人工智能、高端装备制造、海洋资源开发等领域，与相关领域具有创新优势的国家合作建设一批联合研究中心。

（2）支持东北地区的高校、科研院所、企业与发达国家的相关机构开展技术攻关。针对东北地区制造业发展需要的技术领域，支持东北各省区高校、科研机构、企业与国外相关机构开展科技合作，通过委托研发、合作研究、联合开发等形式，实现重大关键技术的突破。

（3）加强与周边国家的技术合作。借助"一带一路"建设，鼓励东北制造业企业加强与日、韩、俄等东北亚国家进行技术合作，围绕重点领域共建联合实验室，扩大科技人员之间的交流，共同培养科技人才。努力在中国－东盟自贸区、上海合作组织、亚太经合组织、中非合作论坛等合作机制下，加强多边双边产业交流与合作，拓展工业产品和企业"走出去"的市场空间。在有条件的国家和地区建立境外工业园和境外经贸合作区，推动企业以"一带一路"为重点，有序"走出去"和集聚式发展。

二、在开放创新中推动东北制造业转型升级

创新是引领发展的第一动力，是建设现代化经济体系的战略支撑。我国从制造大国走向制造强国，关键是提升制造业的创新能力与技术水平。东北作为我国的老工业基地，迫切需要通过开放学习借鉴国际社会先进的管理经验和标准，并在开放合作中提升制造业创新能力。

1. 以开放实现东北地区技术创新的重大突破

面对科技竞争，东北地区需要抓住第四次工业革命的机遇，加快对生产和组装环节的设计化、智能化、服务化、精细化进行改造，提升其附加值。未来5年，适应制造业转型升级的大趋势，抓住全球新一轮科技革命和产业革命的新机遇，东北地区要加快产业关键核心共性技术研发和转化，重点在现代农业技术、新一代信息技术、智能制造技术、新材料技术、能源技术、现代交通技术与装备、生物技术、现代食品制造技术、现代服务技术以及引领产业变革的颠覆性技术等方面取得实质性进展，不断突破产业转型升级的技术瓶颈，推进我国产业迈向全球价值链中高端。

2. 以开放提升东北地区传统制造业竞争力

围绕东北地区工业转型升级的目标和现实需求，东北各省区要坚持引资、引技与引智相结合，鼓励跨国公司在本地区设立研发中心、增加研发投入，积极引进高科技人才在本地区创办企业或从事科研工作，发挥"外

脑"在促进东北地区制造业转型升级中的作用。

3. 推动东北地区优势制造业领域进入全球产业价值链高端环节

大力推动东北地区传统产业转型升级，促进加工贸易从组装加工向研发、设计、核心零部件制造等环节延伸，着力提高东北制造业的附加值。加快建立国内地区间产业转移统筹协调机制，引导和鼓励东部沿海地区产业向东北地区有序转移，避免东北地区内部恶性竞争。合理引导外资投向高端制造业领域，提高东北地区利用外资的水平和能力，加快进入全球产业价值链高端环节。

4. 加快东北地区制造业企业"走出去"步伐

东北各省区要鼓励本地区企业在海外靠近市场、靠近资源的地区投资建厂，引导钢铁、有色、石化等行业的初级加工环节以及产能过剩行业向外有序转移。支持本地区实力强、资本雄厚的大企业通过跨国并购或绿地投资，在境外设立研发机构、生产制造基地和市场营销网络，开展资源和价值链整合，带动本地区上下游相关企业成链"走出去"。

三、以"一带一路"为重点，搭建东北制造业开放创新网络

"一带一路"倡议为全球治理带来全新的"中国方案"，主要在于它是一个开放创新的方案，能够使沿线各国人民联结在一起实现合作共赢、创新发展。"十四五"，东北地区要适应全球科技革命和产业变革的新形势，把搭建与"一带一路"沿线国家之间的制造业开放创新网络作为重中之重。

1. 开放创新为"一带一路"建设提供新动力

（1）以开放创新加快发展是"一带一路"沿线国家和地区的共同愿望。截至 2019 年 12 月，我国已经与 167 个国家和国际组织签署了 198 份共建"一带一路"合作文件，与 13 个沿线国家签署 5 个自贸协定。此外，还与 44 个国家建立双边投资合作工作组，与 7 个国家建立贸易畅通工作组，以快速解决双边经贸合作中出现的问题，推动经贸合作发展。我国与沿线国家货物贸易额累计超过 7.5 万亿美元，成为 25 个国家的最大贸易

伙伴[1]。

（2）以开放创新提供科技创新和产业变革的"中国方案"。当今世界已经进入数字经济时代，但"一带一路"沿线不少国家的很多地区还处于"工业 1.0"的时代。例如，一些落后国家通信事业严重滞后。依托我国在数字经济领域的发展优势，完全可以推动这些国家和地区越过传统发展阶段，直接进入移动互联网时代，从而实现数字经济领域的跨越式发展。就是说，推进"一带一路"建设，构建人类命运共同体，很重要的在于为发展中国家提供科技创新和产业变革的"中国方案"，通过开放创新，使不同发展水平的国家把握第四次工业革命历史机遇，在相互学习中提升各自的发展水平。

2. 构建"一带一路"数字经济开放创新网络

（1）面向"工业 4.0"构建 21 世纪的数字丝绸之路。构建 21 世纪数字丝绸之路是"一带一路"面向"工业 4.0"的战略选择，是"一带一路"走向开放创新的重大举措，将为政策沟通、设施联通、贸易畅通、资金融通、民心相通等"五通"的实现提供强有力的现代化技术支撑；有助于帮助"一带一路"沿线国家和地区在数字革命中找准自身定位、突出自身优势、扮演重要角色；可以通过有效的贸易联结带动科技领域的创新合作，使得"一带一路"沿线国家和地区有条件在科技领域的开放创新中广泛受益，并找到适合本国产业创新的有效路径。

（2）扩大东北地区与"一带一路"沿线国家在数字经济领域的开放合作。在第四届世界互联网大会上，中国、老挝、沙特、塞尔维亚、泰国、土耳其、阿联酋等国家相关部门共同发起《"一带一路"数字经济国际合作倡议》。该倡议标志着以中国为主导引领"一带一路"数字经济合作迈出重要步伐。以落实该倡议为重点，建议国家层面尽快出台 21 世纪的数字丝绸之路建设行动方案，加强我国区域数字经济发展与"一带一路"沿线国家

---

1. 商务部：前 10 月我国与"一带一路"沿线国家货物贸易同比增长 4.1%［EB/OL］. 新浪财经，2019-
12-06.

之间的对接，其中把东北作为我国向北开放的重要区域，吸引更多国家加入到东北地区的数字经济开放创新网络中来。

专栏4.3 《"一带一路"数字经济国际合作倡议》的15项任务

（1）扩大宽带接入，提高宽带质量。

（2）促进数字化转型。

（3）促进电子商务合作。

（4）支持互联网创业创新。

（5）促进中小微企业发展。

（6）加强数字化技能培训。

（7）促进信息通信技术领域的投资。

（8）推动城市间的数字经济合作。

（9）提高数字包容性。

（10）鼓励培育透明的数字经济政策。

（11）推进国际标准化合作。

（12）增强信心和信任。

（13）鼓励促进合作并尊重自主发展道路。

（14）鼓励共建和平、安全、开放、合作、有序的网络空间。

（15）鼓励建立多层次交流机制。

资料来源：多国共同发起"一带一路"数字经济国际合作倡议［N］.光明日报，2017-12-04.

3.多种方式推进"一带一路"开放创新网络建设

（1）深化科技人文交流。鼓励东北各省区与"一带一路"沿线国家合作共同培养科技人才，鼓励杰出青年科学家到东北地区工作，建设一批不同类型的培训中心和培训基地，广泛开展先进适用技术、科技管理与政策、科技评估、科技创业等培训。

（2）搭建东北地区"一带一路"产学研开放创新平台。鼓励东北地区科研机构、高等学校和企业与沿线国家相关机构合作，围绕重点领域共建一批联合实验室（联合研究中心），共建一批技术转移中心，共建一批先进适用技术示范与推广基地。

（3）促进科技资源互联互通。促进东北地区与"一带一路"沿线国家在科研仪器与设施、科研数据、科技文献、生物种质等科技资源上实现互联互通。以先期面向东北亚地区试点开放共享的大型研究基础设施为基础，推动数据、文献等科技资源共享。

专栏4.4　"一带一路"科技创新合作的战略目标

近期目标。用3—5年时间，夯实基础，打开局面。科技人员交流合作大幅提升，来华交流（培训）的科技人员达到150000人次以上，来华工作杰出青年科学家人数达到5000名以上；与沿线国家就深化科技创新合作、共同走创新驱动发展道路形成广泛共识，与重点国家合作规划、实施方案基本形成，并签署合作备忘录或协议；建设一批联合实验室（联合研究中心）、技术转移中心、技术示范推广基地和科技园区等国际科技创新合作平台，鼓励企业在沿线国家建成若干研发中心，重点项目实施初见成效。

中期目标。用10年左右的时间，重点突破，实质推进。以周边国家为基础、面向更大范围的协同创新网络建设初见成效，形成吸引"一带一路"沿线国家科技人才的良好环境，重点科技基础设施建设、联合实验室（联合研究中心）、平台网络建设等投入使用并发挥成效，重大科技合作项目取得重要成果，重点产业技术合作推动下的国际产业分工体系初步形成，"一带一路"创新共同体建设稳步推进。

远期目标。到本世纪中叶，"一带一路"两翼齐飞，全面收获。科技创新合作推动"五通"目标全面实现，建成"一带一路"创新共同体，形成互学互鉴、互利共赢的区域协同创新格局。

资料来源：科技部发展改革委外交部商务部关于印发《推进"一带一路"建设科技创新合作专项规划》的通知［EB/OL］.科学技术部网，2016-09-14.

四、以科技体制改革释放开放创新潜能

当前，东北实施创新驱动发展战略，一方面，需要瞄准世界科技前沿，缩小制造业关键领域的差距，提升自主创新能力；另一方面，通过体制机制创新突破发展瓶颈，最大程度地释放创新潜能。

1. 以市场开放加快提升科技成果转化效率

（1）下放科技成果使用、处置和收益权。除国防、国家安全、国家利益及重大社会公共利益的科技成果外，对于本地区一般科技成果的使用权、处置权和收益权，全部下放给符合条件的项目承接单位，科技成果转移转化所得收入全部留归单位，纳入单位预算，实行统一管理。

（2）提高科研人员成果转化收益分享比例。东北地区要鼓励高校、科研院所、企业加快推进科技成果产权制度改革，提高科研人员成果转化收益分享比例，对科研单位科技成果转化、转让的收益，用于奖励科研负责人、骨干技术人员等重要贡献人员和团队的比例。

（3）加大对科研人员的股权激励。例如，华为公司把98.58%的股权开放给员工，在推动技术创新中的成效显著。建议东北各省区加快推进科研管理体制改革，赋予领军人才更大的人财物支配权、技术路线决策权，鼓励并支持各类企业、高校、科研院所通过股权、期权、分红等激励方式，全面激发科研人员创新创业的积极性。

2. 完善技术创新的开放市场机制

（1）发挥企业在创新决策中的重要作用。东北各省区要吸收更多企业参与研究制定本地区的技术创新规划、政策和标准，提高各类专家咨询组中企业家的比重，竞争类产业技术创新由企业依据市场需求自主决策。

（2）完善以企业为主体的技术创新机制。鼓励东北地区企业根据市场需求和长远发展建立研发机构，支持企业加快科技成果产业化；大力培育科技型中小企业，支持科技型企业开展技术融资；鼓励构建以企业为主导、产学研相互合作的产业技术创新战略联盟。

（3）提高普惠性的政策支持力度。加大结构性减税，逐步将国家对企业技术创新的投入方式转变为以普惠性财税政策为主，加大创新产品和服务的政府采购力度。

3. 完善开放创新的人才政策，形成"聚天下英才而用之"的体制安排

（1）在东北地区探索开展技术移民制度试点。从美国的经验看，硅谷之所以能成为全球科技创新的"发动机"，一个重要原因就在于美国对高科技人才实行移民政策，吸引全球高科技人才到美国工作。在这个背景下，2018年，我国组建国家移民管理局，为下一步开展移民工作奠定了重要基础。为此，建议东北地区率先在辽宁、黑龙江自贸试验区探索技术移民试点，为吸引海外高技术人才探路。

（2）以"一带一路"为载体推动东北地区人才利用国际化。以"一带一路"为载体搭建东北亚地区产学研联合的国际服务平台，推动人才利用国际化：一是把与东道国一道培养既通晓国际规则又懂得本国国情的国际化、本土化复合型人才作为东北亚区域合作的重大任务；二是建立东北亚地区跨国的校企联盟，鼓励本地区高校设立专项奖学金，打造订单式人才培养模式，建设东北亚地区国际人才培养基地；三是推动建立东北亚国际人才数据库，鼓励东北地区有条件的高校"走出去"，在"一带一路"沿线国家和地区培养和造就一批具有国际视野、专业化、本土化的人才队伍。

4. 深化科技评价和奖励制度改革

（1）根据科技活动类型采取不同的评价标准和方法。根据不同科技活动的特点，鼓励东北各省区制定科学的评价标准。例如，基础研究以同行评价为主，尤其是加强国际同行评价；应用研究以用户和专家等第三方评价为主，重点评价技术成果的突破性和成果转化情况；产业化开发则由用户和市场来评价。

（2）改革完善科技奖励体系。一是鼓励东北各省区加快推进科技创新。支持各省一级政府设立高质量的科学技术奖，并制定相应的评奖办法。二是支持和规范社会力量设立科学技术奖。鼓励东北各省区学术团体、行业协会、基金会等社会力量设立科学技术奖，突出公益性、非营利性，提升社会力量科技奖励的影响力。

第五章

以放活国有企业为目标
推进混合所有制改革

国企改革是东北振兴的重头戏，是牵动影响东北转型改革的关键。目前，东北地区国有经济占比偏高，国企改革与经济结构调整、经济转型升级紧密相连，尤其在涉及政府与市场的关系问题上，牵一发而动全身。"十四五"，以放活国有企业为目标推进混合所有制改革，是实现东北振兴首要的改革任务。

第一节　混合所有制改革要以放活国有企业为目标

以放活国有企业为目标推动混合所有制改革，把经营权交给企业，切实搞活经营机制，明显提升国有资本运营效率和企业核心竞争力。

一、改变国有企业僵化的运营机制

由于市场化改革滞后，东北地区国有企业运营机制仍然比较僵化，成为新阶段推进国有企业改革的重要掣肘。要实现做强做优做大国有资本的目标，必须首先改变这种僵化的运营机制，真正建立面向市场的运营机制。

1. 运营机制僵化掣肘东北国有企业改革进程

（1）运营机制僵化使得企业转型滞后。东北地区老工业基地的特点较为突出，"一五"时期苏联援建的156项重点建设工程中有57项安排在东北，其中，辽宁24项、黑龙江22项、吉林11项。"156工程"最终实施的项目为150个，实际完成投资196.1亿元，东北完成投资占44.3%[1]。在这个背景下，东北地区逐渐形成了辽宁以钢铁、机械制造为主，吉林以化学工业为主，黑龙江以机械、电力工业和军事工业为主的工业格局。近年来，一方面，随着

1.任泽平，熊柴，白学松.投资不过山海关？——问题、原因与建议［EB/OL］.新浪网，2019-12-10.

我国经济转型升级进入关键时期，对加快工业转型升级的要求全面增强，而东北地区由于市场化改革进程较慢，产业结构调整滞后，仍以重化工业为主；另一方面，经过长期粗放式的发展，东北地区的资源环境承载力明显减弱，由于国有企业运营机制僵化等因素，尚未完全建立起现代企业制度，从而导致企业发展动能转换严重滞后。

（2）市场化意识不强，难以适应市场需求变化。东北老工业基地作为我国最早进入计划经济的地区，至今计划经济时代的烙印仍比较深。从全国来看，目前市场化改革的重点已经由工业领域转向服务业领域，工业领域的市场化程度已经达到 90% 以上，而东北工业企业仍以国有企业为主。随着我国消费结构升级，国内市场逐步由卖方市场向买方市场转换。东北地区许多国有企业由于仍保留着计划经济体制下的某些运营机制，按照老一套的生产经营管理思想运作企业，从而难以适应国内市场的需求。

（3）企事不分的矛盾仍未完全解决。过去，东北地区国有企业办社会，对职工的生老病死全面负责，包括家属区"三供一业"（供水、供电、供气及物业）、教育、医疗、养老等，从而导致国有企业负担过重。2003 年，国家启动东北振兴战略时就着手解决企业办社会、厂办大集体、独立工矿区、棚户区改造等问题。但从 10 多年的实践看，国有企业在扩大生产经营规模的同时，相关配套改革却没有跟上，使得这些历史遗留问题并未完全得到解决。目前，东北一些国有企业仍承担着本应该由政府承担的公共服务职能，从而导致国有企业改革仍面临较大的社会包袱。

比如，当前东北地区沉重的养老负担给财政支出带来巨大挑战。据统计，2018 年，辽宁、吉林、黑龙江、内蒙古东北三省一区财政社会保障和就业支出占一般公共预算支出的比重分别为 27.4%、16.7%、21.9%、14.6%，远高于全国 12.2% 的平均水平。另据统计，2018 年，辽宁、吉林、黑龙江养老金抚养比[1] 分别为 1.53、1.42、1.27，远低于全国的 2.55。这意味着全国平均一位退休人员由 2.55 个在职人员来供养，而东北三省每一位退

---

1. 抚养比，即参保职工人数与领取养老保险待遇人数的比值。

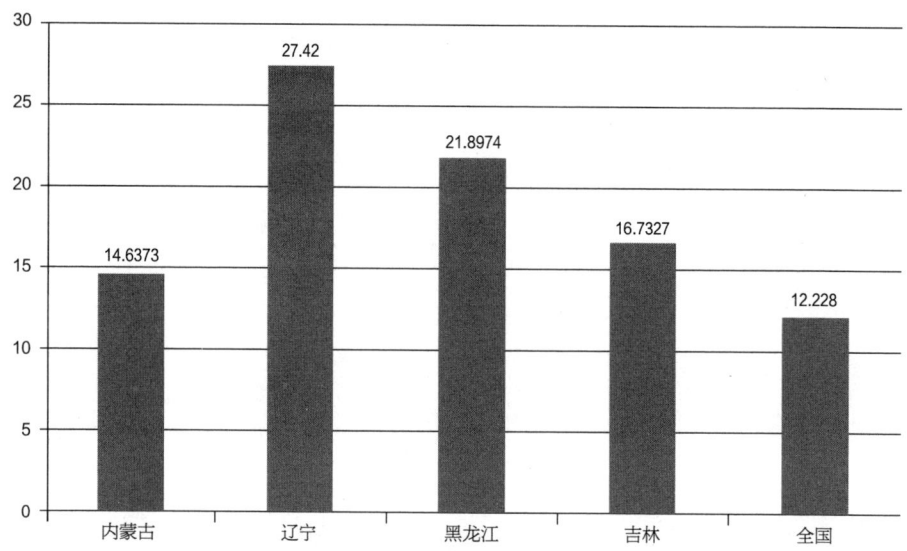

图 5.1　2018 年东北四省区社会保障与就业支出占比情况（单位：%）

数据来源：根据《中国统计年鉴 2019》《黑龙江统计年鉴 2019》《辽宁统计年鉴 2019》《吉林统计年鉴 2019》《内蒙古统计年鉴 2019》数据计算。

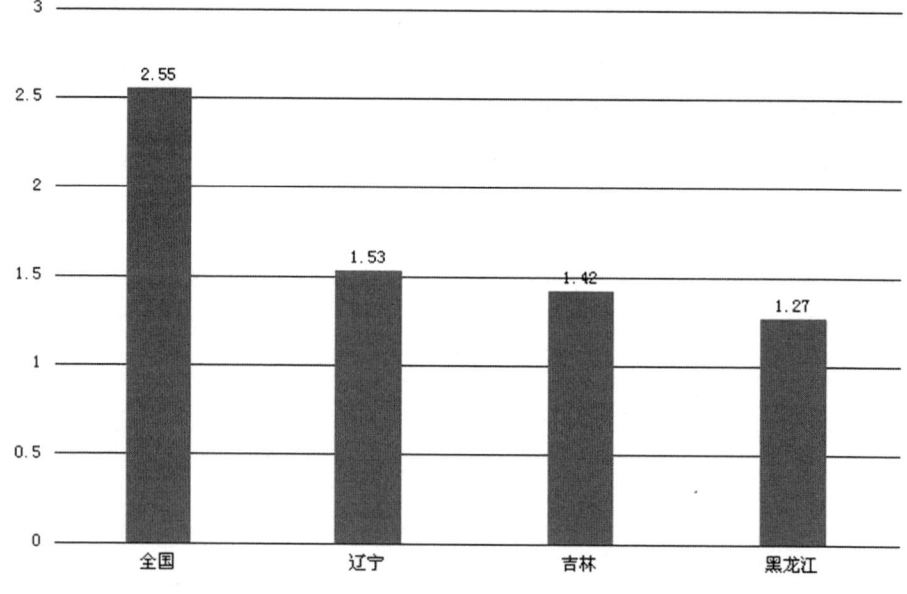

图 5.2　2018 年东北地区养老金抚养比

数据来源：任泽平，熊柴，白学松．投资不过山海关？——问题、原因与建议［EB/OL］．新浪网，2019-12-10.

休人员则由约 1.5 个在职人员供养，压力明显较重[1]。

（4）现代企业制度尚未完全建立。建立现代企业制度是我国国有企业产权改革的重点任务之一。中共十八届三中全会决定提出，推动国有企业完善现代企业制度。从东北的实际情况看，部分国有企业只是实现了企业层面的"所有权与经营权分离"，"政企分开""政资分开""企事分开"尚未真正实现。也就是说，以产权明晰为核心的现代企业制度在东北尚未完全建立起来，并成为掣肘国有企业改革的严峻挑战。

2. 僵化的运营机制导致东北国有企业效益低下

（1）企业资产负债率较高。在前一轮东北振兴过程中，东北地区的国有企业快速扩大投资规模，没有把重点放在结构调整方面，而以重化工业为主的投资规模大、投资回报周期长，再加上近几年我国在经济转型升级过程中加快去产能、去杠杆，从而推高了企业资产负债率。例如，2016 年发生的东北特钢债券违约事件，当时就有分析认为，东北特钢资产负债率过高，高达 85% 左右，其中短期债务占比约 70%[2]。

（2）企业盈利能力较弱。由于运营机制僵化，东北地区国有企业盈利能力不强。有数据显示，2011—2014 年，东北地区国有企业的平均净资产收益率为 3.03%，在全国六个区域中垫底，远低于华北地区的 6.15% 和华东地区的 5.68%。东北地区国有企业总资产报酬率为 3.4%，低于其他各个区域[3]。

（3）企业创新动力不强。由于市场化改革进程滞后等因素，东北地区国有企业行政干预色彩较浓，缺少激励机制，难以调动企业职工的积极性，从而导致企业自主创新能力较弱。以黑龙江省为例，2018 年，黑龙江省有创新活动的企业占比仅为 13.4%，低于全国平均水平（28%）一半以上[4]，与东部沿海地区的差距更大。

1.任泽平，熊柴，白学松.投资不过山海关？——问题、原因与建议［EB/OL］.新浪网，2019-12-10.

2.地方国企债务可能出现塌方式违约［EB/OL］.和讯网，2016-03-31.

3.国企转型突围之东北样本：融资难混改难成拦路虎［N］.上海证券报，2016-04-11.

4.数据来源：《中国统计年鉴 2019》和《黑龙江统计年鉴 2019》。

3. 尽快改变东北国有企业僵化的运营机制

（1）把国有企业转型升级作为目标追求。国有企业在东北地区工业领域占有举足轻重的地位，国有企业转型升级的成功对东北地区工业转型升级具有全局性意义。在国家产业变革的大背景下，东北地区国有企业改革要以重化工业企业为重点，尤其是在前两年去产能后，应当明确国有企业转型升级的方向，推进企业向产业链中高端转型升级。

（2）以市场为导向，加快建立现代企业制度。东北各省区要加快落实《加快推进东北地区国有企业改革专项工作方案》，以市场为导向，加快国有企业改革步伐，彻底打破东北地区国有企业原有的僵化运营机制，建立面向市场的生产经营机制，加快建立现代企业制度。

（3）深化企业内部改革，建立市场化运行机制。以完善国有企业劳动、工资、人事三项制度改革为重点，加快形成"员工能上能下、工资能高能低、员工能进能出"的机制。例如，按照市场化的选聘机制，建立健全国有企业职业经理人制度；实行国有企业管理人员竞争上岗机制，等等。

（4）加快推进企事分开，切实解决历史遗留问题。解决企业历史遗留问题、推进企事分开是东北地区国有企业改革的难点之一。由于东北地区教育、医疗、养老等社会领域改革滞后，历史欠账较多，推进企事分开，解决企业历史包袱需要多方面的支持来建立改革成本的分担机制。从政府层面来看，东北地区需要加快社会保障体制改革才能为企业职工解除后顾之忧，为企业层面的改革提供制度保障。从企业层面来看，需要政府财政支持来解决职工社会保障的历史欠账。同时，也需要国有企业员工自己承担一部分改革成本。为此，建议尽快建立并完善东北地区社会保障制度，由此为全面解决国有企业历史遗留问题创造条件。

二、关键是赋予国有企业经营自主权

实践证明，在政企不分的条件下，国有企业很难面向市场提升效益。加快推进东北地区国企改革，实现放活国有企业的目标，需要彻底赋予国有企业经营自主权，让企业按照市场化机制经营。

1. 逐步扩大国有企业经营自主权

（1）政企不分是国有企业改革的起点。经营自主权，是企业在不违反国家法律法规前提下所拥有的调配使用企业自身的人力、物力、财力，自行组织生产经营的权利[1]。改革开放之初，我国通过采取"扩大企业自主权""利改税""租赁制"等多种形式，向企业下放部分经营权与收益权来调动企业经营者和职工的工作积极性，这是我国国企改革的起点。到20世纪90年代中期，我国绝大多数国有企业仍处于亏损的状态，而且反复出现"一管就死、一放就乱"的现象，一个重要原因就在于政企不分。中共十六大后我国成立了国有资产监管机构，目的就是要通过政企分开，扩大企业经营自主权，推动国有企业面向市场。中共十八大以来，中央开始实行新一轮国有企业改革，即在过去国资监管体制的基本上，建立"大国资"体制。

（2）国家支持东北地区加快推进国企改革。中共十八大以来，中共中央、国务院连续出台支持东北振兴的若干政策，都把推进国有企业改革作为一项重要内容。例如，2014年国务院出台《关于近期支持东北振兴若干重大政策举措的意见》要求，进一步深化东北地区国有企业和国有资产管理体制改革，支持东北在国有企业改革方面先行先试，大力发展混合所有制经济，切实增强国有经济发展活力。2016年，中共中央、国务院出台《关于全面振兴东北地区等老工业基地的若干意见》要求，深化国有企业改革，完善国有企业治理模式和经营机制，真正确立企业市场主体地位，解决好历史遗留问题，切实增强企业内在活力、市场竞争力和发展引领力，使其成为东北老工业基地振兴的重要支撑力量。2017年，国务院出台《关于加快推进东北地区国有企业改革专项工作方案》，这是中共十八大以来出台的第一个区域性国企改革专项文件，表明了中央对东北的高度重视，体现了东北地区国企改革的重要性。

---

1. 王绛. 积极稳妥推进国有资本经营授权改革［J］. 中国经济周刊，2019（14）.

（3）抓住机遇推进新一轮国企改革。在国家相关政策的支持下，东北地区国企改革开始加快。通过改革，进一步推进了政企分开、政事分开，激发了企业活力。例如，东北制药作为混改试点企业，2018 年营业收入同比增长 32%，利润增长 64%，员工薪资增长 60%，纳税 5.1 亿元[1]；内蒙古最大的冶炼企业包头铝业，自从参与多边交易以来，与内蒙古电力集团累计电量交易额达 436 亿元，累计降低成本 26.93 亿元[2]。

专栏 5.1　东北三省一区近几年国企改革进展

2016 年以来，辽宁全面开展了政企脱钩、事企分开、事转企改革工作。目前，辽宁省已完成 600 多家企事业单位脱钩移交，全部纳入国资监管体系，实现经营性资产监管集中化、规范化，并落实国有资产保值增值责任，共涉及资产总额 8500 亿元，有效推进了政企分开。

黑龙江省近两三年来制定出台了 12 个实施意见，专门成立国企改革领导小组，相继制定三年改革滚动规划，以改革激发振兴发展的动力和活力，2018 年一季度，省国资委出资企业实现营业收入 114.1 亿元，同比增长 15%；利润总额 9.01 亿元，同比增长 108.5%。

吉林省近几年相继出台了《关于深化国有企业改革的意见》《省属国企改革发展三年行动方案》等重要改革方案，组建了 4 户国有资本运营公司，分批次推动 26 个省直部门及事业单位所属的 158 户企业完成脱钩和存量资产注入，涉及资产 5082.3 亿元、职工 2.3 万人；省国资委监管的 739 户企业中，已实行混合所有制改革并运行的有 415 户，占比达 56%。

内蒙古自治区近年来以混合所有制改革为国企改革突破口，通过企业上市、产权转让、增资扩股、员工持股、项目合作、债务重组等多种途径，稳妥推进股权多元化和混合所有制改革，放大国有资本功能，力争到 2020 年，区属企业混合所有制企业户数占比达到 65% 左右。

资料来源：改革开放 40 年：辽宁国有企业持续推进改革发展［EB/OL］. 中国发展网，2018-12-14；黑龙江省全面深化国有企业改革综述：勇啃硬骨头 劲闯新天地［N］. 黑龙江日报，2018-05-27；不负嘱托奋楫笃行——吉林省四年来国企改革综述［N］. 吉林日报，2019-07-22；内蒙古细绘国企改革两年攻坚图［N］. 经济参考报，2019-08-02.

---

1. 老国企、新路子助力东北高质量发展［N］. 中国青年报，2019-12-03.
2. 内蒙古电力集团：坚持以改革推动发展，电力市场化改革成效显著［EB/OL］. 环球网，2019-12-01.

2. "两权分离"改革不够彻底

（1）国有企业行政色彩仍较重。从东北的情况看，国有企业改革仍面临不少挑战，尤其是管理体制上，所有权与经营权分离不够彻底，监管机构履行出资人所有权并不明确，经营权下放也不彻底。例如，国企重大决策过程中行政化色彩较重，国有企业面临重大决策时仍受某些行政干预，从而不仅影响决策进度，也影响国有企业经营效益。

（2）国企高管任职仍以"行政任命"为主。当前，东北绝大部分国有企业董监高管理层尚未实现市场化。有资料显示，东北 61 家 A 股上市国有企业中，管理层中有从政背景的高达 30 家，占比 48.39%。非上市公司更为突出，一些政府官员进入国有企业，从而造成"官场思维"在东北大型国有企业中蔓延[1]。

3. 真正赋予国有企业经营自主权，让企业轻装上阵

（1）全面实施国有资本授权经营体制。2019 年 4 月，国务院出台《改革国有资本授权经营体制方案》，目的就是为了理清出资人代表机构与国家出资企业之间的权责边界，进一步提高国有资本运行效率。东北各省区要严格落实方案，依法理顺政府与国有企业的出资关系，最大限度减少政府对市场活动的直接干预。一是要制定出资人代表机构监管权力清单和责任清单，清单之外事项由企业依法自主决策；二是针对各地企业不同分类，分类开展授权放权；三是要加强企业行权能力建设，确保各项授权放权企业能够接得住、行得稳；四是完善监管体系，通过健全监管制度、创新监管方式等途径，实现对国有资本的全面有效监管。

（2）完善国有企业法人治理结构。建立有效的企业法人治理结构是建立现代企业制度的核心。东北地区国有企业要严格按照《公司法》的要求，加快构建运作、权责明晰的股东会、董事会、总经理层和监事会，推动国有企业决策权与经营权有效分离；重点是做实董事会，赋予董事会实权，并将董事会人员配置、权力范围等内容纳入公司章程，形成董事会集

体决策机制。

（3）建立市场化的职业经理人选聘机制。加快建立完善的市场化经营机制，更好适应市场竞争的要求是东北地区国有企业改革的重要组成部分。2016年9月，浙江省出台《关于推进省属企业职业经理人制度建设的试行意见》，提出通过大力引进和使用适应市场竞争需要的高素质职业经理人，推动省属企业领导人员选任和管理方式的改革。2017年，浙江省最大的国有企业物产中大集团开始试点采取市场化的方式高薪聘请企业职业经理人和若干高管。为此，在充分借鉴浙江等省份成功经验的基础上，东北三省一区的国有企业需要积极探索建立与市场接轨的经理层激励制度，可以率先在省属国企试点，逐步增加国有企业高管的市场化选聘比例，真正实现企业职业经理人"市场定价"。

三、在放活国有企业的前提下做强做优做大国有资产

东北地区国有企业比重和资产规模都比较大，但资产运营效益不尽如人意。加快推进国有企业改革，要把做强做优做大国有资产作为目标追求，下决心放活国有企业。

1. 做强做优做大国有资产规模

（1）东北地区国有资产规模仍在不断扩大。中共十八届三中全会以来，东北地区国有企业改革的力度在加大。总的来看，近几年来，东北三省一区国有企业资产总额不断提升。以国有工业企业为例，据统计，2013—2017年，东北三省一区国有工业企业资产总额合计由46981.5亿元增长到55288.7亿元。其中，辽宁省由17397.6亿元增长到18850.6亿元；吉林省由8252.8亿元增长到8784.9亿元；内蒙古自治区由12236.9亿元增长到17549.3亿元；仅有黑龙江省由9094.2亿元下降至8784.9亿元。

表 5.1　2013—2017 年东北国有工业企业资产总额情况（单位：亿元）

地区	2013	2014	2015	2016	2017
内蒙古	12236.9	14450.0	15388.8	15966.9	17549.3
辽宁	17397.6	17792.0	18658.2	18588.1	18850.6
吉林	8252.8	8797.9	9018.9	9668.0	10103.9
黑龙江	9094.2	9489.4	9453.7	9007.2	8784.9
合计	46981.5	50529.2	52519.6	53230.2	55288.7

数据来源：2014—2018 年《中国统计年鉴》。

（2）国有资产结构分布不够合理。随着我国产业结构变革和服务业加快发展，投资的重点转向服务业领域。从东北地区的情况看，国有企业在工业领域仍占有较大比重，国有企业资产分布不够合理。根据相关统计，2015 年，辽宁省国有资产在服务业领域分布较重，达到 77.1%；黑龙江、吉林、内蒙古三地国有资产在工业领域占有较高比重，其中，吉林达到 41.1%，内蒙古达到 51.27%，明显高于江苏、安徽等地。另据统计，东北三省一区国有工业企业资产总额占规模以上工业企业资产总额的比重由 2013 年的 51.94% 上升到 2017 年的 54.87%，高于全国平均水平 15 个百分点以上。

表 5.2　2015 年东北三省一区与部分省份国有资产分布情况（单位：%）

地区	第一产业	第二产业	第三产业
辽宁	0.8	22.1	77.1
吉林	12.6	41.1	46.3
黑龙江	10.6	28.4	61.0
内蒙古	2.03	51.27	46.7
江苏	0.8	9.3	89.9
安徽	2.37	16.82	80.81

数据来源：根据《2016 中国国有资产监督管理年鉴》数据整理。

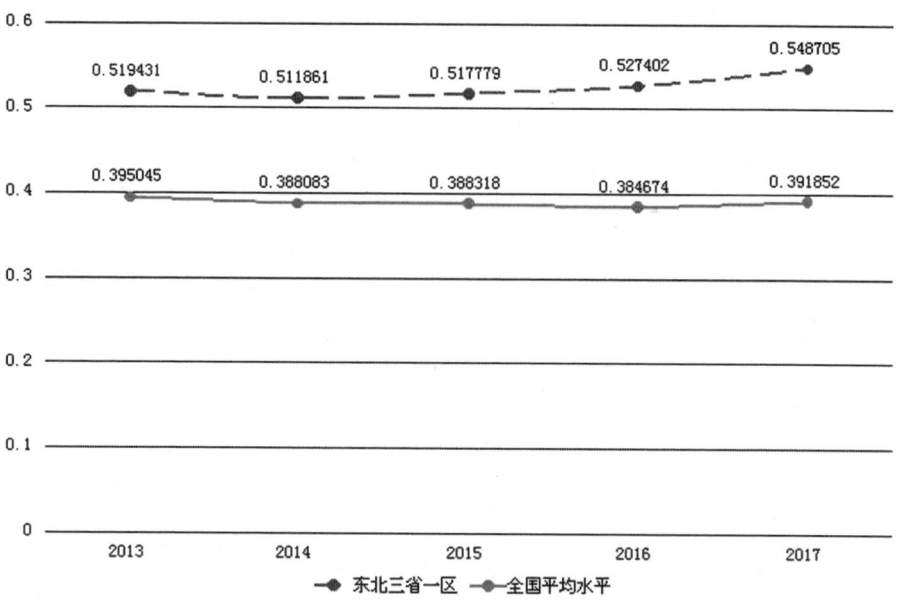

图 5.3　2013—2017 年东北国有工业企业资产总额占规模以上
工业企业资产总额比重与全国平均水平比较（单位：%）

数据来源：根据 2014—2018 年《中国统计年鉴》数据计算。

（3）央企层面的改革严重滞后。国有企业改革是实现东北振兴的关键所在，而东北国企改革的重点在于央企。据统计，截至 2013 年，中央企业及其子企业在东北地区共有 3183 家，资产总额 4.5 万亿元，职工人数 174.8 万人。其中，辽宁省的央企及所属企业达到 1751 户，资产达 2 万亿元，占辽宁规模以上企业资产总额的 47%，在岗职工约 70 万人。2013 年，吉林省央企销售收入占全省规模以上工业主营收入的 90% 以上[1]。这些央企大都属于重化工业，尤其是在近几年去产能过程中，这些央企成为制约东北地区经济发展的主要障碍。

（4）以做强做优做大国有资产为目标推进战略性结构调整。未来 5 年，东北三省一区国有企业改革要适应制造业转型升级的大趋势，尤其是要加快央企层面的改革，加快央企产业结构调整，聚集产业链、价值链中

1. 梁启东. 东北国企改革的核心问题是央企改革［N］. 中国经营报，2016-03-29.

高端推动国有资本与产业联动调整；加大对高端装备制造、新能源汽车、新材料等高附加值产业和生产性服务业领域的投资力度；根据各省产业布局推动国有企业战略性调整，实行专业化、同质化、同业化整合重组，减少重复建设与恶性竞争。

2. 提升国有资产保值增值能力

（1）国有资产保值增值能力减弱。中共十八届三中全会通过的《中共中央关于全面深化改革若干重大问题的决定》强调，国有企业必须适应市场化、国际化新形势，以规范经营决策、资产保值增值、公平参与竞争、提高企业效率、增强企业活力、承担社会责任为重点，进一步深化国有企业改革。中共十九大报告进一步强调指出，加快国有经济布局优化、结构调整、战略性重组，促进国有资产保值增值。由于东北地区许多国企运营机制仍然比较僵化，在整个内外形势发生变化的背景下，东北地区国有企业资产保值增值能力不是在增强，而是在减弱。统计数据显示，2015 年，黑龙江国有资产保值增值率为98.07%；2015 年，吉林省国资委监管企业国有资产保值增值率为98.4%，比上年减少 3.3 个百分点；2015 年，辽宁国有资产经营积累小于经营减值，保值增值率由 2014 年的 100.5% 降为 98.6%；东北三省都低于全国平均水平。

表5.3　2015 年东北三省国有资产增值保值率（单位：%）

地区	国有资产保值增值率
全国平均	104%
其中：中央企业	105.9%
地方监管企业	102.7%
黑龙江省	98.07%
吉林省（省国资委监管企业）	98.4%
辽宁省	98.6%

数据来源：2016 中国国有资产监督管理年鉴［M］. 中国经济出版社，2016.

（2）确保国有资产保值增值。一是提高国有企业资产经营效率，推进国有资本向优势产业、战略性新兴产业、生产性服务业、公共服务民生保障等领域集中，优化国有资产布局；二是东北各省区要加快组建国有资产投资运营公司，以提高国有资本运行和配置的效率，力争各省属国有企业收入利润增幅尽快达到全国中上游水平；三是要加强企业内部资源整合，推动技术、人才、资金等要素向企业主业集中，非主业资产通过多种途径与其他国有企业进行重组，提高企业自身运行效率；四是促进国有企业提质增效，鼓励国有企业创新成本费用管控方式，降本增效，实现国有资产保值增值率、回报率和企业流动资产周转率等指标进一步提升。

3. 推动国有资本证券化

（1）通过资本证券化做强做优做大国有资本。国有资产证券化是深化国企改革的重要手段。2016年以来，随着新一轮国有企业改革的不断推进，地方国有资产证券化步伐加快。从东北地区的情况看，截至2019年8月，黑龙江省上市公司数量达到38家，A股上市公司境内总市值2767.26亿元，其中，国有控股公司17家；吉林省共有A股上市公司41家，上市公司总市值3107.08亿元，其中，国有控股企业11家；内蒙古自治区在沪深两市上市公司有26家，上市公司总市值5115.57亿元，其中，国有控股企业10家[1]；辽宁省在沪深两市上市公司有75家，上市公司总市值7084亿元，其中，国有控股企业25家[2]。

表5.4 2019年8月东北地区国有控股企业上市公司数量（单位：家）

地区	上市公司	国有控股企业
黑龙江	38	17
吉林	41	11
辽宁	75	25
内蒙古	26	10

数据来源：根据东北三省一区证监局网站公布数据整理。

1.根据黑龙江省、吉林省、内蒙古自治区证监局网站公布数据整理。
2.辽宁民企上市公司数量和市值均超国企［N］.沈阳日报，2019-09-10.

（2）国有企业资产证券化水平不高。目前，东北地区国有企业占比较高的一个重要原因就在于市场化改革滞后，绝大多数国有企业受传统思想影响，股份制改革过程中股权开放度明显偏低。尤其是在集团层面，国有独资企业比重较高，达到80%以上；即使完成股改的企业，也存在国有股"一股独大"等问题。从目前东北地区上市公司分布来看，国有企业占比较低，这与东北地区国有企业占主导的现实情况严重不相符。

（3）提升国有企业资产证券化水平。推动国有企业资产证券化能够有效盘活东北国企大量沉睡的资产，提升国有资产的盈利能力。为此，需要把资产证券化作为东北三省一区国有企业混合所有制改革的重要任务。一是加快推进骨干企业集团通过其控股的上市公司将主业优质资产向上市公司集中，实现主业资产整体上市；二是积极培育上市资源，优先支持先进装备制造、人工智能、生物制药、新能源产业、服务业等优质国有资产在主板上市或新三板挂牌；三是经过5年左右的努力，明显提升东北各省区资产证券化水平，力争到"十四五"末，东北三省一区国有资产证券化率达到或超过全国平均水平。

第二节　建立以"管资本"为主的国有资产管理新体制

以"管资本"为主是国有企业做强做优做大的重要条件。从东北实践看，这项改革目前尚未有效破题，客观上制约了东北国有企业改革的进程。"十四五"，东北地区加快国有企业改革，重在建立以"管资本"为主的国有资产管理体制。

一、加快从"管企业"转向"管资本"

近年来,东北各省区通过改组组建国有资本投资、运营公司,初步形成了国有资本授权经营体制。但总的看,国资监管机构尚未把主要精力放在"管资本"上,仍存在过多过细的"管企业、管人"等突出问题。当前,东北地区深化国有企业改革的核心是搞活国有资本,这就需要尽快实现从"管企业"向"管资本"转变。

1. 全面推进国有企业分类监管

(1)加快推进国有企业分类改革。2015年8月,中共中央、国务院印发《关于深化国有企业改革的指导意见》要求,分类推进国有企业改革,将国有企业分为商业类和公益类。近几年来,东北三省一区按照中央关于国有企业改革的精神,根据不同领域国有资本的战略定位和发展目标,分别将国有企业分为竞争类、功能类和公益类三个类别,并分别提出三类国有企业改革的重点举措,加快推进国有企业分类改革。

(2)进一步细化国有资本的分类管理。当前,东北地区与全国各地一样将国有企业分为商业类和公益类,实行分类改革、分类发展、分类监管、分类定责、分类考核。但实践中,对于"管资本"具体管什么、如何管等问题尚无明确指引;仅分为商业类、功能类和公益类过于简单,难以适应"管资本"的现实需求。为此建议:以实现各类企业充分竞争为导向划分国有资本类别,并形成明确的指引清单,为国有资本进出提供依据。

(3)全面推进国有企业分类监管。东北地区由于产业分类齐全,建议在准确界定不同国有企业功能的基础上,根据国有企业不同业务性质实行分类监管:根据企业属性和产业特征,按公益类、功能类和竞争类三个类别对国有企业实行分类管理;在界定功能定位并分类的基础上,对国有企业实施分类评价和考核;在确保国有资产保值增值的前提下,针对不同类型的企业以及企业的不同发展阶段,设定不同的发展目标。

表 5.5　东北地区国有企业分类改革的举措

地区	竞争类	功能类	公益类
黑龙江	完全遵循市场规律、公平参与市场竞争，以经济效益最大化为主要目标，力争成为国内同行业中具有核心竞争力和较强品牌影响力的国有企业。	以承担省政府重大专项任务，实现政府在调节经济、促进社会发展等方面的战略意图为主要功能，兼顾社会效益和经济效益。	主要提供公共产品或服务，以增强城市承载能力和运行保障水平、实现社会效益为主要目标。
吉林	主业处于充分竞争行业和领域，按照市场化要求实行商业化运作，以增强国有经济活力、放大国有资本功能、实现国有资产保值增值为主要目标，依法独立自主开展生产经营活动，实现优胜劣汰、有序进退。这类企业原则上都要实行股份制改革，积极引入其他国有资本或各类非国有资本实现股权多元化，国有资本可以绝对控股、相对控股，也可以参股。	主要以各类投融资平台为主体，承担重大专项任务和重点项目建设，体现政府战略意图，服务和保障全省发展大局。这类企业要保持国有资本绝对控股或相对控股，支持非国有资本参股。对需要实行国有全资的企业，也要积极引入其他国有资本实行股权多元化。	主要以供水、供气、供热、公共交通等企业为主体，以保障民生、服务社会、提供公共产品和服务为主要目标，引入市场机制，提高公共服务效率和能力。这类企业可以采取国有独资形式，具备条件的也可以推行投资主体多元化，还可以通过购买服务、特许经营、委托代理等方式，鼓励非国有企业参与经营。
辽宁	以市场为导向，实行完全市场化的经营机制和监管方式，以经济效益最大化为目标，兼顾社会效益。	承担国有资本投资运营职能或政府重大专项任务，兼顾社会效益和经济效益。	处于承担生活服务保障或重大基础设施领域，以确保社会正常运行和稳定、实现社会效益为主要目标。
内蒙古	以市场为导向，加大重组整合力度，提高产业集中度，培育一批国内乃至国际同行业中具有较强竞争力和影响力的企业。发展混合所有制经济，促进企业体制机制创新，打造充满活力的市场竞争主体。重要骨干企业的集团层面或一级企业可以保持国有独资或全资实体公司的形式，也可以吸收非国有资本参股，鼓励集团下属企业进行公司制股份制改革，积极引入其他国有资本或各类非国有资本，国有资本可以绝对控股、相对控股或参股。	根据不同行业特点，优化国有资本投入，积极引入社会资本，推进产业重组整合。具备条件的特定功能类国有企业可以采取国有资本控股的形式，支持非国有资本参股。对自然垄断行业，实行以政企分开、政资分开、特许经营、政府监管为主要内容的改革，推进网运分离、独立运营，放开竞争性业务，促进公共资源配置市场化，保障各类市场主体平等接入。	加大国有资本投入，优化公益性业务资源配置，引入市场机制，提高公共服务效率和能力。具备条件的公益类国有企业可以推行股权多元化改革，也可以通过购买服务、特许经营、委托代理等方式，鼓励非国有企业参与经营。

资料来源：根据东北三省一区国有企业改革政策文件整理。

2. 形成以"管资本"为主的国有资本管理格局

（1）以"管资本"为主形成国有资产管理三层架构。东北各省区要加快形成国有资产监管机构—国有资本投资运营公司—经营性国企三层国有资产管理架构，实现监管者与出资人职能分离，出资者与企业职能分离。地方国资委主要负责国有资本监管，将国有资本管理的权力下放到国有资本投资运营公司，经营性国企作为实体性企业拥有企业法人的全部权限。

（2）加快建立"管资本"主体的权责清单。按照国有资本的分类，东北各省区国资监管机构要尽快形成统一的国有资本投资、运营公司权责清单，重点在国企产权转让、企业领导任免、企业重组方案审核、企业改制方案审核、公司章程修改、企业业绩考核和薪酬标准、企业财务预算管理等方面实现制度性安排。

（3）理顺国资监管机构与国有资本投资运营公司的关系。东北各省区要合理划分国资监管机构与国有资本运营公司的权限，调整国资监管机构的职责界定、管理权限、运行方式；新建或改组的国有资本投资运营公司，根据国有经济分类监管的战略，通过对重点行业的各类企业控股参股或退股，放大国有资本的控制力和影响力。

二、组建并完善国有资本投资运营机构

东北地区要结合本地国有企业的实际情况，适应产业结构调整的大趋势，以推进国有资本投资、运营公司改革试点为切入点，加快完善国有资本授权经营体制，尽快实现由"管企业"向"管资本"的转变。

1. 加快组建或改组国有资本投资运营公司

（1）东北各省区开始推进改革试点。2019 年 8 月，国务院出台《关于推进国有资本投资、运营公司改革试点的实施意见》要求，通过改组组建国有资本投资、运营公司，构建国有资本投资、运营主体，改革国有资本授权经营体制，完善国有资产管理体制，实现国有资本所有权与企业经营权分离，实行国有资本市场化运作。实际上，从 2015 年以来，东北一些地区就已经开始组建省级国有资本运营公司。例如，吉林省在 2016 年就筹建

成立省属国有资本运营公司，目前已经完成了农业投资集团、旅游控股集团、吉盛资产公司和国有资本运营公司的改组组建，4家投资运营公司全部注册运行。内蒙古在原有国有资产运营有运营公司的基础上，根据新一轮国有企业改革的要求，于2016年改组成立内蒙古国有资本运营有限公司。2019年12月，辽宁省在现有7家国有资产管理、经营公司基础上整合组建首家省级国有资本运营公司——辽宁控股（集团）。

有些地区改革起步较慢，尤其是市一级层面改革尚未全面展开。例如，黑龙江省政府于2019年10月25日才出台《推进国有资本投资、运营公司改革试点实施方案》，计划重点从省级产业投资集团入手，选择交投、建投、农投、产投4个产业投资集团作为第一批试点企业。同时，东北各省区市一级层面的国有资本投资运营公司试点工作尚未全面展开。

（2）多种途径加快国有资本投资、运营公司改革。国有资本投资运营公司涉及东北振兴战略的实施，扮演着引领东北产业转型发展的重要角色，承担着完善国有资产管理体制的责任。为此，建议：一是鼓励东北地区省属大型国有企业集团，通过剥离其经营性业务重组设立，成为国有资本投资公司；二是对原有的大型国有金融性投资公司，通过扩大其授权职能的方式设立；三是把东北地区现有的由党政机关直接持有的国有股股权，转由多个新设的国有资本投资运营公司持有；四是加快推进东北各地市属国资国企改革步伐。

2. 明确国有资本投资运营公司的主要功能

（1）实现国有资产保值增值。无论是组建国有资本投资公司，还是国有资本运营公司，都是在政府授权范围内履行国有资本出资人职责，是国有资本市场化运作的平台，主要进行企业重组、兼并与收购、公司证券发行等业务，以促进产业资本和金融资本的融合，实现优势互补，实现国有资产保值增值。对东北地区而言，组建国有资本投资运营公司，就是要盘活东北大量的国有企业资源，提高国有资本运营效率，实现国有资产保值增值的目标。

（2）强化投资功能。东北各省区国有资本投资公司要适应本地区产业转型升级的需求，通过投融资、产业培育和资本运作等方式，推动产业集聚发展，明显提升产业竞争力。其投资职能包括公共服务、基础设施建设、战略性新兴产业、生态环境以及传统产业的并购整合等。

（3）强化资本运作功能。国有资本运营公司主要通过资本市场运作实现国有资本的流动，以提升国有资本运营效率、提高本地区国有资本回报率为目标，实现国有资产保值增值；以持股管理为主，通过股权运作、基金投资、培育孵化、价值管理、有序进退等方式，盘活东北地区国有资产存量，推进持股企业改革改制，发展混合所有制经济。

3. 加快完善国有资本授权经营体制

（1）明确以"管资本"为主改革国有资本授权经营体制。东北各省区政府或国资监管机构对本地区省属、市属国有资本投资、运营公司改革试点企业开展授权放权，主要目的是推动国有资本所有权与企业经营权的分离，真正赋予企业经营自主权，实现国有资本市场化运作，增强本地区企业市场化主体的活力，促进本地区国有资本合理流动和布局优化。

（2）完善国有资本授权经营模式。东北各地要按照《国务院关于推进国有资本投资、运营公司改革试点的实施意见》要求，以国有资产监管机构授予出资人职责和政府直接授予出资人职责两种模式开展国有资本投资、运营公司试点。建议东北各省区省属国有资本投资、运营公司采取省级政府授权省级国资监管机构依法履行出资人职责的模式进行试点；市属国有资本投资、运营公司采取市级国资监管机构授权模式或政府直接授权模式，由各市政府结合实际情况，自主决定。

三、调整优化国有资本布局

"十四五"，适应产业转型升级的大趋势，东北地区要形成国有企业改革的新动力，关键在于以盘活国有资产为重点调整优化国有资本布局。

1. 把转型升级作为东北国企改革的目标追求

（1）把国有企业转型升级作为目标追求。国有企业在东北各省工业领域占有举足轻重的地位，国有企业转型升级的成功对东北地区工业转型升级具有全局性意义。在我国产业变革的大背景下，东北国有企业转型成功与否，是检验东北振兴是否成功的"试金石"。

（2）以重化工业企业为重点推动企业转型升级。目前，东北地区重化工业领域多为大型国有企业，尤其是央企较多，如一汽、一重、哈电等，并且相当一部分企业有几万、几十万职工，改革触及职工的切身利益和社会稳定。这些大型国有企业在调整优化国有资本配置时需要把改革的重点放在制造业服务化和强化生产性服务业上。

（3）将国有资本更多配置在功能类与公益类领域。鼓励东北各省区新增国有资本重点向教育、医疗、养老、环保等民生领域和基础设施领域倾斜，强化国有资本对非国有资本的引导和支持作用；鼓励各地区国有企业加大对现代服务业、高新技术产业、高端制造业和关系国民经济社会发展的战略领域投资力度，构建"高精尖"经济结构。

2. 推动传统国有大企业向创新型企业转型

（1）工业转型升级的关键是实现大企业向创新型企业转型。随着传统产业产能过剩矛盾的进一步凸显，改变东北工业大而不强的突出矛盾，以发展生产性服务业为重点，推动大企业向创新型企业转型，对"十四五"东北地区工业转型升级意义重大。

（2）把做强生产性服务业作为打造创新型国企的重要任务。在新技术革命的浪潮下，像 IBM、苹果这样的国际制造业巨头纷纷加快剥离制造环节，专注于产品的研发设计，成为世界级创新型大企业。我国高铁之所以能够形成国际竞争优势，关键是做强了以研发、设计为龙头的生产性服务业。也就是说，国有企业做强生产性服务业才能成为创新型企业。建议东北各地要推动国有大型工业企业剥离生产性业务，将生产性业务转让给社会资本运营，将主要业务集中在生产性服务业领域，围绕生产性服务业延伸产业链。

（3）以提升产业集中度为重点推动国企并购重组。推动企业重组整合是化解产能过剩、避免地区间恶性竞争的重要途径。东北地区部分行业如钢铁、煤炭、有色金属等领域，产业集中度低，导致行业恶性竞争、重复建设严重。这些领域有效去产能的办法是集中整合一批国有企业，通过做优、做大、做强提质增效。建议东北各地把提高产业集中度作为国企改革去产能的重要手段，推动钢铁、煤炭、有色金属等领域国有企业跨地区重组、兼并，形成效率更高的市场结构。

3. 加快处理"僵尸企业"，清理退出一批"三高产业"

（1）加快处理"僵尸企业"。所谓"僵尸企业"，主要指那些恢复生气无望，但由于获得放贷者或政府的支持而免于倒闭的负债企业。"僵尸企业"的存在阻碍了市场出清，并占用大量本来应当用于创新的经济资源，导致资源的长期错配和低效率配置，并成为拖累政府和金融机构的包袱。据了解，东北地区尽管"僵尸企业"数量不多，但是体量比较大，涉及员工数量较多。近年来，东北各地在处置"僵尸企业"上的力度不可谓不大。例如，黑龙江提出到 2020 年基本完成省属"僵尸企业"处置工作；辽宁加快推动国有"僵尸企业"处置工作，从 2017 年开始，每年完成处置总任务的三分之一，2019 年末全部完成；内蒙古 2019 年内全区区属"僵尸企业"实现基本出清；吉林按照国务院和国家发改委等 11 部委的要求，加快"僵尸企业"出清，力争 2020 年底前完成。"僵尸企业"的全面出清，将进一步加速东北地区国有企业转型升级的步伐。建议采取兼并重组、债务重组和破产清算等市场化的方式全面清理"僵尸企业"。中央与地方政府的主要职责是强化社会保障，避免破产企业员工生活陷入困境。

（2）国有资本逐步退出"三高产业"。大量国有资本配置在高污染、高能耗、高排放的"三高产业"，使得国有资本不仅难以发挥在产业转型中的重要作用，相反还成为阻碍产业转型的突出因素。"十四五"，服从于工业转型升级这个大局，东北需要从"三高产业"中清理退出一批国有企业。建议东北各省区抓紧形成综合性的改革方案，以地方国有企业为重点，争取到"十四五"末，实现国有资本从"三高产业"全面退出。

第三节 探索发展非公经济控股的混合所有制

从东北的改革实践看，发展混合所有制不一定要追求国有资本控股。发展非公经济控股的混合所有制，有利于搞活企业经营机制，有利于做大国有资本"蛋糕"。

一、改变国有股"一股独大"

当前，推进国有企业混合所有制改革，重在通过引入社会资本改变国有股"一股独大"的问题，从而激发国有资本的活力，提高国有资产运营效率，实现国有资产保值增值。

1. 把国有资本自身多元化作为东北国企混合所有制改革的重点

（1）东北地区国有股"一股独大"的问题仍未得到完全解决。从全国来看，近几年来，我国已经开展三批国有企业混合所有制改革试点，取得了比较好的效果。同时，各地国有企业通过各种不同所有制资本的实质性混合，有效解决了过去国有股"一股独大"的问题。但从东北的实际情况看，一方面，个别国有企业仍抱着"一股独大""绝对控股"等思想观念；另一方面民营企业"不愿混""不敢混"，担心混合以后在体制机制上存在某些束缚。据辽宁社会科学院发布的《辽宁蓝皮书》显示，辽宁绝大多数国有企业尤其是中央企业，国有股"一股独大"的问题仍未得到有效解决，这为发展混合所有制经济带来诸多不利条件[1]。

（2）加快推进东北地区国有资本多元化。在东北地区混合所有制改革

1.索寒雪.东北国企混改杜绝一股独大 形成"三三三"骨架结构［N］.中国经营报，2018-03-03.

中，推进国有资本自身的多元化，比简单降低国有经济比重，更具可操作性和现实性。无论国有资本绝对控股、相对控股还是参股，实现国有资本自身股东的多元化，对破题东北国企混合所有制改革意义重大。建议把国有资本所有者的多元化作为国有企业市场化运行的重要制度建设，作为评价国企混合所有制改革的重要标准之一。通过国有资本所有者的多元化，例如引入社保基金，由不同股东作为出资人代表，避免企业重要决策由一个大股东独断的弊端，提高决策科学性，提升风险防范能力。

2. 多种途径推进国有资本多元化

（1）充分发挥各地国有资本投资运营公司的作用。目前，东北各省区已经开始组建国有资本投资运营公司。在这个基础上，建议：一方面，以国有资本投资运营公司为平台，吸引更多的社会资本参与，例如，探索东北地区PPP的新路子；另一方面，发挥国有资本投资运营公司在改善东北国有企业内部治理中的作用，例如，探索省属国有资产投资运营公司参与市属国有企业股权多元化的改革。

（2）加快推动东北国有资本配置战略性调整。从实际情况看，东北地区国有资本分布的领域过广，一些竞争性领域仍还有国有资本配置在内。未来5年，重点是加快推进东北国有资本的战略性调整，退出与国计民生无关领域，注入主业、优化结构。一是东北地区国有资本尽快从三个领域退出：从所有小型工业企业中退出；从所有长期低效益与负效益的行业中退出；从所有长期低效益与负效益的企业中退出。二是强化东北地区国有资本在三个领域的配置：在全国有长期优势的行业；东北行业龙头与骨干企业；承担国家特殊任务与功能的企业。三是明确东北国有资本配置调整的任务清单、时间表和进度表。建议东北各省区国资监管机构尽快调研、挨户走访，摸清每家国企的国有资本分布情况，尽快拿出可操作的方案。

（3）扩大东北国有企业员工持股改革的试点范围。党的十八届三中全会明确提出，允许混合所有制经济实行企业员工持股，形成资本所有者和劳动者利益共同体。东北国有企业改革，需要调动广大员工的积极性。建议：一是适当下放东北国企员工持股改革方案的审批权。对于条件成熟的东北国企员工持股改革方案，可以下放到市级甚至采取备案制。二是重点在东北科技类国企加快员工持股改革进度。比如对东北地区装备、设备制造等科技含量较高的国企，尽快推进员工持股，激活科技人才。三是对完全竞争性领域的某些国有企业，探索"分红权改革"。将企业利润在资本所有者、经营管理层与普通员工中共享。由于不涉及改制、评估、审计、下岗，分红权改革方案的实施难度小，且有利于提升员工积极性，有助于国有资本保值增值。

（4）鼓励外资参与国企混合所有制改革。2015年，国务院出台《关于国有企业发展混合所有制经济的意见》提出，引入外资参与国有企业改制重组、合资合作。2017年8月，国务院出台《关于促进外资增长若干措施》提出，鼓励外资参与国有企业混合所有制改革。东北各省区落实中央精神，在国有企业混合所有制改革过程中都提出有序吸收外资参与国有企业混合所有制改革。从实践看，东北地区汽车制造领域是开展中外合资合作比较早的。建议东北地区其他竞争性领域的国有企业在混改过程中有序吸引外资参与，充分利用国际市场、技术、人才等资源和要素，深度参与国际竞争和全球产业分工。

3. 推进国有资本划拨社保基金的制度化

（1）将部分国有资本和部分国企红利划归社保基金，合理解决国企职工养老金历史欠账问题。中共十八届三中全会已经明确了社保基金划拨国有资本的基本方向。在东北地区加大国有资本划拨社保基金的力度，有助于解决省级社保基金缺口问题；有助于社保基金向关系国计民生的东北国企注入国有资本，有效降低国企负债率；有助于避免"一股独大"，推进国企现代企业制度建设。

（2）探索成立东北区域性社保基金理事会。目前，东北地区仅有辽宁成立了省级社保基金理事会。东北三省一区联合成立区域性社保基金理事会主要承接国有资本划拨，负责运营管理，实现国有资本保值增值。从有利于东北地区人力资源跨省区流动出发，吉林、黑龙江、内蒙古应尽快成立省级社保基金理事会。在辽宁社保基金理事会的基础上，吸纳吉林、黑龙江、内蒙古加入，组建东北地区社保基金理事会。

（3）明确东北地区国有资本划拨的比例和时间期限。不仅东北各省区国有资本要按一定比例划拨，而且争取在东北的央企也划拨一定比例国有资本到社保基金，以此支持东北振兴。同时，要发挥社保基金在国有资本运营管理上的作用，尤其是在优化东北国有企业内部管理上的作用。

二、探索民营经济控股的混合所有制

近年来，社会资本对参与国有企业改革积极性很高，但也有较多的顾虑。主要是担心参股之后，难以参与企业治理和决策，对自身收益缺乏稳定预期。在这个特定背景下，东北各地需要以更大的力度，支持民间资本参与国有企业改制重组，尤其是在竞争性领域不设置股权比例限制，鼓励民间资本控股混合所有制企业。

1. 竞争性国企发展社会资本控股的混合所有制

（1）推进国有企业母公司混合所有制改革。一是针对东北地区央企多的现状，率先加快推进央企开展发展混合所有制经济试点；二是在一般性竞争领域，通过多种方式推动具备条件的国有企业母公司实现整体上市；三是对于暂时不具备上市条件的国有企业母公司可以通过引入各类战略投资者，包括民间资本、外资等，实现股权多元化。

（2）培育一批高端生产性服务业企业集团。以沈阳、大连、长春、哈尔滨、呼和浩特等中心城市为重点，支持东北各省区省属国有企业通过发展混合所有制在国企培育总部经济，充分利用现代信息网络技术及平台，发展一批具备国际竞争力、在国际国内具有资源配置能力的专业化研发服务机构。

（3）服务于"走出去"推动国有企业优化重组。借助"一带一路"东北大通道的优势，面向东北亚，推动东北地区具有国际竞争优势的企业"走出去"，是东北大型企业接受国际竞争考验加快转型升级的重要渠道。"十四五"时期需要把握"一带一路"的机遇，以东北亚、中东欧为重点，支持更多东北地区具有竞争优势的装备制造、资源能源等企业优化重组，培育一批带动本地区企业"走出去"的旗舰企业集团。

2. 鼓励更多领域允许社会资本控股

（1）在更多领域允许社会资本控股。建议东北各省区率先在能源、交通运输等一般竞争性领域，支持鼓励社会资本控股，注重发挥民营企业家作用，实现国有资本保值增值。将国有独资形式的企业严格限定在涉及国家安全的少数国有企业和国有资本投资、运营公司；将国有绝对控股的企业严格限定在涉及国民经济命脉的重要行业和关键领域；在支柱产业和高新技术产业等行业，主要采取相对控股；在不需要国有资本控制、可以由社会资本控股的国有企业，可采取国有参股形式或者全部退出。

（2）推动国有股减持计划。对于国有股"一股独大"的股份制或混合所有制企业，稳步推进一般性竞争行业国有股减持计划，将国有企业部分国有产权通过转让、流转的方式推向社会资本，鼓励社会资本增资扩股或控股，发展股权多元化的混合所有制企业；划转部分国有资本充实社会保障基金；国有资本向重要行业和关键领域集中，实现资本的流动性，增强国有经济的活力与效率。

3. 推动军转民领域的混合所有制发展

（1）建立促进军民融合式发展的体制机制。近年来，东北地区在促进军民融合发展上取得了一些重要进展。例如，辽宁省重点领域"军转民、民参军"实现了双向拓展，全省涉军企业中民企占比达 80% 以上[1]。2016 年末，黑龙江省为贯彻国家军民融合战略，由哈工大、哈工程、703 研究所、焊接研究所、中国航发东安、航空工业哈飞、东北轻合金、航天海鹰哈钛、哈一机、电机厂等 30 余家单位联合发起成立了黑龙江军民融合产业联盟，联盟聚集了哈尔滨 85% 以上的涉军单位，产值占军民融合企业的 90%以上[2]。2017 年 7 月，内蒙古成立全国首家军民融合创业园。从国际经验看，军事领域的高科技往往代表着一个国家最尖端的技术，军民融合式发展有

1.辽宁省逐步形成军民融合发展新格局［N］.辽宁日报，2019-01-15.

2.军民融合产业联盟走进航空企业首支军民融合产业发展基金设立［N］.黑龙江日报，2018-05-21.

利于快速推动一个国家高精尖科技在工业转型升级中的广泛应用。当前，在国家政策支持军民融合发展的大背景下，东北各地要抓住机遇，加快建立促进军民融合式发展的体制机制。

（2）引导和鼓励社会资本进入国防科技工业建设领域。对于凡不涉及国家安全的国防科技工业尽可能引导社会资本参与，形成面向市场、分类管理、有序竞争的开放式发展格局。支持东北地区军、民科研机构的开放共享，加速军工和民用技术相互转化，促进国防领域和民用领域科技成果、人才、设施设备、信息等要素的交流融合，提高资源利用效率。

（3）各省区尽快出台开发军民两用技术和产品的清单。东北各省区要明确发展混合所有制的重点领域，加快国防科技成果转化和产业化进程，通过社会资本参与形成一批军民结合产业和军工优势产业。

三、在东北设立国有企业综合改革试验区

从现实情况看，东北国企改革相对滞后，甚至在有些领域严重滞后。例如，在20世纪国内大部分地区都已经解决的企业办社会、厂办大集体问题，在东北仍然十分突出，严重制约国企改革发展。建议东北应积极申报设立国有企业综合改革试验区，争取尽快在国企改革的关键问题上有所突破。

1.把握东北老工业基地的突出特点

（1）传统产业衰落，经济发展失速。改革开放40多年来，东部沿海地区率先通过对外开放发展起来，而东北地区由于开放进程滞后，发展明显滞后于全国其他地方，被称为"新东北现象"。据统计，1978—2018年，东北三省工业总产值占全国的比重由18.3%下降到5.6%，地区生产总值占全国的比重由13.2%下降到6.3%[1]。不仅是经济在全国的占比下降，经济增长也明显低于全国平均水平。例如，2013—2018年东北名义地区生产总值年均增长率仅为0.7%，远低于全国的8.7%。2018年，辽宁、内蒙古、黑龙江、吉林地区生产总值实际增速分别为5.7%、5.3%、4.7%、4.5%，在全国31个省份中分

1.任泽平，熊柴，白学松.投资不过山海关？——问题、原因与建议［EB/OL］.新浪网，2019-12-10.

别排第二十七、二十八、二十九和三十名，明显低于全国6.6%的平均水平[1]。

（2）人口老龄化进程加快，人口出现净流出。据统计，2000—2018年，我国65岁及以上人口占比由7%上升为11.9%，正加速步入老龄化社会。但从东北地区的情况看，2000—2018年东北三省65岁及以上人口占比由6.6%上升到13.4%，其中，辽宁由7.9%上升到15.2%；吉林由6%上升到12.4%；黑龙江由5.6%上升到12.2%，明显快于全国平均水平[2]。由于经济形势、社会环境多方面的原因，东北人口近10年来出现净流出。数据显示，2018年末，东北三省常住人口减少了38.57万，其中辽宁省减少了9.6万，吉林省减少了13.37万，黑龙江省减少了15.6万[3]。

（3）国有经济比重过高，市场化改革滞后。据统计，2018年，东北三省国有及控股工业企业资产占工业企业资产总值的比重为52.3%，高于中部地区11个百分点，高于全国平均水平14个百分点，高于东部地区22个百分点；东北三省国有及控股工业企业工业产成品价值占比为43.8%，高于中部地区18个百分点，高于全国平均水平22个百分点，高于东部地区29个百分点。[4]在当前东北地区经济下行压力依然较大的背景下，东北需要在市场化改革的关键性、基础性领域实现重大突破。

2. 以国企改革为突破推动产业转型升级

（1）加快国企改革是推动东北产业转型升级、推动经济高质量发展的关键。与全国其他地区不同，东北国有经济占比较高是个突出特点。在这个背景下，只有通过建立国有企业综合改革试验区，赋予改革试验权，才能打破国有企业原有僵化的体制机制，才能有效推动产业结构升级，进而推动东北经济实现高质量发展。

（2）把产权改革作为东北国企改革的突破口。从东北地区国企混合所有制改革面临的突出矛盾出发，让更多社会资本参与国企改革，支持探索

1. 2018年31省份经济排行：粤苏鲁增量领先　贵州西藏增速第一［N］. 21世纪经济报道，2019-02-20.
2. 任泽平，熊柴，白学松. 投资不过山海关？——问题、原因与建议［EB/OL］. 新浪网，2019-12-10.
3. 东北三省2018年人口净流出30万　劳动年龄人口减百万［N］. 21世纪经济报道，2019-05-07.
4. 迟福林. 努力把东北打造成对外开放新前沿［EB/OL］. 中国改革论坛网，2020-01-12.

社会资本控股的混合所有制，从根本上解决国有股"一股独大"的问题，促进国有资本与社会资本联合发展；全面推进员工持股制度试点，加快调整企业产权结构，推动企业建立现代企业制度。

（3）调动社会资本积极性，盘活大量国有资源。充分发挥市场在资源配置中的决定性作用，支持社会资本以多种形式参与国企改革，以社会资本带动国有资本，盘活东北地区大量的国有资源，推动企业转型升级，增强国有企业活力，提高国有企业的盈利能力，实现国有资产保值增值的目标。

3. 借鉴东部国企改革经验，建立以市场为主导的国企对口合作机制

（1）建立东北—东部国有企业对口合作机制。2017年3月，国务院办公厅印发《东北地区与东部地区部分省市对口合作工作方案》，支持东北地区与东部地区开展全方位合作，并明确东北地区已经与东部地区部分省市建立对口合作关系，主要是辽宁省与江苏省、吉林省与浙江省、黑龙江省与广东省对口合作关系，支持内蒙古自治区主动对接东部省市，探索建立相应合作机制。对口合作的一个重要领域是国有企业改革，这不是传统的对口支援、对口帮扶，需要打破政府主导的传统模式，探索建立以市场为主导的国有企业对口合作机制，推进双方优势产业链、高端产业的合作。

（2）支持发达地区国企参与对口地区国企的改革。东北地区国有企业要学习借鉴东部地区深化国有企业改革的成功经验做法，加快国资国企改革；通过混合所有制改革和资产证券化，推动两地国企与社会资本融合；鼓励东部地区有实力的企业参与东北地区国企混合所有制改革试点；积极引入具有资金、管理等优势的国内外战略投资者，对两地国企进一步实施增量改革。

（3）筹建两地国企市场化合作专项资金。培育、发展先进制造业与现代服务业，进一步支持国企拉动社会资本参与两地优势产业集群建设，助力东北振兴。

4. 推动国有企业综合配套改革

（1）率先开展社会保障体制改革。建议在东北国企改革综合试验区探索社会保障税改革试验，解决东北地区养老金缺口问题；采取特殊措施尽快剥离企业办社会、厂办大集体等国企非主业，扔掉包袱轻装前行。

（2）加大对东北国有企业改革的支持力度。

——分类搞活国有企业。采取分类处理的方式，对于有市场前景、有技术优势的困难企业，主要采取市场化的方式，通过员工持股、债转股等体制机制变革，释放企业活力；对于扭亏无望的企业，要壮士断腕，尽快退出市场。

——以财政手段助力国企改革。建立东北国企改革专项基金，发行东北国企改革特别债券；设立东北国企改革中央财政奖补资金，提升东北国企的改革积极性。

（3）建立国企改革容错机制。实现东北振兴，重在突破现行不合理条条框框的束缚。要建立健全容错、纠错、容忍失败的机制，消除改革者的顾虑，为东北国企改革创造敢于改革的制度环境。例如，探索项目团队负责制，避免国有企业决策失误。鼓励经营管理团队和业务骨干组成项目团队，将项目团队的利益与项目利益、投资利益进行捆绑，明确权责分配，有效防范国有企业决策失误，控制投资风险。

第六章

东北振兴新动力

以培育市场主体为重点
优化营商环境

东北振兴，营商环境决定未来。客观地看，东北经济社会发展面临着诸多矛盾和困难，重要原因在于软环境不优。"十四五"时期要扭转"投资不过山海关"的局面，主要不是靠政策和资金项目扶持，关键在于通过高水平开放为经济运行营造市场化、法治化、国际化的营商环境，初步形成国际国内投资者踊跃到东北投资兴业、各类要素到东北集聚的热潮。

第一节　东北优化营商环境关键在于培育市场主体

市场主体既是创新创业的主体力量，也是吸纳就业的主体。"十四五"时期，东北优化营商环境要把培育各类市场主体作为重中之重，以此形成"大众创业、万众创新"的市场环境。

一、东北既需要吸引企业，又需要留住人才

实现东北振兴，关键取决于市场主体和人才。"十四五"时期，东北优化营商环境，需要把培育市场主体和吸引各类人才作为基本目标。

1. 增强东北对民营企业的投资吸引力

实践表明，东北市场化程度低很大程度上是因为国有经济比重过高。由于东北地区国有企业比较多，在传统体制影响下，资金、技术、人才等要素资源主要向国有企业倾斜，客观上对民营企业造成了挤出效应，从而导致民营企业融资难、融资贵较为普遍，增加了民营企业的制度性交易成本，使民营企业在市场竞争中处于劣势。尤其是在过去几年去产能、去库存、去杠杆的背景下，民间投资增速大幅下滑，民营企业信心不足。例如，2016 年辽宁民间投资增速下滑 67.1%，2018 年内蒙古民间投资增速下滑 17.4%，与江浙

等地形成了鲜明的反差。"十四五"时期，东北优化营商环境，要把增强对民营企业的吸引力作为重中之重。

表6.1 2015—2018年东北三省一区民间投资增速（单位：%）

年份	全国	辽宁	吉林	黑龙江	内蒙古	江苏	浙江
2015	10.1	−25.5	13.3	—	—	14.0	9.2
2016	3.2	−67.1	12.0	7.9	−6.5	6.8	2.1
2017	6.0	−7.4	1.3	11.3	—	9.5	10.4
2018	8.7	7.7	−1.0	10.5	−17.4	10.8	17.8

数据来源：《中国统计年鉴2019》；2015—2018年《辽宁省国民经济和社会发展统计公报》；2015—2018年《吉林省国民经济和社会发展统计公报》；2015—2018年《黑龙江省国民经济和社会发展统计公报》；2015—2018年《江苏省国民经济和社会发展统计公报》、《浙江统计年鉴——2019》、《浙江统计年鉴——2018》；内蒙古自治区发展和改革委员会《2016年1—12月份内蒙古固定资产投资完成情况》、《内蒙古自治区2018年国民经济和社会发展统计公报》。

2. 增强东北对外资企业投资的吸引力

改革开放以来，东部沿海地区把吸引外资作为推动本地经济发展的重要手段，并由此率先发展起来。但从东北的情况看，由于思想观念保守，对外开放水平一直不高。一方面，目前东北地区对外贸易依存度不到全国平均水平的一半；另一方面，对外资的吸引力不强。从外资企业数量来看，据统计，2018年，东北三省一区外商投资企业年底注册登记企业总数为24557家，投资总额为4714亿美元，分别仅占到全国的4.14%和6.06%；东北地区外企总量和投资总额不及上海、江苏和广东一省的水平。从实际利用外资情况来看，部分省份在实际利用外商直接投资上还略有下降。例如，辽宁省实际利用外商直接投资由2015年的51.85亿美元下降到2018年的48.96亿美元；内蒙古自治区由2015年的33.66亿美元下降到2018年的31.59亿美元。

表 6.2　2018 年东北三省一区外商投资企业年底注册登记与相关省份比较

地区	企业数（家）	投资总额（亿美元）
全国	593276	77738
辽宁	17028	3775
吉林	4018	490
黑龙江	5028	427
内蒙古	3511	449
东北地区合计	24557	4714
东北地区占全国比重（%）	4.14	6.06
上海	87300	8849
江苏	59308	10560
浙江	40191	4458
广东	170968	19235

数据来源：国家统计局.中国统计年鉴 2019［M］.中国统计出版社，2019。

表 6.3　2015—2018 年东北地区实际利用外商直接投资（单位：亿美元，%）

年份	辽宁	黑龙江	吉林	内蒙古	东北合计	占全国比重（%）
2015	51.85	54.49	21.27	33.66	161.28	12.77
2016	29.99	58.18	22.74	39.67	150.59	11.95
2017	53.35	58.36	23.12	31.50	166.34	12.69
2018	48.96	58.70	27.50	31.59	166.75	12.35

数据来源：《中国统计年鉴 2019》《辽宁统计年鉴 2019》《黑龙江统计年鉴 2019》《内蒙古统计年鉴 2019》《吉林统计年鉴 2017》等。

3. 增强东北对人才的吸引力

东北作为老工业基地，在改革开放之前一直是吸引各类人才的地区。但随着改革开放以来，全国其他地区市场化改革进程加快，而东北经济不景气、营商环境恶化、体制机制僵化等因素，对各类人才的吸引力明显减弱，从而导致人才加快外流。从统计年鉴数据来看，2001—2018 年，东北

三省常住人口由 1.07 亿人增长到 1.08 亿人，但占全国人口的比重由 8.4%
下降到 7.8%。具体来看，东北三省从 2015 年开始出现人口负增长，其中，
黑龙江省从 2014 年开始出现人口负增长、辽宁省从 2015 年开始出现人口
负增长、吉林省从 2016 年开始出现人口负增长。有研究机构测算，2018 年
末东北三省净流出了 31.26 万人[1]。

表 6.4　2001—2018 年东北三省常住人口变化趋势（单位：万人，%）

年份	辽宁	吉林	黑龙江	东北三省合计	全国	东北三省占全国比重（%）
2001	4194	2691	3811	10696	127627	8.4
2002	4203	2699	3813	10715	128453	8.3
2003	4210	2704	3815	10729	129227	8.3
2004	4217	2709	3817	10743	129988	8.3
2005	4221	2716	3820	10757	130756	8.2
2006	4271	2723	3823	10817	131448	8.2
2007	4298	2730	3824	10852	132129	8.2
2008	4315	2734	3825	10874	132802	8.2
2009	4341	2740	3826	10907	133450	8.2
2010	4375	2747	3833	10955	134091	8.2
2011	4383	2749	3834	10966	134735	8.1
2012	4389	2750	3834	10973	135404	8.1
2013	4390	2751	3835	10976	136072	8.1
2014	4391	2752	3833	10976	136782	8.0
2015	4382	2753	3812	10947	137462	8.0
2016	4378	2733	3799	10910	138271	7.9
2017	4369	2717	3789	10875	139008	7.8
2018	4359	2704	3773	10836	139538	7.8

数据来源：《中国统计年鉴 2019》《中国统计年鉴 2013》。

---

1. 东北三省 2018 年人口净流出 30 万　劳动年龄人口减少百万［N］. 21 世纪经济报道，2019-05-07.

二、培育市场主体才能留住人才

实现东北振兴需要千千万万的企业作为支撑。企业是创新创业的主体，中小企业是创新创业主体中的主体。也就是说，东北只有培育各类市场主体，形成创新创业的大氛围，才能留住各类人才。

1. 中小企业不仅是创新的主体，也是吸纳就业的主体

（1）中小企业比传统大企业更容易创新。以服务业为例，从国际经验看，中小服务业企业更能够灵敏地反映市场需求。美国服务业大都是从小企业开始成长的，大资本的优势并不明显，亚马逊、谷歌、脸书等国际服务业巨头，大都是在车库或大学宿舍中创业。

（2）中小企业是创新创业的主体力量。改革开放以来，中小企业已经成为我国经济社会发展的重要支撑力量。据统计，近年来，中小企业创造了 60% 以上的国内生产总值，贡献了 50% 以上的税收，提供了城镇 80%以上的新增就业岗位。与此同时，中小企业还是我国创新的主要力量。有数据显示，我国 65% 的发明专利、75% 以上的技术创新、80% 的新产品是由中小企业完成的 [1]。推动新一轮东北振兴，需要把激发中小企业活力作为重点任务。

（3）新经济领域的创新就业主要在中小企业。我国进入"互联网+"时代，中小企业在创新创业上的优势更为明显。以网上创业为例。据不完全统计，目前辽宁有各类电商企业近 10 万家，在阿里巴巴、京东等电商平台开设网店数量超过 25 万家，电子商务就业人员约 68 万人 [2]。

2. 积极扶持中小企业发展

（1）创新中小企业服务方式。建议东北各地要由重服务个体转变到服务体系建设，建立中小企业公共信息平台，鼓励中小企业通过资源整合、资产重组，形成产业联盟；鼓励有条件的大型民营企业研发机构向中小民

---

1. 张来明 . 中小企业必须创新发展［N］. 经济日报，2015-06-18.

2. 2018 年辽宁省电子商务交易额突破 1 万亿元［N］. 辽宁日报，2019-05-12.

营企业开放实验仪器、装备和设施。

（2）创新中小企业融资方式。东北各地要切实解决中小企业融资难的问题，为中小企业提供多元化的融资渠道，不断扩大企业信贷抵押担保物范围；鼓励省市两级政府设立各类创业投资基金等新的融资模式，支持草根创业。

（3）支持中小企业做大做强。建议东北各省区出台促进中小企业发展的政策，积极支持有条件的企业向规模化、网络化、品牌化发展；鼓励支持企业通过连锁经营、特许经营等方式扩大经营规模；支持一批有实力的中小企业"走出去"，布局海外市场。

3. 形成激励中小企业创新发展的体制机制，吸引更多的人才创新创业

（1）强化中小企业创新主体地位和主导作用。中小企业是创新的主体力量。东北地区要加强对中小企业创新的支持，促进科技成果转化，让各种创新要素聚合共振、创新活力竞相迸发、创新源泉充分涌流。

——优先支持科技型中小企业发展。以华为、联想、百度等创新型企业为榜样，加快培育一批有国际竞争力的创新型领军企业，支持东北各地科技型中小企业健康发展。

——形成企业、高校、科研院所的合力。企业、高校和科研院所是科技创新的三支队伍，依托东北地区的企业、高校和科研院所建设一批地方技术创新中心，真正实现产学研深度融合。

——促进中小企业科技成果转化。加强技术和知识产权交易平台建设，建立从实验研究、中试到生产的全过程科技创新融资模式，促进科技成果资本化、产业化。

（2）积极发展众创空间等新型创新创业服务平台。

——积极发展新型众创空间。充分利用互联网、大数据、云计算等现代信息技术，重点依托东北各地高新技术产业开发区、科技企业孵化器、小企业创业基地、高等院校、科研院所等，发展新型创业服务模式，构建"孵化＋创投"的创业模式，形成一批创新创业、线上线下、孵化投资相结合的新型众创空间。

——支持社会力量创办众创空间。鼓励东北各地行业领军企业、服务业龙头企业，创办各类特色鲜明、需求指向明确的众创空间；鼓励各地企业开展商业模式创新，引导社会资本参与建设面向中小企业的技术创新公共服务平台。

——利用闲置资源为众创空间提供场所。支持东北有条件的地区利用现有的闲置办公楼、商业设施、老旧厂房等资源进行改造提升，为众创空间提供专门场所，打造一批低成本、公益性、社会化、开放式运作的众创空间。

（3）加快国有科研基础设施和仪器向社会开放。2014年，国务院出台了《关于国家重大科研基础设施和大型科研仪器向社会开放的意见》，建议东北各省区尽快出台相应的实施办法，加快推进科研设施与仪器向社会开放，鼓励社会创新，明显提高科技资源利用效率，避免科研设施与仪器闲置浪费。

——对符合开放条件的科研设施与仪器实行统一管理。科研设施与仪器管理单位按照统一的标准和规范，建立在线服务平台，公开科研设施与仪器使用办法和使用情况，实时提供在线服务。

——建立促进开放的激励机制。科技设施与仪器管理单位对外提供开放共享服务，可以按照成本补偿和非营利性原则收取材料消耗费和水、电等运行费，还可以根据人力成本收取服务费，但要建立公开透明的收费和服务标准。

（4）完善支持创新创业的风险投资体系。

——建立和完善创业投资引导机制。支持各地设立战略性新兴产业创业投资引导基金，引导基金以母基金为形式，主要通过参股投资和跟进投资等方式运作，支持创业投资企业投资处于初创期和早中期创新型企业。

——拓宽创业投资资金供给渠道。鼓励社会资本进入创业投资领域，发展国有资本创业投资，支持创业投资企业创新融资方式，拓展融资渠道，提升融资能力，形成多元化的创业投资资金来源。

——健全创业投资风险补偿机制。建议东北各省区根据实际情况设立本地区创业投资风险补偿专项资金，并制定相应的管理办法，推进创业投资可持续发展。

——完善创业投资退出渠道。东北各省区要优先支持符合条件的企业在国内外资本市场上市，积极推动创新型企业进入中小企业股份转让系统，进行股权转让，支持多层次资本市场建设，加快完善东北区域性产权交易平台，实现投资成功后能顺利退出。

三、把吸引国际国内企业投资作为优化营商环境的基本目标

东北地区要把国内社会资本和外资作为新一轮东北振兴的重要力量，通过优化营商环境打造各类创新创业的平台等手段，吸引包括外资在内的各类社会资本到东北投资兴业，加快形成"大众创业、万众创新"的新格局。

1. 提升东北对国内民营企业和外资的吸引力

（1）明显提升国内民营企业的投资信心。"十四五"，东北各省区要从制约民营企业、中小企业发展的难题入手，真正对社会资本采取非禁即准的政策，切实解决民营企业融资难、融资贵等问题，进一步深化简政放权改革，为各类市场主体创造公平竞争的市场秩序；从根本上消除民营经济发展的不平等政策，争取近2—3年彻底扭转民间投资增速下滑的态势，加快形成民营企业"投资必过山海关"的局面。

（2）明显提升外资企业的投资信心。东北各省区要全面落实《外商投资法》，进一步放宽外资市场准入，加强对外商投资的保护，提升外资企业对东北投资的信心；以辽宁、黑龙江两个自贸试验区为重点，以打造法治化、国际化、便利化的营商环境为目标，吸引更多外资企业到东北投资兴业；争取到"十四五"末，东北三省一区实际利用外资占全国的比重由2018年的12.35%提升到20%左右。

2. 打造吸引社会资本和外资的重要平台

（1）把东北地区两个自由贸易试验区作为吸引社会资本和外资的重要平台。目前，辽宁和黑龙江自贸试验区是东北扩大对外开放的重要窗口。

在这个背景下，东北改善营商环境首先应该在自贸试验区取得突破。建议：一是进一步扩大开放，在辽宁和黑龙江两个自贸试验区进一步放宽市场准入，尤其是服务业市场准入门槛；二是全面落实《外商投资法》，全面实施外商投资准入前国民待遇加负面清单管理制度，加强对外商投资的保护；三是深化简政放权改革，降低各类市场主体的制度性交易成本。

（2）吸引社会资本和外资参与国有企业混合所有制改革。发挥东北地区国企数量众多的特点，通过搭建"大众创业、万众创新"平台，鼓励支持社会资本和外资参与国有企业混合所有制改革，由此不仅能够激发企业活力，而且能够提升企业竞争力，推动传统企业向现代企业转型升级。

3. 坚持"引进来"与"走出去"并重

（1）鼓励东北制造业企业"走出去"。立足东北地区制造业产能的实际，鼓励东北地区企业参与"一带一路"产能合作，推动东北地区产能"走出去"，与"一带一路"沿线国家开展产能合作，建立产能合作圈。

（2）积极将发达国家先进制造"引进来"。对标欧美、日韩等制造业强国，着眼于东北制造业融入全球产业链，进一步放宽市场准入门槛，积极将发达国家的先进制造业产能"引进来"，由此推动东北地区的制造业转型升级。

第二节　扭转"投资不过山海关"

从区域经济发展的实践看，区域间经济竞争的核心是营商环境的竞争。"十四五"，实现东北振兴关键在于加快形成法治化、国际化、便利化的营商环境，彻底扭转"投资不过山海关"的局面。

一、集中破解"投资不过山海关"

破解"投资不过山海关",关键在于以全面深化改革开放加快构建公平有序市场环境,形成各类市场主体公平公正参与市场竞争的新格局。

1. 把改善营商环境作为促进东北经济发展的重大任务

近几年来,随着我国开展简政放权改革,各地开始把改善营商环境作为稳定经济增长的重大任务。从东北地区来看,例如,2016 年,辽宁省出台了全国首个省级营商环境保护法规——《辽宁省优化营商环境条例》;2017 年,辽宁省政府又成立了全国第一个营商环境建设监督局,2019 年,开始实施《辽宁省推进"最多跑一次"规定》,等等。2018 年,吉林省成立政务服务和数字化建设管理局(吉林省软环境建设办公室),统筹负责软环境建设工作,成为全国唯一一个专门设立相关职能机构的省份。2018 年,内蒙古出台优化营商环境工作实施方案,提出争取经过 3 年左右的努力,使全区营商环境达到国内经济发达地区水平。2019 年,黑龙江省政府出台《关于推进"办事不求人"工作的指导意见》,以"办事不求人"为切入点,持续优化营商环境。

2. 明显提升东北地区的营商环境

根据普华永道中国、财新智库、数联铭品和新经济发展研究院联合发布的《2018 中国城市营商环境质量报告》显示,东北地区整体排位靠后,《2018 年城市营商环境质量指数排名 Top30》东北地区仅有哈尔滨(第 22 名)、沈阳(第 23 名)、长春(第 24 名)和大连(第 30 名)4 个城市上榜,其得分分别为哈尔滨 65.4 分、沈阳 64.3 分、长春 62.3 分和大连 52.6 分;同时,排名最靠前的哈尔滨较上年下降了 5 位;内蒙古自治区没有城市入榜三十强。从区域分布看,在全国营商环境质量指数排名三十强中,主要是东部地区城市,占比达到 50%,东北地区入榜城市仅占 13%。未来 5 年,推动新一轮东北振兴,需要把明显提升营商环境作为一项重大任务。

表 6.5   2018 年东北地区部分城市营商环境质量指数得分与排名

城市	所在省份	2018 年得分	2018 年排名	排名变化
哈尔滨	黑龙江	65.4	22	–5
沈阳	辽宁	64.3	23	2
长春	吉林	62.3	24	5
大连	辽宁	52.6	30	–2

资料来源：普华永道中国、财新智库、数联铭品和新经济发展研究院：《2018 中国城市营商环境质量报告》，2018 年 11 月 7 日。

3. 以全面深化改革开放形成改善营商环境的新动力

（1）以高水平开放营造法治化、国际化、便利化的营商环境。适应我国高水平开放的大趋势，东北各省区需要在规则等制度型开放上采取大的举措，在对标国内、国际先进水平中进一步补短板，通过扩大开放为经济运行营造法治化、国际化、便利化的营商环境，形成各类市场主体公平公正参与市场竞争的新格局。

（2）以深化改革释放各类市场主体的活力。着力推动行政管理体制、金融体制和科研管理体制等领域改革，促进更多的智力成果转化为技术成果和产业成果，消除创新机制障碍、资源合理流动和配置障碍，使人才、土地、资本等资源要素向新经济聚集，为新经济发展营造宽松环境。

（3）加快形成大众创业、万众创新的市场环境。加快推动政府职能转变，要通过全面深化改革和简政放权，从财政、税收、金融及服务等方面为创新创业提供最大程度的支持，使东北老工业基地成为创新创业的沃土。

二、切实降低企业制度性交易成本

缓解经济下行压力，释放东北经济转型升级蕴藏的增长潜力，实现东北振兴，需要通过制度变革着力降低制度性交易成本，并由此激发各类市场主体的活力。

1. 切实降低企业行政事业性收费

（1）东北仍有"降费"的空间。从实际情况看，东北仍有减税降费的空间。例如，在东北三省一区非税收入和行政事业性收费收入占地方财政收入的比重仍较高。2018 年，东北三省一区非税收入占地方一般公共预算收入比重为 24.99%，行政事业性收费收入占地方一般公共预算收入比重为 5.23 %，分别高于全国平均水平 2.57 和 1.63 个百分点，与东部沿海省份的差距更大。

表 6.6　2018 年东北三省一区地方一般公共预算收入情况与相关省份比较

地区	地方一般公共预算收入（亿元）	非税收入（亿元）	行政事业性收费收入（亿元）	非税收入占地方一般公共预算收入比重（%）	行政事业性收费收入占地方一般公共预算收入比重（%）
全国	97903.38	21948.59	3520.89	22.42	3.60
辽宁	2616.08	639.95	112.59	24.46	4.30
吉林	1240.89	349.14	79.66	28.14	6.42
黑龙江	1282.60	301.79	50.73	23.53	3.96
内蒙古	1857.65	457.79	122.71	24.64	6.61
东北合计	6997.22	1748.67	365.68	24.99	5.23
上海	7108.15	823.11	71.57	11.58	1.01
江苏	8630.16	1366.51	299.85	15.83	3.47
浙江	6598.21	1011.58	96.75	15.33	1.47
广东	12105.26	2367.74	230.79	19.56	1.91

数据来源：国家统计局 . 中国统计年鉴 2019［M］. 中国统计出版社，2019.

（2）明显降低行政事业性收费。从支持民营经济长远发展的角度出发，东北各地要全面清理企业审批事项服务项目涉及收费项目，切实减少企业各种费用。争取到"十四五"末，东北各省区行政事业性收费收入占地方一般公共预算收入比重明显低于全国平均水平。

2. 深化行政审批制度改革

（1）全面清理不合理审批事项。从现实情况看，负面清单之外的市场准入环节或多或少存在某些审批事项。一方面，准入后审批事项仍然较多。例如，改革后沈阳市工程建设项目审批事项仍有 103 项[1]。一方面，部分领域虽然实行了备案制，但仍存在某些变相审批。这就需要东北各地尽快全面清理负面清单之外的审批事项，彻底消除各种"隐性壁垒"，真正实现各类市场主体依法平等进入负面清单之外的行业或领域。

（2）开展负面清单外无审批试点。建议在辽宁、黑龙江两个自贸试验区实行负面清单外无审批试点，率先在商贸物流、批发零售、交通运输等开放风险较小的领域实行企业"自由生、自主营、自由死"等政策，最大程度提高企业自主权；对必须保留审批的事项，由监管部门向申请企业提供责任承诺书和审批要件清单，企业法定代表人签署对材料真实性负责和对虚假材料承担责任的法人承诺书后，审批部门可当场或当天发放批件和许可证。事后，监管部门定期或不定期组织现场核查，如发现企业造假，对其进行严厉惩处。

（3）推行智慧政务，实现"最多跑一次""一次不用跑"。借鉴浙江"最多跑一次"的经验，建议在东北地区全面推行"最多跑一次"改革。充分利用信息化手段办理市场主体登记注册业务，对不需要注册官审核的，由信息系统自动记载公示；对需要注册官审核的，由电子业务系统随机选派全岛注册官进行在线审查，统一受理市场主体登记注册业务，推动社会公众和市场主体使用互联网业务平台办理所有注册登记业务。着力推进"一窗办、一网办、简化办、马上办"改革，推动审批智能化、服务自助化、办事移动化为重点，实现政务服务事项"一网通办"，大幅提升政府办事效率。

3. 取消企业一般投资项目备案制

（1）备案制仍是企业投资项目的前置条件之一。从实践看，这几年从上到下各级政府加大以简政放权为重点的行政审批制度改革力度，全面推行企业投资项目备案制，进一步为企业"松绑"。但由于多种因素，这项改革仍难以满足市场主体的实际需求。尤其是某些备案走形变样，不仅增加

---

1. 沈阳 96 项审批可网上办理 时限再压缩 30%［EB/OL］.东方网，2019-08-06.

了市场主体的制度交易成本，而且不利于全面激发市场主体的活力。其弊端也很显而易见，比如，有些备案成为变相审批。在实际操作中，有些项目审批虽然名义上取消了，但受传统行政审批体制的影响，一些地方把审批改为前置性备案，不完成备案就不能做，有些备案甚至比审批需要耗费更多的时间。当下，有的部门仍按照审批制的流程标准实行备案。一些行政审批"明放暗不放"，隐晦地实行"备案"，看起来是备案，实际上是行政审批，使得备案制的效果大打折扣。

（2）深化企业投资项目备案制改革。真正的备案制就是"我告知你，我做了这件事"，不是企业投资决策的前置性条件。"十四五"时期，东北要形成"大众创业、万众创新"的新格局，首要任务是确立企业投资主体地位。为此，与全面实施负面清单管理相适应，东北各省要统筹推进备案制改革，尽快形成企业投资项目备案制改革的行动方案，将项目投资决策权彻底交还给企业。

（3）尽快取消企业一般投资项目备案制。我国实行备案制的初衷是尽可能减少行政审批环节，缩短企业到政府相关部门办事时间，提高政府办事效率。但企业一般投资项目备案制仍属于前置性的行政控制，并不能有效减少企业在经营过程中的违法违规行为。建议东北地区在政府严格管理城乡规划、土地利用、环境保护等事项的前提下，除涉及国家安全、某些重大国有投资项目之外，企业的一般项目由企业依法依规自主决策，不再要求备案。

三、形成吸引人才、留住人才、用好人才的大环境

实现东北振兴，重中之重在于人才。能否尽快形成吸引人才、留住人才、用好人才的体制机制，是东北地区提升营商环境，从根本上改变东北人才净流出局面的重要基础。

1. 加快建立高效灵活的用人机制

（1）全面打破体制内外人才流动的壁垒。东北地区要打破体制内外有别的做法，彻底改变制约人才流动的体制机制，尽快实行体制内外各类人

才同岗位、同报酬、同社保、同评价的政策。

（2）建立并完善人才工作室制度。东北各省区要鼓励高校、科研院所建立并完善人才工作室制度，改革包括课题管理在内的各项制度，赋予科研人才高度自主权；对科研人员科技创新收益和成果转化收益不设上限，鼓励高校、科研院所、企业通过股权、期权、分红等方式激发人才创新活力。

（3）出台鼓励人才创新创业的政策支持。东北各地要创新条件，鼓励并支持具备研发能力、拥有专利技术的体制内人才创新创业。为海外学者招收研究生和科研助理提供绿色通道，为其自主组建科研团队提供"一站式"服务。

2. 实行开放灵活的人才管理体制

（1）逐步取消编制管理。对东北各地而言，实行开放灵活的人才管理体制，关键在于打破人才管理行政化、封闭化的传统格局，以专业性、开放性为重点重构人才管理体制。建议东北各地除少数党政机关以外，国有企业、事业单位、社会组织等从业人员分步取消编制管理，属于参公管理的全部退出参公管理序列。

（2）探索对公务员加快实行选任制和委任制分类管理。按照党的十八届三中全会提出"区分实施选任制和委任制干部选拔方式"的要求，建议东北各省区加快建设以专业技术类和执法类作为主体的公务员队伍，把行政综合类占比压到最低；改变以行政级别为主的"身份管理"，实行以职务聘任为主的"岗位管理"。

3. 建立并完善国际化人才服务体系

（1）加快打造国际人才社区。支持东北各大城市划定特定区域为到本地区创新创业的国外企业家、高层管理人才、专家学者打造国际人才社区，营造适合国际高端人才创新发展、和谐宜居的"类海外"居住和文化环境。

（2）通过建立法定机构吸引各类高端人才。鼓励东北各省区试点探索法定机构改革，鼓励各地建立法定机制，赋予法定机构法定自主权，包括内设机构设定权、人才聘用权、薪酬制定权等。例如，鼓励东北各地加快推进事业单位改革，事业单位采取预算管理，下放人事管理权，条件成熟时改为法定机构，采取全员聘用制。

（3）搭建吸引全球高层次人才的重要平台。充分利用国家高层次人才引进、使用和管理资源，整合东北各省区资源建立引进高级专业技术人才、创新创业人才、国际知名人士的高层平台；鼓励东北各省区建立国际人才库，打造覆盖多行业、开放共享的国际人才信息平台；通过与国外科研机构合作，争取在哈尔滨、长春、沈阳、大连等大城市设立全球性或区域性研发基地。

专栏 6.1 辽宁出台人才服务全面振兴计划和"兴辽英才计划"

辽宁出台《辽宁省人才服务全面振兴三年行动计划（2018—2020 年）》（以下简称《三年行动计划》），同时启动"兴辽英才计划"，吸引人才留在辽宁、服务辽宁。《三年行动计划》明确了人才服务全面振兴的工作目标：到 2020 年，辽宁全省人才规模实现稳步增长，专业技术人才达到 350 万人，具有高级技术职称人才达到 52 万人，高技能人才达到 112 万人。

通过"放权松绑"，辽宁将允许高校、公立医院和科研院所等事业单位自主招聘高层次紧缺人才，不受岗位比例和数额限制，现场签约、自主聘用，并建立高层次人才事业编制机动使用机制，专门用于保障高层次人才的引进、培养、流动，实行实名制动态管理。同时，允许高校、公立医院和科研院所等单位突破绩效工资控制线，对做出突出贡献的科研人员和创新团队进行奖励；全面推行对完成、转化职务科技成果做出重要贡献的人员给予不低于 70% 比例奖励和报酬的激励政策；建立博士、博士后职称评审绿色通道，已出站博士后可直接认定副高级职称，特别优秀、贡献特别突出的博士和在站博士后可申报或认定正高级职称。

对不愿意改变国籍、户籍、外国永久居留权的国内外高层次人才，给予户籍居民同等待遇；高校毕业生可以"零门槛"落户，推行"先落户后就业"。对业绩突出、解决制约辽宁省产业发展重大关键问题、取得显著经济社会效益的平台给予 10 万—100 万元资金奖补；对国家级高技能人才培训基地、国家级技能大师工作室和省级技能大师工作站，分别给予 500 万元、20 万元和 10 万元资助。

为了推动《三年行动计划》深入实施，辽宁正式启动"兴辽英才计划"，将用三年时间，重点支持 20 名左右杰出人才、700 名左右领军人才、700 名左右青年拔尖人才、200 个左右高水平创新创业团队。"兴辽英才计划"主动对接国家"千人计划""万人计划"，重点支持活跃在创新创业各个领域的高层次人才和高水平团队。辽宁将对新培养引进的"两院"院士给予 500 万元资助；对杰出人才给予 300 万元资助；对科技创新创业领军人才给予 100 万元资助；对青年拔尖人才给予 50 万元资助。对海内外高水平创新创业团队，将按层次分别给予 100 万元、300 万元、500 万元和 1000 万元项目资助。

资料来源：辽宁出台"人才新政"服务全面振兴 [EB/OL] . 人民网，2018-04-17.

第三节 打造市场化、法治化、国际化营商环境

打造市场化、法治化、国际化的营商环境，是东北地区吸引全球高质量要素的重大举措，也是激发市场活力的重大举措。"十四五"，推动东北振兴，需要明显降低各类市场主体的制度性交易成本，对在东北地区注册的各类企业一视同仁、平等对待。

一、完善"准入前国民待遇 + 负面清单"管理制度

以高水平开放加快打造东北市场化、法治化、国际化营商环境，要求大幅缩减边境内壁垒与制度性交易成本，不断完善"准入前国民待遇 + 负面清单"管理制度。

1. 全面实行准入前国民待遇

（1）大幅减少准入前认证。建议东北各省区将外商准入前认证限定在满足最低标准要求的范围以内，除涉及人身生命健康、国家安全、系统性风险和生态环境保护等特定事项保留前置审批外，放宽对市场准入前置条件的限制，并最大程度在市场准入后，管理过程中保持中性，保障各类市场主体都能够不受歧视地获得认证许可。

（2）明确并细化国民待遇标准。东北各地要严格落实《外商投资法》，

并进一步细化外资准入阶段的管理权力、要素供给、融资方式、进出口权、税收政策、法律保护、司法救济等一系列待遇标准，给各类企业明确预期。

2.完善外商投资负面清单配套管理措施

（1）进一步提升负面清单透明度。建议辽宁和黑龙江两个自贸试验区参照国际经贸谈判负面清单模板，详细列明负面清单管理措施与相关描述，建立健全外资投诉机制；管理措施描述尽可能细化到具体业务，以提高负面清单的可操作性；更多采取比例限制、岗位限制、差别待遇等方式，降低负面清单的行业限制强度；完善负面清单的附件体系；为关键领域及未来新业态预留空间。

（2）全面清理各种"隐性壁垒"。从现实情况看，负面清单之外的市场准入环节或多或少还存在某些审批事项。建议东北各省区全面清理负面清单之外的审批事项，彻底消除各种"隐性壁垒"；真正实现各类市场主体依法平等进入清单之外的行业或领域。

（3）建立与负面清单相适应的服务体系。目前，负面清单主要集中在如何降低准入门槛，而在准入后的服务体系、指导体系等方面建设仍显得滞后。例如，无论是国内自贸试验区内的负面清单，还是全国统一的外商准入负面清单中，仅仅列出了限制性措施，而对限制背后的法律依据，允许进入的指引服务等方面仍属空白，使得外商在进入负面清单外的领域过程中显得无所适从。2017年6月，上海率先发布了《中国（上海）自贸试验区金融服务业对外开放负面清单指引（2017年版）》，详细列明外资进入金融业的条件和要求，进一步梳理汇总了金融领域有关外资准入的规定，为外资了解进入我国金融领域提供了便利。建议辽宁和黑龙江两个自贸试验区借鉴上海经验，以制造业和生产性服务业为重点制定负面清单指引，进一步完善准入后的服务体系。

二、加快探索和建立自由企业制度

近几年来，为了培育"大众创业、万众创新"的市场环境，东北地区各级政府开始全面推行商事登记制度改革，赢得了市场主体的广泛支持。从实践看，这项改革有效激发了市场主体的活力。但与各类市场主体的实际需求相比，仍有较大的改革需求。这就需要把加快探索和建立自由企业制度作为优化东北营商环境的关键与重点。

1. 全面实施企业自主登记制度

（1）商事登记制度改革以来东北市场主体呈现快速增长的势头。近几年来，东北各级政府加快了市场主体工商登记制度改革步伐，有效激发了市场主体的活力。例如，截至 2017 年 10 月底，辽宁省每天新登记的企业数从 159 家增加到 430 家，是改革前的 2.7 倍[1]；2017 年，黑龙江省月均新设市场主体 3.4 万家，月均新设企业 6999 家[2]；2018 年，吉林省日均新增企业 322 家，每万人拥有市场主体的户数是 830 家[3]。

（2）商事登记制度仍有较大的改革需求。从国际经验看，新加坡的企业注册登记只需 3 小时就能在网上完成；中国香港公司注册处于 2011 年建立了"注册易"一站式服务网站，企业登记最快仅需要 1 小时，而内地企业办证仍需要 5 个工作日。东北优化营商环境，吸引各类社会资本投资兴业，要率先在企业商事登记制度改革方面取得突破。

（3）全面实施企业自主登记制度。进入"互联网+"时代，实现企业自主登记注册的技术条件和时机已经成熟。建议借鉴香港模式，在东北地区全面推行"注册易"一站式服务，最大程度地实现企业注册登记便利化，全面实施企业简易注销，最大程度提高企业自主权，实现企业"自由生"。

2. 加快推进企业简易注销制度改革

（1）尽快在东北地区试点企业简易注销制度改革。实行企业简易注销的，对未开业或已开业但无债券债务纠纷的市场主体，无须提交各种清欠证明，可直接在企业信用信息公示平台上公示注销；在股东签署承担税收

---

1. 商事制度改革使辽宁市场主体存量增长 85.9 万户［EB/OL］. 中国新闻网，2017-11-24.

2. 黑龙江省商事登记制度改革向纵深拓展 去年月均新设市场主体 3.4 万户［N］. 黑龙江日报，2018-02-02.

3. 全国人大代表刘化文：深化商事制度改革 有效激发市场主体活力［EB/OL］. 大公网，2019-03-08.

清缴、债权债务清偿等文件的基础上，市场监管部门与税务部门联动，实行"在线注销"，实现企业"自由死"；对于因材料填写不规范造成第一次简易注销申请无法通过的，给予第二次申请机会。

（2）简化企业普通注销程序。建议东北各地对实行普通注销的，尽快取消报纸公告程序，可通过企业信用信息公示平台进行公告。对长期不从事经营活动的企业强制清除；对连续三年未通过企业信用信息公示系统（辽宁、吉林、黑龙江、内蒙古）报送年度报告并向社会公示，且在此期间没有税务纳税、社保缴费、银行资金往来等记录的企业，企业登记机关可以强制清除。一经强制清除，企业法人终止。

（3）以实施信用监管为重点保障企业自主登记与简易注销制度的顺利实施。建议东北地区在推进企业自主登记制度与简易注销制度改革时，同步推进监管变革，加快建立以信用监管为重点的监管体系，强化事中事后监管；充分利用大数据、区块链等现代技术，打造企业登记、信用监管格局，使企业登记更加高效、信用约束更有成效、联合惩戒更加有效，切实做到"放得开、管得住、服务得好"。

3.全面推行法人承诺制

（1）东北部分地区开始法人承诺制的探索。现代监管体制以企业信用为基础，建立在企业自律的基础上。从国际国内经验看，法人承诺制是避免过多行政审批，强化企业信用的有效方式。在这个前提下，政府可以下放更多含金量高的审批权。2014年以来，海南在食品药品监管行政审批领域试行"法人承诺制"，取得了比较好的效果。近年来，东北部分地区政府在"承诺制"方面进行了探索。例如，2019年下半年，辽宁省作为全国唯一在全省范围内开展证明事项告知承诺制试点的省份，共有129项证明事项实行告知承诺制；黑龙江哈尔滨新区实施"承诺即开工"改革。

（2）全面推行法人承诺制。建议东北各省区总结海南经验，结合各地实际情况，进一步完善推广法人承诺制，形成以企业信用为基础的事后监管。对必须保留审批的事项，由监管部门向申请企业提供责任承诺书和审批要件清单，企业法人签署对材料真实性负责，审批部门可当场或当天发放批件和许可证。事后，监管部门在规定时间内组织现场核查，如发现企业造假，再对其进行严厉惩处。

专栏6.2　海南食药监管局启动法人承诺制

2014年9月，海南省食药监管局启动法人承诺制审批模式，正式接受企业申报，企业可根据需求选择审批模式。此举可使原来10—20个工作日的办件缩短为当天办结，有助于实现管理重心从事前审批向事中、事后监管转变。

法人承诺制审批模式是将原来需要审批前到现场检查核实设施、设备等相关硬件条件是否符合规定要求和标准，改为通过企业在知晓申报条件和标准后，承诺该申请事项所涉及的现场检查的硬件条件符合要求，并做出"违者愿罚"的具体承诺，审批部门只需审查具备申请条件所要求的相关材料及证件，即可给予快速通过审批。

省食品药品监管局局长冯鸣说，实施法人承诺制模式审批改革，优化了审批流程，有效缩短了审批时限，有助于实现管理重心从事前审批向事中、事后监管转变。在不降低监管标准的前提下，实现行政审批项目的"快准入"，为加快全省医药行业诚信体系的建设和海南省食品药品产业健康快速发展起到促进作用。

在通过采取法人承诺制审批模式后，监管部门在规定时间内，组织现场核查企业承诺需现场检查所涉及的设施、设备等硬件条件，如有虚假，监管部门收回审批决定书，企业自愿承担由于恶意造假行为所造成的后果并承担相应的法律责任，自愿接受事先承诺的处罚。

资料来源：海南食药监管局启动法人承诺制审批模式［N］.海南日报，2014-09-09.

三、强化财产权和知识产权保护的法治化、国际化

产权保护是激励创新创业的最大动力，是振兴实体经济的最大激励，也是规则对接的重点领域。以高水平开放为重点提升东北营商环境，形成以创新引领高质量发展的格局，关键在于建立产权保护的长效机制，实现财产权保护与知识产权保护的法治化、国际化。

1. 推进产权保护法治化，为东北创造良好经济预期

（1）在经济下行压力加大的背景下，产权保护法治化对于稳定经济预期至关重要。从实际情况看，东北民间投资下降、经济失速有产业结构调整等多方面的原因，但也与私人产权保护规范化法治化缺失、投资缺乏安

全感，导致社会投资信心不足直接相关。在这个特定背景下推进财产权保护法治化、国际化，需要立足于为东北地区经济发展提供良好的制度预期和制度保障。

（2）制造业转型对产权保护法治化提出新要求。东北的制造业转型升级与全球"工业3.0""工业4.0"为代表的新一轮产业革命呈现历史交汇，对发展知识经济提出新的要求。有效激发"大众创业、万众创新"的热情，推动东北制造业迈向中高端，都要求把严格保护知识产权作为产权保护的重点。这就要求加大知识产权保护力度，提高知识产权侵权成本，降低维权成本。为此，东北部分省份开始加强知识产权保护力度。例如，2019年10月17日，东北地区第一家知识产权保护中心——中国（沈阳）知识产权保护中心正式揭牌运营；黑龙江省也正在积极筹建中国（黑龙江）知识产权保护中心，努力打造知识产权保护高地。

专栏6.3　中国（沈阳）知识产权保护中心正式运行

中国（沈阳）知识产权保护中心于2019年开始运行。这是沈阳市获得国家批复建设的中国（沈阳）知识产权保护中心，是东北地区唯一一家国家级保护中心。知识产权保护中心面向高端装备制造业，开展集快速审查、快速确权、快速维权于一体，审查确权、行政执法、维权援助、仲裁调解、司法衔接相联动的产业知识产权快速协同保护工作。

知识产权保护中心打通知识产权创造、运用、保护、管理、服务全链条，形成以严格保护引领创造、促进运用，创新管理、优化服务的产业发展新格局。国家知识产权局将对高质量、高价值专利申请开通绿色通道，发明专利授权周期由原平均周期22个月缩短至3—6个月，实用新型授权周期由原7—8个月缩短至1个月，外观设计专利授权周期缩短至5—7个工作日。假冒专利案件和外观设计侵权案件由原1个月缩短至10日内办结，发明和实用新型侵权案件由原3个月缩短至1个月内办结。极大缩短企业知识产权创造和保护的周期，创新能力倍增、创新环境优化真正落到实处。

2018年，沈阳市知识产权管理体制和运行机制实现历史性重构，组建了沈阳市市场监督管理局（知识产权局），实现商标、专利、地理标志等知识产权的集中统一管理。

专利数量和质量齐头并进。2018年，沈阳市申请专利23826件，同比增长14.11%。全市获得专利授权12582件，同比增长27.21%，有效发明专利达到15038件。

持续提升沈阳市商标注册便利化水平，沈阳商标注册窗口受理数量及地区影响力在全国名列前茅。2018年，共受理商标申请8290件，变更申请50件，补证申请5件，转让申请9件，续展申请3件，接受咨询15000余人次，直接为申请人节约申请成本800余万元，有力激发了市场主体创新创造活力。

沈阳市知识产权转化效益稳步提升。强化政府资金激励作用，2018年共安排沈阳东软医疗系统有限公司的"乳腺X射线机的压迫运动保护方法、装置及对应系统专利池"等55个发明专利（专利池）项目立项，发放补助资金2970万元。

同时质押融资取得新进展。2018年以来，辽宁航宇星公司等6家企业7次以专利质押融资贷款4.196亿元，有效缓解了科技型企业融资难题。

资料来源：中国（沈阳）知识产权保护中心将于今年运行［EB/OL］.中国新闻网，2019-04-17.

2. 依法保护企业家的财产权和创新收益

（1）切实保护企业家创新收益。创新型企业主要是依靠商业模式、文化创意等要素经营，一旦知识产权得不到有效保护，企业创新成果被他人复制，不仅会给企业可持续发展带来严重后果，而且会严重影响全社会创新活动。建议东北各省区政府尽快出台商业模式、文化创意等创新成果的知识产权保护办法，为在本地区创新发展的各类企业提供法治保障。

（2）加快建立损害财税权的补偿救济机制。从实践看，一些地方政府在财产权保护方面力度不够，有些甚至因为当地政府自身的不当行为造成企业和公民财产权受损。在这个背景下，建议东北地区加快建立对政府相关人员的问责与追责机制，而且要完善赔偿与救济机制；对因政府规划调整、政策变化造成企业合法权益受损的，要依法依规进行补偿救济。

（3）严格纠正以公权侵犯私权行为。东北各省区公检法机构要严惩各类利用公权力侵犯私有产权的违法犯罪行为；严格区分企业家的违法所得和合法财产，区分涉案人员个人财产和家庭成员财产，在处置违法所得时不牵连合法财产；不得查封、扣押、冻结与案件无关的财产；因公权侵犯私权造成损失的，受害人有权申请国家赔偿。

3. 加快完善知识产权保护制度

（1）建立知识产权服务平台。鼓励东北各省区尽快建立知识产权服务平台；建立第三方知识产权服务机制，鼓励国内专利代理机构在东北地区设立专利服务站；引导东北地区企业与法律机构联合，为本地区企业知识产权交易、并购、清算等提供知识产权质押尽职调查服务和法律服务；加大辽宁、黑龙江自由贸易试验区的专利权质押融资规模，强化自贸试验区的知识产权运维和专利分析预警服务，争取在自贸试验区试点建立知识产权法院（法庭），探索建立由学（协）会、调解组织为主体的宽松的知识产权纠纷调解和维权机制，开展知识产权案件快速处理。

（2）加强知识产权运用和服务。支持东北各省区的重点开发区建设一站式知识产权服务机构，逐步推行知识产权联络员制度和专家服务试点；大力开展知识产权评估、质押融资工作，扩大科技信贷覆盖面；开展专利技术、企业商标等知识产权价值评估，加快实施创新调查和科技报告制度；规范发展第三方评估机构和知识产权专业估值机构，强化过程监管和后续跟踪，完善容错和问责制度。

（3）完善知识产权归属和利益分配机制。鼓励东北地区企业探索充分体现智力劳动价值的分配机制，鼓励创新企业家按管理要素、创新人才按技术要素参与分配。

（4）加大知识产权保护力度。东北各省区要深入实施知识产权战略行动计划，培育知识产权运维和管理体系，健全激励知识产权创造应用和惩治侵权的知识产权保护体系。

第四节　构建亲清政商关系

东北要在优化营商环境上取得实质性突破，需要从改变政商关系入手。"十四五"要努力构建亲清政商关系，打造高效透明的政务环境，形成规范有序的市场环境、守信践诺的社会环境、公平公正的法治环境，让民营企业家放开手脚干事业、谋发展。

一、改变"官本位"的政治生态

多年来，东北营商环境不优，与"官本位"的政治生态密切相关。实现政治生态从"官本位"到"民本位"的转变，政府才能真正增强服务意识，提高行政效率，切实降低企业进入与发展的行政壁垒和行政成本。

1. 构建亲清政商关系成为我国优化营商环境的大趋势

我国非公经济发展的制度环境改善，对政商关系提出新的要求。2016年"两会"期间，国家主席习近平第一次用"亲"和"清"两个字系统阐述新型政商关系。2017年，"构建亲清新型政商关系，促进非公有制经济健康发展和非公有制经济人士健康成长"写入中共十九大报告。近几年来，构建亲清政商关系成为我国各级政府优化营商环境的政策实践。总的来看，优化营商环境向纵深推进，开始涉及政治与市场、政府与企业、政治家与企业家的关系。

专栏6.4　亲清政商关系的内涵

2016年3月4日，习近平总书记在看望参加全国政协十二届四次会议的民建、工商联委员时，第一次用"亲"和"清"两个字精辟概括并系统阐述了新型政商关系。

1. 领导干部要做到"亲"上加"清"。对领导干部而言，所谓"亲"，就是要坦荡真诚同民营企业接触交往，特别是在民营企业遇到困难和问题情况下更要积极作为、靠前服务，对非公有制经济人士多关注、多谈心、多引导，帮助解决实际困难，真心实意支持民营经济发展。所谓"清"，就是同民营企业家的关系要清白、纯洁，不能有贪心私心，不能以权谋私，不能搞权钱交易。

2. 民营企业家要做到"亲"而又"清"。对民营企业家而言，所谓"亲"，就是积极主动同各级党委和政府及部门多沟通多交流，讲真话，说实情，建诤言，满腔热情支持地方发展。所谓"清"，就是要洁身自好、走正道，做到遵纪守法办企业、光明正大搞经营。

资料来源：李金河，高国升.构建"亲"和"清"的新型政商关系［J］.红旗文稿，2016（22）：22-24.

2. 东北构建亲清政商关系需要从改变"官本位"的政治生态入手

（1）东北的营商环境不优，很大程度上反映了"官本位"的政治生态。与全国相比，东北的计划经济体制改变缓慢，"官本位"的色彩浓厚，并由此导致政商关系的扭曲。这既反映在企业家缺乏应有的社会地位和社会尊重，反映在政府层面缺少为企业服务的意识，还反映在一些行政部门和官员刁难企业家，给企业增加额外负担。过去东北出现的官商勾结和寻租腐败现象，都与东北的政治生态直接相关。"投资不过山海关"在很大程度上反映了企业家对东北政治生态的不满意，采取了用脚投票的方式。

专栏6.5　东北的"官本位"意识

在东北居民观念里最好的工作除了公务员就是国企，而创业或者进入民企会被认为既缺乏足够保障又不体面，这也就导致了公务员和国企工作成为独木桥，随之带来了政府部门和国有企业机构臃肿、效率不高的问题。同时，由于东北地区产业结构中第三产业占比低于全国平均水平，公务员和国企吸纳就业能力有限，让很多不能进入这一序列的年轻人不得不外出打工，随之带来的是常住人口的流出和人口老龄化问题。此外，在东北居民日常的生活中，遇到看病、子女入学、处理交通事故等这些平日再普通不过的小事时，普遍都需要托关系、找熟人，认为如果不这样的话看病就不会得到好的医治、子女入学就不会进重点班、处理交通事故就不会得到公平解决，这不仅会大幅度增加社会运行的成本，更会滋生权力部门不断强化权力意识。

观念问题的另一个表象还在于地方政府治理理念上，多数地方政府目前仍固守计划经济体制下的家长思维，政府与企业的关系更像"上级"对"下级"，"管理"与"被管理"，地方政府未有效形成对企业的服务意识。但这一点恰是外地投资者最为看重的，如果外地投资者在东北投资不能自主决策企业经营的方向，必须按照地方政府的想法办企业，或者经常要支持一些非经营的项目或支出一些非经营的费用，又或投资后得不到地方政府本来承诺的优惠，那么投资回报率就会大打折扣，投资的意愿也会大幅削减，如此一传十、十传百就成了"投资不过山海关"。

资料来源：范欣. 东北经济振兴改革的关键在"改观"[EB/OL]. 中国经营网，2019-07-06.

（2）东北构建亲清政商关系仍面临较大挑战。例如，2019年10月30日，中国人民大学国家发展与战略研究院政企关系与产业发展研究中心发布的《中国城市政商关系排行榜（2018）》显示，东北地区政商关系健康总指数（19.6）、亲近指数（15.9）和清白指数（34.0）均处于全国七大区域最低水平，分别与华东地区相差 17.7、9.4 和 30.0。

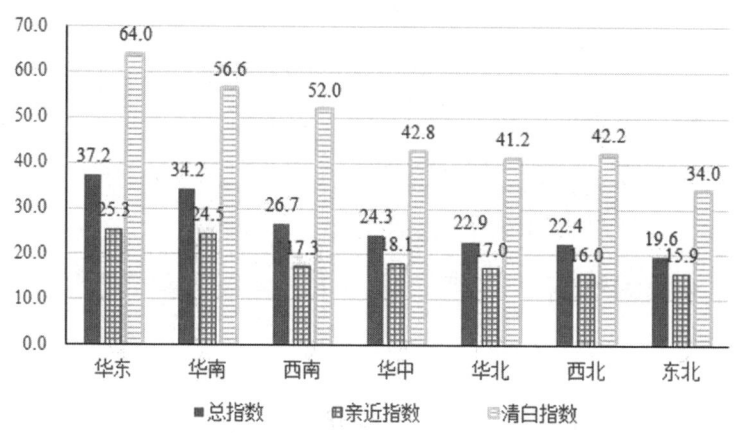

图 6.1　2018 年我国政商关系健康指数分区比较

资料来源：中国人民大学国家发展与战略研究院政企关系与产业发展研究中心《中国城市政商关系排行榜（2018）》，2019 年 10 月 30 日。

（3）优化营商环境中的官僚主义、形式主义仍然存在。近年来，东北各级政府高度重视优化营商环境，在杜绝寻租腐败和吃拿卡要等方面取得重要进展，但仍存在缺乏服务意识的情况。例如：在放管服改革过程中，一些政府部门缺乏主动服务民营企业的意识；一些政府的部署，变成了走形式，走过场；一些行政部门以"甩手掌柜""软拒绝"等方式，将企业的一些正常诉求拒之门外，该见的人不见，该办的事不办；一些行政部门"新官不理旧账"，导致政府对民营企业的承诺频频失信。

3. 形成制度化法治化的政府治理

（1）制度化法治化才能打造风清气正的政治生态。建设法治政府，将不规范的公共权力关进制度笼子里，是改变官本位政治生态的必由之路。从东北腐败案例反映的问题看，由于权力不受约束，政商关系中的腐败和特权问题，政府公信力缺乏问题，公共权威丧失问题，都需要从严格约束公权力上得到根治。

（2）制度化法治化才能形成政商关系良好的社会预期。在官本位盛行的情况下，权力支配着包括各类经济社会资源的配置。如果"有权就有一切"

成为社会信条，社会很难有营商环境改善的预期。扭转"投资不过山海关"，更需要东北的各级政府严格依法行政，实现权力运行的公开化、透明化，实现政府行为于法有据。

（3）用法律法规明确政商交往的界限和禁区。要形成规范的官员与企业家的交往规则，形成政府及相关部门制度化、常态化的政企沟通机制，实现政府与企业的良性互动，让政商关系在"清"的前提下"亲"起来。既要约束行政权力的滥用，又要鼓励各级干部大胆工作，与企业家真心实意交朋友、坦坦荡荡打交道。真正做到各级政府干部以"亲"为罗盘仪，以"清"为压舱石，满腔热情地与企业家交流接触，理直气壮地支持企业发展。

二、大幅减少政府对经济的行政干预

多年来，东北地区国有经济比重较高，政府对经济的行政干预较多。这是导致营商环境不优的重要原因。大幅减少政府对经济的行政干预既是深化市场化改革的重要方向，也是优化营商环境的重要条件。

1. 大幅减少政府对资源的直接配置

（1）政府对资源的直接配置的范围仍然大。从东北的资源配置特征来看，政府对资源要素的行政管控仍然较广。除了行政审批、产业政策等，在土地出让、城市建设、房屋拆迁、国企改制、企业微观经营等诸多领域，政府都具有较强的掌控能力。在这种情况下，容易导致政商关系与权力寻租相结合，而且，在相当大程度上制约了东北企业家精神的发挥。

（2）推动资源要素市场化配置。东北各地需要加快深化资源要素市场化改革，大幅减少政府对土地、资金、人才等要素的直接配置，让市场在资源配置中发挥决定性作用。

（3）改革公共资源领域配置方式。在自然资源领域建立明晰的产权制度，推进市场化配置进程，完善资源有偿使用制度。对于金融类和非金融类经营性国有资产，建立健全以管资本为主的国有资产管理体制。对用于实施公共管理和提供公共服务为目的的非经营性国有资产，坚持公平配置原则，积极引入竞争机制提高配置效率。

2. 减少政府对企业经营的过度干预

（1）废除计划经济时代的行政审批制。受传统的高度集中计划经济体制的巨大影响，东北的行政审批已被日益广泛地运用于许多行政管理领域。在推动实施负面清单管理取得成效的基础上，东北可以考虑率先废除传统的行政审批制。

（2）减少对企业的资质和认证项目。各种名目不必要的资质和认证为企业增加了很大负担。要尽可能清理和取消无关紧要或效果甚微的资质和认证，整合业务相同或相近的检验、检测、认证机构。

（3）减少各类企业检查评比活动。近年来，一些行政部门为企业增添了不少的管理，许多企业反映检查过多、会议过多、报表过多。例如，企业需要填报工商、统计、税务、财政、证监等多个部门要求的，内容相近但格式各异的表格。

3. 着力打造法治政府、诚信政府

（1）推进法治政府建设。东北各省区需要全面推行权力清单、责任清单、负面清单制度，实现政府对企业的管理于法有据。依法规范行政部门的职能、职责权限、管理流程、监督方式等，并以权力清单的形式向社会公开，规范行政权力相对应的责任事项、责任主体、责任方式。

（2）建立完善政府践信守诺机制。严格落实最高人民法院《关于审理行政协议案件若干问题的规定》，允许企业在受政府部门损害情况下的"民告官"。对因行政协议订立、履行、变更、终止等产生纠纷，公民、法人或者其他组织作为原告，以行政机关为被告提起行政诉讼的，人民法院应当依法受理。

（3）建立"新官要理旧账"的制度保障。东北一些企业反映，因"新官不理旧账"所导致的企业损失，积弊已久。前任领导干部对企业的承诺，"新官"往往不理"旧账"。为此，要形成有效的约束机制，促使新官在履行政府承诺上谋其政、履其职、负其责。

三、实行领导干部营商环境"一票否决"

当前，东北各级政府都十分重视优化营商环境。应当说，优化营商环境中的不作为问题已经得到较好的解决。但也应当看到，优化营商环境，不能满足于完成上级交办的任务，要注重企业层面反映的实际效果。

1. 解决优化营商环境中的形式主义问题

在优化营商环境的实际工作中，出现了一些形式主义的做法，应当引起高度重视。例如，近年来，各级政府出台了不少优化营商环境的很好的政策文件，不少文件各方面的问题都考虑到了。但在执行层面，出现了以文件落实文件，以会议落实会议的问题。从表面上看，不少政府部门都在按照规定执行和落实政策，但许多工作只是流于形式，导致政策的利好难以落地，在企业层面缺乏优惠政策的获得感。一些部门将营商环境分解细化为一项项科学的考核指标，并把责任落实到每个部门、每个人，看似很科学，但在企业层面并未感知到实际效果。

2. 解决优化营商环境中的责任担当问题

东北受传统计划经济影响深，优化营商环境面临更多复杂的问题。以"新官不理旧账"为例，如果干部缺乏责任担当，尽管上级交办的许多优化引商环境的程序都走了，但仍然解决不了真正的问题。招商引资对营商环境的要求，不仅要有好的硬件，还要公平竞争、透明度、合理预期等诸多软环境建设。多年来，我国出台了许多法律法规政策，但民营经济的市场"玻璃门""弹簧门"仍广泛存在。只有强化干部的责任担当，才能真正解决那些隐形的、用指标无法衡量的关键问题。

3. 领导干部营商环境"一票否决"

将营商环境纳入政府业绩考核体系，努力将政府打造为创造环境的主体，服务企业的主体。考虑到东北优化营商环境要用"猛药"，可以建立严格的领导干部营商环境问责制，在领导干部考核、提拔任用等环节，实行营商环境"一票否决"。

专栏 6.6　辽宁出台损害营商环境建设行为问责规定

2019 年 8 月，《辽宁省司法行政系统损害法治化营商环境建设行为问责规定》开始实施，全省司法行政系统 29 种损害营商环境行为要被追责问责。

1. 落实中央及省有关法治化营商环境建设的部署要求不认真，有 5 种行为的，依纪依规予以问责。如对上级机关制定的建设法治化营商环境政策决策等贯彻落实或督促指导不力，造成本单位、本部门或者下级单位法治化营商环境建设工作进展缓慢，或者未在规定时限内落实完成的；没有法律法规规定依据，在制定规范性文件中给企业和群众增设义务或限制其权利的，或者执行的制度已经废止或过时，给企业、群众带来负面影响的。

2. 在服务企业、服务人民群众或者执法过程中，有 10 种行为的，依纪依规追究责任。如工作人员在工作时间"庸、懒、散"，对工作任务"推、脱、拒"，不能按时完成职责任务的；在办理审批事项时，不一次性告知受理条件，要求企业、群众提供各种非必要证明，规定事项未达到让企业、群众"最多跑一次"目标的；公证机构、人民调解机构、仲裁机构、法律援助机构、司法行政审批机关、安置帮教工作机构、社区矫正咨询机构、司法行政机关信访办等接待受理岗位工作人员应受理不受理、受理后无回音、有回音未按规定解决问题，造成损失的。

3. 违反国家及省优化营商环境的禁止性规定，以权谋私、滥用权力或者徇私舞弊，有 14 种行为的，依法依纪进行处理；构成犯罪的，依法追究刑事责任。包括干预工程建设、采购或者对合作者的自由选择，造成企业重大损失的；滥用权力袒护有关市场主体进行不正当竞争，造成企业重大损失的；将行政管理服务职能转化为有偿服务，擅自向企业收费的；要求企业提供无偿或廉价劳务、服务以及无偿或者廉价占有企业财物的；强制或者变相强制企业为其他经济组织的金融借款提供信用担保，或者以企业名义借款给其他经济组织使用的等。

4. 在法治化营商环境建设工作中探索试验、敢于担当，工作中出现失误错误，但符合下列条件之一的，对有关单位和个人不作负面评价，免除相关责任。这些条件包括：符合国家和省确定的改革方向；未违反法律、法规禁止性、义务性规定；决策程序符合法律、法规规定；勤勉尽责、未牟取私利；主动挽回损失、消除不良影响或者有效阻止危害结果发生。

资料来源：29 种损害营商环境行为要追责问责［N］.辽宁日报，2019-08-07.

四、建立完善领导干部联系非公有制企业和商会制度

良好的沟通可以消除误会、增进互信、破除壁垒、凝聚共识、促进合

作。处理好新时代政商关系，必须加强政府和企业之间的对话、沟通与交流，推动共建"亲"和"清"新型政商关系。

1. 领导干部联系非公有制企业和商会，是促进非公经济健康发展的一项重要制度

2019 年 12 月 4 日，中共中央、国务院发布实施的《关于营造更好发展环境支持民营企业改革发展的意见》提出，建立规范化机制化政企沟通渠道。地方各级党政主要负责同志要采取多种方式经常听取民营企业意见和诉求，畅通企业家提出意见诉求通道。构建亲清政商关系，必须畅通政商沟通的渠道。各级领导干部在构建政商关系中要发挥表率作用，引领社会风清气正，广泛树立起民营企业家就是自己人的理念，在提升政务服务效率和改善政商关系的同时，引导社会各界关注并支持民营经济的发展，不断优化民营经济发展环境。

2. 完善领导干部与非公有制企业和商会的"互动体系"，建立健全常态化沟通渠道

（1）推动政府部门联系服务企业常态化。东北各省区要深化领导干部挂点联系企业制度，定期深入企业调研，了解企业实际情况，切实解决企业实际困难，健全完善重点企业挂钩帮扶机制。定期召开非公有制企业代表人士座谈会，定期召开非公有制企业与政府相关职能部门协调会，促使党政干部及时听取企业反映，听取代表建议，帮助解决企业发展遇到的问题。

（2）转变政府服务方式。聚焦民营企业最困扰、制约发展最突出的实际困难和问题，以"下沉式服务"主动为企业家送政策、送服务；以"政策更优、环境更优、服务更优、保障更优、关系更优"为目标导向，努力营造"亲商助商"的投资宜商环境，支持民营经济创新发展。

3. 在东北地区全面推广落实项目管家制度

近年来，辽宁省实施项目管家制度，并获得较好的效果。要进一步完善项目管家制度，扩大服务范围，并在东北地区推广实施。按照"一家企业一名管家一支队伍"的要求为企业提供全生命周期服务；实现领导干部对投资项目立项、建设、运营等全程贴近服务，发扬"店小二"精神，真正做到"有求必应，无事不扰"，"一对一"跟踪协调解决企业项目发展中的困难，缓解企业办事难问题，提升行政效率。

专栏 6.7　辽宁项目管家制度

项目管家制度是按照"一个项目、一家企业、一名领导、一支队伍"的要求，逐项目、逐企业建立"1 名项目管家 +1 名企业联系人 +N 个行政职能部门联系人"的项目管家制度，以切实增强企业获得感为标准，以"便企增效"为目的。项目管家履行信息员、联络员、服务员、协调员、代办员、宣传员的职责，第一时间掌握项目动态，了解项目推进中遇到的问题和诉求，及时汇报并协调行政职能部门逐项解决。

截至 2019 年 10 月，辽宁为本地区规模以上工业企业和限额以上商贸流通企业、重点项目（总投资 5000 万元及以上），以及技术含量高、发展前景好、能有效带动本地区经济发展和人员就业的企业、项目全部配备了"管家"，已解决各类问题 5826 个。

同时，各市根据实际情况也对项目管家制度进行了积极的探索和补充。比如，沈阳建立项目受阻问题协调解决管理机制，定期调度项目受阻问题，召开项目服务协调联席会议，建立问题解决台账，并对问题解决情况及时进行跟踪督办；大连为重大项目设计了"专班制度"，针对具体项目量身定制推进方案，协调解决项目推进中的"瓶颈"问题，确保项目尽快转化、开工、建设；朝阳市开展"点对点"专项服务，汇总整理部分企业运营中遇到的共性问题，通过召开供应链金融对接会、积极帮助企业寻求合作对象等活动集中协调解决。

资料来源: 辽宁: 一个电话，项目管家就能到现场［N］. 工人日报, 2019-10-22（04）.

第五节　关键在于解放思想

新中国成立以来，东北的发展曾经得益于对苏联的开放。改革开放以来，尤其是近年来东北经济衰落的突出矛盾是思想不够解放、改革开放动力不足。"十四五"把握高水平开放新机遇实现东北振兴，关键是要解放思想，以更大的决心和魄力破除改革开放滞后的痼疾。

一、高水平开放背景下东北振兴机不可失、时不再来

"十四五"是我国高水平开放的关键时期，以高水平开放形成改革发展新布局，是我国实现高质量发展的大势所趋。在这个特定背景下，国家赋予东北"打造对外开放新前沿"的历史使命，是东北振兴面临着的又一次重大历史机遇。

1. 东北的兴衰与在国家开放中的战略地位密切相关

（1）新中国成立初期东北"共和国长子"地位的形成，在相当大程度上得益于对苏联的开放。由于工业基础好及紧邻苏联的原因，新中国成立后许多重工业建设项目都安排在东北地区。例如，1949 年至 1952 年，苏联向我国提供援建项目 42 个，其中 30 个设于东北，投资总额达 34 亿元。在改革开放初期的 1978 年，东北经济规模占全国 13.21%，工业占全国比重为 17.8%。

（2）改革开放后，东北经济在全国相对地位的下降，在相当大程度上缘于开放滞后。改革开放以来，国家开放的重心逐步向东南沿海转移，与东南沿海地区相比，东北更少在开放中受益。以沈阳与上海为例做比较，二者最初都是计划经济的重镇和计划经济的老工业基地。而在浦东新区开放开发最初的 5 年，上海的实际利用外资金额每年以 50.7% 的速度增长。在 1992 年全国开启了新一轮对外开放和招商引资热潮时，沈阳在 1995—1999 年实际利用外资金额年均增长也只有 5.88%[1]。

（3）开放滞后也是东北体制僵化、市场化程度低、经济结构调整缓慢等的重要原因。开放倒逼改革，以开放促改革是我国从计划经济走向市场经济的重要经验。受苏联计划经济影响最为深刻，同时又缺乏开放的外力倒逼，改革开放多年来东北经济结构、体制结构、利益结构在相当一段时

1.张强，高柏 . 改革难过山海关？东北新经济该如何破局［EB/OL］. 观察者网，2019-12-11.

期处于固化当中。在这种情况下，东北难以和东南沿海地区一样分享经济全球化的红利，难以通过引进外资、管理、技术实现经济转型升级。

2. 打造对外开放新前沿是东北振兴的又一次重大机遇

（1）东北亚经济合作在我国双边多边自由贸易中的地位提升是一个中长期趋势。目前，我国是东北亚五国最大的贸易伙伴，2018 年与东北亚国家贸易额达到 7586 亿美元，约占我国对外贸易总额的六分之一。中日和中韩贸易额均超过 3000 亿美元，中俄贸易额突破 1000 亿美元。"十四五"时期，随着中日韩自贸区谈判的积极推进，中蒙俄经济走廊建设的提速，大图们倡议合作迈出坚实步伐，东北亚经济一体化将步入快车道。

（2）位于东北亚中心地带的东北再次成为我国对外开放新前沿。东北亚经济一体化进程中东北的区位优势全面凸显，在"一带一路"区域合作中的地位作用全面凸显。例如，近年来中俄东线天然气管道、同江铁路桥、黑河公路桥等项目顺利实施，"长满欧""辽蒙欧""哈欧"等途经东北亚地区的中欧班列已累计开行上千列。

（3）以高水平开放促进东北振兴面临历史性重大机遇。从外部条件看，东北亚经济一体化正在重塑东北在区域经济发展中的格局，为东北振兴提供广阔的腹地和重要的产业发展机遇。从国家政策层面看，中央赋予了东北地区维护国家国防安全、粮食安全、生态安全、能源安全、产业安全的战略地位，并明确提出东北振兴，是全面振兴、全方位振兴。应当说，这是东北自新中国成立 70 多年以来面临的又一次历史性发展机遇。

3. 坚持在高水平开放中打造东北振兴新优势，形成东北振兴新动力

（1）"跳出东北看东北"，在服务国家"一带一路"倡议中形成东北振兴新优势。发展新阶段的东北振兴，要确立世界眼光，在更大格局中重新审视东北，重新定位东北，争取在推动东北亚经济一体化中发挥重要的主力和先锋作用。

（2）以高水平开放放大区位优势，重塑产业优势。要充分发挥东北亚重要门户作用，注重在东北亚政策沟通、设施联通、贸易畅通、资金融通和民心相通中形成广阔的经济腹地。要以点带面，从线到片，在东北亚区域大合作格局中，形成东北产业的国际竞争新优势。

（3）以高水平开放形成改革发展新动力。要在高水平开放中形成东北新的贸易流，新的要素流量，形成以增量带动存量，以增量盘活存量的开放改革新格局。

二、在扩大开放上解放思想、敢闯敢试

东北打造对外开放新前沿需要国家层面的顶层设计，需要争取国家支持，同时更需要解放思想，突破常规，闯出一条以开放促改革、促发展的新路子。

1. 高水平开放是东北最大的改革

（1）以高水平开放倒逼改革。加快推进高水平开放的战略部署，尽快在高水平开放上凝聚社会共识，增强社会动力，形成国际国内对东北良好的市场预期。

（2）以高水平开放补齐"开放短板"。加快面向东北亚的互联互通，尽快在解决长期制约东北发展的开放滞后问题上取得重要突破，真正做好"开放补课"。

（3）以高水平开放补齐"改革短板"。更加注重以高水平开放形成增量改革的新态势，在内外联动中形成市场化改革的新动力，实现"市场化改革补课"。

2. 在推进结构性、制度性开放上敢闯敢试

（1）在服务业市场开放上敢闯敢试。服务业市场开放是我国结构性开放的重点，东北要从自身实际出发，在推进以研发设计为重点的生产性服务业，以养老、健康为重点的生活性服务业市场开放上大胆试水，尽快取得突破。

（2）落实竞争中性原则上敢闯敢试。落实竞争中性原则是我国推进制度性开放的重点，对标国际高水平经贸规则重在落实竞争中性原则，要在东北的国有企业改革中率先落实竞争中性原则，在处理好政府与市场关系

上尽快取得突破。

（3）在优化营商环境上敢闯敢试。推进高水平开放，优化营商环境的全局性地位凸显，要借鉴发达国家经验，在探索和建立自由企业制度、实行简单低税率等方面大胆创新，率先构建与高标准国际投资贸易规则相衔接的法治化、国际化、便利化的营商环境。

3. 尽快实现东北打造对外开放新前沿的"早期收获"

（1）争取东北亚区域经济合作的"早期收获"。以强化中日韩经贸合作为重点，实施零关税、零壁垒等试点，实现提升外贸水平方面的"早期收获"。

（2）争取实现制造业国际化的"早期收获"。重点与日本在机器人等高端制造业领域加强合作，推动合作共建产业园区，在提升生产性服务业、推动东北创造上实现"早期收获"。

（3）争取养老、健康产业发展上的"早期收获"。依托东北养老、健康大市场，重点引进日本先进标准和先进管理经验，在扩大生活性服务业市场开放上实现"早期收获"。

三、以壮士断腕的决心和魄力推动市场化改革

"十四五"是我国建设高质量市场经济的重要时期，而东北的市场化改革仍处于"补课"阶段。为此，东北要在新一轮区域经济竞争中把握发展的主动权，关键在于以更大的决心和魄力突破利益固化藩篱，推动市场化改革的重大突破。

1. 打破利益固化格局推动国企改革

（1）东北市场化改革的主要矛盾在国企改革。从改革实践看，国企改革滞后是东北最深刻的结构性体制矛盾。一方面，不少国有企业占有了大量的资本和资源，但由于体制僵化，经济效益难以提升；一方面，一些有发展前途的民营企业，则由于难以得到资本和资源的支持被边缘化。

（2）让国有企业真正成为自负盈亏、自主经营的市场主体。多年来，由于政府的"父爱"情结，不断为一些国有企业"输血"，但实际效果是

不少国有企业得过且过，难以真正成为具有自生能力的市场主体。实践表明，如果各类优惠政策资源多数用在体制僵化的国有企业上，东北振兴就很难达到预期目的。

（3）全面下放国有企业经营权。尽快建立"管资本"为主的国有资产管理新体制，组建并完善国有资本投资运营机构，真正实现"让企业家办企业"，培育国有经济领域的企业家精神。

2.打破利益固化格局推进服务业市场开放

（1）东北建设高标准市场经济，要在服务业市场全面开放上下"先手棋"。从工业市场开放到服务业市场开放是我国"十四五"建设高质量市场经济的重要趋势，东北要跟上全国市场化改革的步伐，需要尽早布局服务业市场开放。

（2）要勇于突破服务业市场开放中的利益束缚。"十四五"时期，东北的健康、养老、教育、文化等领域均可以在市场开放中做大"蛋糕"，以缓解某些制造业领域衰落带来的经济下行压力，但由于这些领域存在着利益固化的束缚，社会资本和外资实际上很难进入这些领域。

（3）在破除服务业领域的行政管制和行政垄断上动刀子。适应高水平开放的趋势，要明确界定和清理政府层面不合理的行政管制和行政垄断行为，真正让非公经济进入法律未禁止的领域。

3.打破利益固化格局优化营商环境

（1）营商环境是东北振兴的生命线。以高水平开放形成东北振兴新动力，重中之重是优化营商环境。如果不能吸引国际国内各类要素到东北集聚，仅仅靠中央政府"输血"，东北振兴很难成功。

（2）实质性减少政府对资源的直接配置。多年来，东北营商环境不优，根源在于政府掌握了更多的资源配置权，并由此给政商关系带来寻租和腐败空间，并增加了办企业的制度性成本。为此，要下决心推进资源要素市场化，真正让市场决定资源配置。

（3）克服优化营商环境中的官僚主义、形式主义。近年来，尽管政府把优化营商环境摆在优先位置，但落实中仍出现"表态多调门高、行动少落实差"门好进、脸好看、事难办"等形式主义、官僚主义问题。为此,东北要把优化营商环境作为"一把手工程"强化督办落实,推行领导干部营商环境"一票否决"。

参考文献

［1］习近平主持召开中央财经委员会第五次会议［EB/OL］.新华网，2019-08-26.

［2］习近平在民营企业座谈会上的讲话［EB/OL］.新华网，2018-11-01.

［3］习近平在东北三省考察并主持召开深入推进东北振兴座谈会［EB/OL］.新华网，2018-09-28.

［4］习近平在第四届东方经济论坛全会上的致辞［EB/OL］.新华网，2018-09-12.

［5］国务院关于印发中国（辽宁）自由贸易试验区总体方案的通知［EB/OL］.中国政府网，2017-03-31.

［6］国务院关于印发6个新设自由贸易试验区总体方案的通知［EB/OL］.中国政府网，2019-08-26.

［7］国家统计局相关负责人解读2019年主要经济数据：稳增长政策显效 高质量成色十足［EB/OL］.中国经济网，2020-01-19.

［8］国家统计局.中国统计年鉴 2019［M］.北京：中国统计出版社，2019.

［9］国家统计局.新中国成立70周年经济社会发展成就系列报告［R］.国家统计局网站，2019-07-01.

［10］国家统计局.国际统计年鉴 2019［M］.北京：中国统计出版社，2019.

［11］国家统计局.沧桑巨变七十载　民族复兴铸辉煌——新中国成立

70 周年经济社会发展成就系列报告之一［EB/OL］.国家统计局网站，2019-07-01.

［12］国家统计局．2018 年中国营商环境世界排名较上年上升 32 位［EB/OL］.新浪网，2019-01-21.

［13］国家统计局．2018 年经济运行保持在合理区间 发展的主要预期目标较好完成［EB/OL］.国家统计局网站，2019-01-21.

［14］国家发展改革委、外交部、商务部联合发布《推动共建丝绸之路经济带和 21 世纪海上丝绸之路的愿景与行动》［EB/OL］.新华网，2015-04-01.

［15］我国服务贸易进出口额连续 5 年位居世界第二［EB/OL］.国务院新闻办公室网站，2019-05-22.

［16］专家建言：如何进一步优化营商环境［N］.光明日报，2019-11-27.

［17］钟明华，等.教育现代化的伟大实践——广东教育发展30年［M］.广州：广东人民出版社，2008.

［18］中日韩外长会时隔三年再启 共谋区域稳定发展之道［EB/OL］.中国新闻网，2019-08-19.

［19］中日韩合作未来十年展望［EB/OL］.新华网，2019-12-24.

［20］中美贸易战中受到影响最大的 10 个国家和地区中韩国排在第六位［EB/OL］.商务部网站，2018-07-06

［21］中国数字经济步入全球头阵［N］.人民日报（海外版），2017-06-19.

［22］中国力推减税降费 前三季度民营经济纳税人减税近万亿［EB/OL］.中国新闻网，2019-11-01.

［23］中国互联网络信息中心.第 43 次中国互联网络发展状况统计报告［R］.2019-02-28.

［24］中国二连浩特中蒙俄经贸合作洽谈会签订项目协议资金 90 余亿元［EB/OL］.新华网，2019-08-20.

［25］中国对俄投资总额已达 500 亿美元［EB/OL］.国家外汇管理局网站，2019-10-31.

［26］中国的改革开放怎样影响了世界［EB/OL］.中国经济网，2019-01-13.

［27］中国（海南）改革发展研究院课题组.以"一带一路"形成区域开放新格局［N］.上海证券报，2017-05-12.

［28］中东地区 2018 年国际旅游收入增长 3%［EB/OL］.商务部网站，2019-06-10.

［29］郑伟，管健.WTO 改革的形势、焦点与对策［J］.武大国际法评论，2019（1）：75-92.

［30］张锐.工业互联网将我国制造业导入智能化时代［N］.上海证券报，2017-11-03.

［31］张强，高柏.改革难过山海关？东北新经济该如何破局［EB/OL］.观察者网，2019-12-11.

［32］张来明.中小企业必须创新发展［N］.经济日报，2015-06-18.

［33］张厚明."中国制造"走"品牌强国"道路［J］.瞭望新闻周刊，2016（6）.

［34］岳春华.东北地区人才资源开发与管理的对策研究［J］.东北亚论坛，2008（4）：60.

［35］优化营商环境激发市场主体活力［N］.经济参考报，2019-11-27.

［36］我国已与 125 个国家、29 个国际组织签署 173 份"一带一路"合作文件［EB/OL］.新华网，2019-04-18.

［37］我国将持续加强知识产权保护［N］.经济日报，2019-09-03.

［38］我国赴日本和韩国的留学生人数分别增加了 8.9% 和 5.6%［N］.广州日报，2018-08-22.

［39］我国服务贸易进出口额连续 5 年位居世界第二［EB/OL］.国务院新闻办公室网站，2019-05-22.

［40］王世权.行政型治理转型 破解东北国企混改障碍的战略选择［J］.国资报告，2019（2）.

［41］王绛.积极稳妥推进国有资本经营授权改革［J］.中国经济周刊，2019（14）.

［42］腾讯研究院，中国人民大学统计学院.国家数字竞争力指数研究报告（2019）［EB/OL］.新浪财经，2019-05-15.

［43］索寒雪.东北国企混改杜绝一股独大 形成"三三三"骨架结构［N］.中国经营报，2018-03-03.

［44］孙彦红.欧盟借"再工业化"找出路［N］.人民日报，2013-10-16.

［45］数字经济成产业升级重大突破口 2020 年占 GDP 比重 35%［N］.经济参考报，2017-07-17.

［46］沈建光.构建中日韩经贸合作"新三角"［N］.证券日报，2020-01-04.

［47］商务部综合司，商务部国际贸易经济合作研究院.国别贸易报告［R］.

［48］商务部官员：中日韩自贸区有很多先天障碍［EB/OL］.中国新闻网，2013-06-19.

［49］商务部电子商务和信息化司.中国电子商务报告 2018［R］.2019-05.

［50］商务部：前 7 月中国对俄罗斯全行业直接投资同比增 13%［EB/OL］.商务部网站，2019-09-12.

［51］商务部：前 10 月我国与"一带一路"沿线国家货物贸易同比增长 4.1%［EB/OL］.新浪财经，2019-12-06.

［52］商务部：2018 年中国与东北亚地区五国贸易额合计约 7585.7 亿美元［N］.中国证券报，2019-07-22.

［53］商事制度改革使辽宁市场主体存量增长 85.9 万户［EB/OL］.中国新闻网，2017-11-24.

［54］任泽平，熊柴，白学松．投资不过山海关？——问题、原因与建议［EB/OL］．新浪网，2019-12-10．

［55］全球能源消费和碳排放量去年创新高［N］．中国石化报，2019-08-07．

［56］全国人大代表刘化文：深化商事制度改革　有效激发市场主体活力［EB/OL］．大公网，2019-03-08．

［57］全国工商联经济部．2019中国民营企业500强调研分析报告［R］．2019-08．

［58］民营经济乐享减税降费红利　上半年减征税费44.57亿元［EB/OL］．黑龙江日报客户端，2019-08-22．

［59］每家"牛企"都自带创新基因［N］．南方日报，2016-04-26．

［60］贸易保护主义抬头　中日韩如何推动全球经济增长？［EB/OL］．中国新闻网，2017-09-08．

［61］满洲里口岸2016年边贸进出口152.9亿元［EB/OL］．央广网，2017-02-15．

［62］麦肯锡全球研究院：变革中的全球化：贸易与价值链的未来图景［EB/OL］．搜狐网，2019-04-16．

［63］刘畅，柴秋星．"一带一路"背景下东北地区制造业价值链攀升研究［J］．对外经贸，2019（2）：63．

［64］辽宁省逐步形成军民融合发展新格局［N］．辽宁日报，2019-01-15．

［65］辽宁省委书记：把发展经济着力点放在实体经济上［EB/OL］．中国新闻网，2019-06-25．

［66］辽宁民企上市公司数量和市值均超国企［N］．沈阳日报，2019-09-10．

［67］辽宁进入深度老龄化　人口连续8年负增长［N］．华夏时报，2019-03-24．

［68］梁启东：东北的民营企业为什么做不大？［EB/OL］．东北新闻网，

2019-04-13.

［69］梁启东.东北国企改革的核心问题是央企改革［N］.中国经营报，2016-03-29.

［70］老国企、新路子助力东北高质量发展［N］.中国青年报，2019-12-03.

［71］扩大开放是"十三五"东北振兴新动力［N］.中国经济导报，2015-10-27.

［72］军民融合产业联盟走进航空企业首支军民融合产业发展基金设立［N］.黑龙江日报，2018-05-21.

［73］吉林省推进服务贸易创新发展［N］.国际商报，2019-06-10.

［74］吉林省加快推进粮食生产全程机械化示范省建设［N］.吉林日报，2018-02-24.

［75］黄奇帆.在长三角地区协同推进建设开放新高地［N］.经济日报，2018-12-22.

［76］黑龙江养老服务市场年需求约3000亿投资机遇难得［EB/OL］.东北网，2018-06-07.

［77］黑龙江省商事登记制度改革向纵深拓展 去年月均新设市场主体3.4万户［N］.黑龙江日报，2018-02-02.

［78］黑龙江省农业机械化水平达96.8%［N］.黑龙江日报，2018-04-13.

［79］黑龙江农业科技70年：审定和推广2440个主要农作物新品种［EB/OL］.东北网，2019-06-28.

［80］韩国副总理：贸易战可能对韩国经济造成严重影响［EB/OL］.观察者网，2019-05-22.

［81］关于辽宁省2019年预算执行情况和2020年预算草案的报告［N］.辽宁日报，2020-02-14.

［82］顾学明.大力发展服务贸易提升全球价值链地位［N］.经济参考报，2018-09-12.

［83］高培勇.支持实体最要紧的是直接税改革［N］.经济参考报，2017-08-31.

［84］对外经济贸易大学全球价值链研究院，全球化智库（CCG）.全球价值链对经济发展的影响：核算与分析（中文版）［R］.北京：社会科学文献出版社，2017.

［85］东北亚经贸合作潜力加速释放［N］.经济参考报，2019-08-28.

［86］东北亚各国期待建立无障碍旅游区［EB/OL］.新华网，2012-09-09.

［87］东北三省不断提升农业机械化水平 发展现代农业［EB/OL］.中国网，2018-10-09.

［88］东北三省2018年人口净流出30万劳动年龄人口减百万［N］.21世纪经济报道，2019-05-07.

［89］东北国有经济占比远超全国 民企多是国企配套［N］.经济日报，2015-09-06.

［90］从经济增速倒数到跟上大部队 这几年辽宁经历了什么［N］.新京报，2019-07-02.

［91］迟福林，张飞.以开放倒逼改革优化东北营商环境［N］.中国经济导报，2019-10-11.

［92］迟福林.抓住新机遇，推进东北亚区域经济一体化进程［EB/OL］.中国改革论坛网，2018-05-04.

［93］迟福林.以制造业转型升级为重点 加快东北振兴进程［N］.辽宁日报，2017-12-08.

［94］迟福林.以高水平开放推进东北振兴进程 努力把东北打造成对外开放新前沿［N］.中国经济导报，2020-01-10.

［95］迟福林.努力把东北打造成对外开放新前沿［EB/OL］.中国改革论坛网，2020-01-12.

［96］巴曙松.从政府主导产业政策到政府中性竞争政策［N］.第一财经，2019-08-02.

［97］2019年财政收支情况网上新闻发布会文字实录［EB/OL］.财政部网站，2020-02-10.

［98］2019年中国知识产权行业分析报告［EB/OL］.中国报告网，2019-07-11.

［99］2019年中国减税降费将超过2.3万亿元［EB/OL］.中国新闻网，2020-02-10.

［100］2019年中国对外投资合作和对外援助高质量发展，共建"一带一路"走深走实［EB/OL］.中国商务部网站，2020-01-06.

［101］2018年31省份经济排行：粤苏鲁增量领先 贵州西藏增速第一［N］.21世纪经济报道，2019-02-20.

［102］2018年中蒙双边贸易额达79.9亿美元 同比增长24.7%［EB/OL］.中国新闻网，2019-06-03.

［103］2018年度我国出国留学人员情况统计［EB/OL］.教育部网站，2019-03-27.

［104］2018年地区社会融资规模增量统计表［EB/OL］.中国人民银行网站，2019-02-02.

［105］2018年31省份经济排行：粤苏鲁增量领先 贵州西藏增速第一［N］.21世纪经济报道，2019-02-20.